全国注册咨询工程师(投资)职业资格考试
考点突破+历年真题+预测试卷——

工程项目组织与管理

（2025版）

全国注册咨询工程师(投资)职业资格考试试题分析小组　编

机械工业出版社

本书共分八章，主要内容包括概述，工程项目管理的组织，工程项目招标投标管理，工程项目合同管理，工程项目进度管理，工程项目投资控制，工程项目质量管理，工程项目健康、安全与环境管理。每章包括本章核心考点分布、专家剖析考点、本章核心考点必刷题、本章真题实训、本章真题实训答案及解析、本章同步练习、本章同步练习答案。书中附两套 2025 年考试预测试卷。

本书涵盖了考试复习重点，知识精练，重点突出，习题丰富，既可作为考生参加全国注册咨询工程师（投资）职业资格考试的应试辅导教材，也可作为大中专院校师生的教学参考书。

图书在版编目（CIP）数据

全国注册咨询工程师（投资）职业资格考试考点突破＋
历年真题＋预测试卷．工程项目组织与管理：2025 版／
全国注册咨询工程师（投资）职业资格考试试题分析小组
编．--4 版．--北京：机械工业出版社，2024. 11.
ISBN 978-7-111-76608-7

Ⅰ．F830. 59

中国国家版本馆 CIP 数据核字第 2024YM2857 号

机械工业出版社（北京市百万庄大街 22 号　邮政编码 100037）
策划编辑：张　晶　　　　　责任编辑：张　晶　李宣敏
责任校对：潘　蕊　张　征　　封面设计：张　静
责任印制：常天培
固安县铭成印刷有限公司印刷
2024 年 11 月第 4 版第 1 次印刷
184mm×260mm · 10. 5 印张 · 298 千字
标准书号：ISBN 978-7-111-76608-7
定价：79. 00 元

电话服务　　　　　　　　网络服务
客服电话：010-88361066　　机　工　官　网：www.cmpbook.com
　　　　　010-88379833　　机　工　官　博：weibo.com/cmp1952
　　　　　010-68326294　　金　书　网：www.golden-book.com
封底无防伪标均为盗版　　机工教育服务网：www.cmpedu.com

前言

参加全国注册咨询工程师（投资）职业资格考试的考生大多数是已经参加工作的在职人员，他们不会像全日制学生那样系统地参加学习，大多是通过自学，少了一种学习的氛围，而且学习时间又不可能有充分的保证。基于对考生在学习中存在上述困难的深刻认识，我们认为一本好的辅导书对他们来说就显得尤为重要，这也正是我们编写本书的出发点。

本书以考试大纲为中心，以历年真题为导向，针对近年来考查频次较高以及有可能进行考查的考点进行深度解析，以"一题干多选项"的形式，力图在各考点之间建立起关联性、系统性的框架，以帮助考生深度理解和全面掌握各章节考点内容，做到举一反三，掌握好一道题就相当于掌握了一类题，以此帮助考生事半功倍地准备复习、赢得考试。

本书的特点如下：

围绕大纲，构建知识体系。本书中的"专家剖析考点"是按照考试大纲要求的考核重点进行剖析的，简明扼要地阐述了考试大纲对考生应知应会的要求。这部分内容为考生指明了备考学习的方向，考生根据这一部分的内容可以确定命题所涉及知识体系的重要程度。

突出重点，注重把握主次。本书中的"核心考点必刷题"形式打破传统思维，采用归纳总结的方式进行题干与选项的优化设置，将重要考点可能出现的题目都一一列举。为了让考生既能选出正确答案，又会区分干扰答案，不但将可能出现的正确选项一一列举，还将互为干扰的选项整合到一起，这样设置有利于考生对比区分记忆，大大压缩了考生的复习时间。

注重全局，不搞题海战术。本书中的"真题实训"收集了近几年的真题，可以帮助考生掌握考试命题的规律，也让考生了解命题的方式，准确地把握考试的精髓。在选题上，尽量选择那些有代表性、能够起到举一反三作用的题让考生进行自测，做过这些真题后，考生就会恍然大悟，原来考试就是这样命题的。

实战练习，提前进入状态。本书中的"预测试卷"的题量、难易程度和采分点与标准试卷完全一致，而且均为经典题目，可帮助考生整体把握考试内容的知识体系，让考生逐步提高"题感"，为考生胸有成竹地步入考场奠定基础。

答疑服务，解决考生疑难。编写组专门为考生配备了专业答疑老师，解决疑难问题。

由于编写时间有限，书中不妥之处在所难免，恳请各位考生以及同仁不吝赐教，以便再版时进行修正。

目录

前言

考试介绍 ··· 1

历年考试题型说明 ·· 2

备考复习方略 ·· 2

答题技巧 ·· 3

第一章　概述 ·· 4

一、本章核心考点分布 ·· 4

二、专家剖析考点 ·· 4

三、本章核心考点必刷题 ·· 5

四、本章真题实训 ··· 16

五、本章真题实训答案及解析 ··· 18

六、本章同步练习 ··· 20

七、本章同步练习答案 ··· 22

第二章　工程项目管理的组织 ··· 23

一、本章核心考点分布 ··· 23

二、专家剖析考点 ··· 23

三、本章核心考点必刷题 ··· 24

四、本章真题实训 ··· 29

五、本章真题实训答案及解析 ··· 33

六、本章同步练习 ··· 36

七、本章同步练习答案 ··· 38

第三章　工程项目招标投标管理 ······································· 39

一、本章核心考点分布 ··· 39

二、专家剖析考点 ··· 39

三、本章核心考点必刷题 ··· 40

四、本章真题实训 ··· 48

五、本章真题实训答案及解析 ··· 54

六、本章同步练习 ··· 57

七、本章同步练习答案 ··· 60

第四章　工程项目合同管理 ·· 61

一、本章核心考点分布 ·· 61

二、专家剖析考点 ·· 61

三、本章核心考点必刷题 ·· 62

四、本章真题实训 ·· 67

五、本章真题实训答案及解析 ·· 73

六、本章同步练习 ·· 76

七、本章同步练习答案 ·· 78

第五章　工程项目进度管理 ··· 79

一、本章核心考点分布 ·· 79

二、专家剖析考点 ·· 79

三、本章核心考点必刷题 ·· 79

四、本章真题实训 ·· 86

五、本章真题实训答案及解析 ·· 91

六、本章同步练习 ·· 94

七、本章同步练习答案 ·· 97

第六章　工程项目投资控制 ··· 98

一、本章核心考点分布 ·· 98

二、专家剖析考点 ·· 98

三、本章核心考点必刷题 ·· 98

四、本章真题实训 ·· 102

五、本章真题实训答案及解析 ·· 107

六、本章同步练习 ·· 111

七、本章同步练习答案 ·· 112

第七章　工程项目质量管理 ··· 113

一、本章核心考点分布 ·· 113

二、专家剖析考点 ·· 113

三、本章核心考点必刷题 ·· 113

四、本章真题实训 ·· 119

五、本章真题实训答案及解析 ·· 122

六、本章同步练习 ·· 124

七、本章同步练习答案 ·· 126

第八章　工程项目健康、安全与环境管理 ················· 127

一、本章核心考点分布 ·· 127

二、专家剖析考点 ·· 127

三、本章核心考点必刷题 ·· 127

四、本章真题实训 ·· 131

五、本章真题实训答案及解析 ·· 134

六、本章同步练习 …………………………………………………………………… 136

七、本章同步练习答案 ………………………………………………………………… 137

2025 全国注册咨询工程师（投资）职业资格考试预测试卷（一） ………………… 138

2025 全国注册咨询工程师（投资）职业资格考试预测试卷（一） 参考答案 ……… 149

2025 全国注册咨询工程师（投资）职业资格考试预测试卷（二） ………………… 150

2025 全国注册咨询工程师（投资）职业资格考试预测试卷（二） 参考答案 ……… 161

考 试 介 绍

一、报考条件

报考科目	报考条件
考全科	参加 4 个科目考试（级别为考全科）的人员必须在连续 4 个考试年度通过应试科目： 1. 取得工学学科门类专业，或者经济学类、管理科学与工程类专业大学专科学历，累计从事工程咨询业务满 8 年 2. 取得工学学科门类专业，或者经济学类、管理科学与工程类专业大学本科学历或者学位，累计从事工程咨询业务满 6 年 3. 取得含工学学科门类专业，或者经济学类、管理科学与工程类专业在内的双学士学位，或者工学学科门类专业研究生班毕业，累计从事工程咨询业务满 4 年 4. 取得工学学科门类专业，或者经济学类、管理科学与工程类专业硕士学位，累计从事工程咨询业务满 3 年 5. 取得工学学科门类专业，或者经济学类、管理科学与工程类专业博士学位，累计从事工程咨询业务满 2 年 6. 取得经济学、管理学学科门类其他专业，或者其他学科门类各专业的上述学历或者学位人员，累计从事工程咨询业务年限相应增加 2 年
考 2 科	凡符合考全科报考条件并具备下列条件之一者，可免试《宏观经济政策与发展规划》《工程项目组织与管理》科目，只参加《项目决策分析与评价》和《现代咨询方法与实务》2 个科目的考试。参加 2 个科目考试的人员，须在连续 2 个考试年度内通过应试科目的考试： 1. 获得全国优秀工程咨询成果奖项目或者全国优秀工程勘察设计奖项目的主要完成人 2. 通过全国统一考试取得工程技术类职业资格证书，并从事工程咨询业务工作满 8 年

二、考试简介

咨询工程师（投资）考试设 4 个科目，分别是《宏观经济政策与发展规划》《工程项目组织与管理》《项目决策分析与评价》《现代咨询方法与实务》。

《宏观经济政策与发展规划》《工程项目组织与管理》《项目决策分析与评价》3 个科目为客观题，用 2B 铅笔在答题纸上作答。《现代咨询方法与实务》科目为主观题，在专用答题卡上作答。考生在答题前要认真阅读试卷封二的"应试人员注意事项"和答题卡首页的"作答须知"，使用规定的作答工具在答题卡划定的区域内作答。应试人员应考时，应携带黑色墨水笔、2B 铅笔、橡皮和无声无文本编辑存储功能的计算器。

三、考试时间及合格标准

科目	考试时间	题型题量	满分	合格标准
宏观经济政策与发展规划	9：00—11：30	单项选择题 60 题，多项选择题 35 题	130	78
工程项目组织与管理	14：00—16：30	单项选择题 60 题，多项选择题 35 题	130	
项目决策分析与评价	9：00—11：30	单项选择题 60 题，多项选择题 35 题	130	
现代咨询方法与实务	14：00—17：00	案例分析题 6 题	130	

四、考试成绩管理

考试成绩实行滚动管理办法，参加全部 4 个科目考试（级别为考全科）的人员须在连续 4 个考试年度内通过全部科目；免试部分科目（级别为免 2 科）的人员须在 2 个考试年度内通过应试科目，方可取得资格证书。

历年考试题型说明

工程项目组织与管理考试全部为客观题。题型包括单项选择题和多项选择题两种。其中，单项选择题每题1分；多项选择题每题2分。对于单项选择题来说，备选项有4个，选对得分，选错不得分也不倒扣分。而多项选择题的备选项有5个，其中有2个或2个以上的备选项符合题意，至少有1个错项（也就是说正确的选项应该是2个、3个或4个）；错选，本题不得分（也就是说，所选择的正确选项中不能包含错误的答案，否则得0分）；少选，所选的每个选项得0.5分（如果所选的正确选项缺项，且没有错误的选项，那么，每选择1个正确的选项就可以得0.5分）。因此，我们建议考生对于单项选择题，宁可错选，不可不选；对于多项选择题，宁可少选，不可多选。

备考复习方略

一是依纲靠本。考试大纲是命题的依据，也是复习的指南。考生应根据考试大纲的要求，保证有足够多的时间去理解参考教材中的知识点，有效地把握复习重点，少走弯路。

二是循序渐进。要想取得好的成绩，比较有效的方法是把书看上三遍。第一遍最仔细地看，每一个要点、难点不放过，这个过程时间应该比较长；第二遍看得较快，主要是对第一遍划出来的重要知识点进行复习；第三遍就很快，主要是看第二遍没有看懂或者没有彻底掌握的知识点。为此，建议考生在复习前根据自身的情况，制订一个切合实际的学习计划，依此来安排自己的复习。

三是把握重点。考生在复习时可能会过于关注参考教材上的每个段落、每个细节，没有注意到有些知识点可能跨好几个页码，对这类知识点之间的内在联系缺乏理解和把握，就会导致在做多项选择题时往往难以将所有答案全部选出来，或者由于分辨不清选项之间的关系而将某些选项忽略掉，甚至将两个相互矛盾的选项同时选入。为避免出现此类错误，建议考生在复习时，务必留意这些层级间的关系。每门课程都有其必须掌握的知识点，对于这些知识点，一定要深刻把握，举一反三，以不变应万变。

四是善于总结。善于总结就是在仔细看完一遍参考教材的前提下，一边看书，一边做总结性的笔记，把参考教材中每一章的要点都列出来，从而让厚书变薄，并理解其精华所在；要突出全面理解和融会贯通，并不是要求把参考教材的全部内容逐字逐句地死记硬背下来。不仅要注意准确把握文字背后的复杂含义，还要注意把不同章节的内容联系起来，能够从整体上对考试科目进行全面掌握。

五是精选资料。复习资料不宜过多，选一两本就行了，多了容易眼花，反而不利于复习。从某种意义上讲，考试就是做题。所以，在备考学习过程中，适当地做一些练习题和模拟题是考试成功必不可少的一个环节。多做练习固然有益，但千万不要舍本逐末，以题代学。练习只是针对所学知识的检验和巩固，千万不能搞题海大战。

在这里提醒考生在复习过程中应注意以下三点：

一是加深对基本概念的理解。对基本概念的理解和应用是考试的重点，考生在复习时，要对基本概念加强理解和掌握，对理论性的概念要掌握其要点。

二是把握一些细节性信息、共性信息。每年的真题中都有一些细节性的题目，考生在复习过程中看到这类信息时，一定要提醒自己给予足够的重视。

三是突出应用。考试侧重于对基本应用能力的考查，近年来这个特点有所扩大。

答题技巧

结合多年来的培训经验，我们给考生提出几点要求。

第一个要求就是要做到稳步推进。单项选择题掌握在每题 1 分钟的速度稳步推进，多项选择题按照每题 1.5 分钟的速度推进，这样下来，还可以有一定的时间做检查。单项选择题的难度较小，考生在答题时要稍快一点，但要注意准确率；多项选择题可以稍慢一点，但要求稳，以免被"地雷""炸伤"。从提高准确率的角度考虑，强烈要求大家，一定要耐着性子把题目中的每一个字读完，常常有考生总感觉到时间不够，一眼就看中一个选项，结果就选错了。这类性急的考生大可不必"心急"，考试的时间是很合理的，也就是说，按照正常的答题速度，规定的考试时间应该有一定的富余，你有什么理由着急呢？

第二个要求就是要预留检查时间。考试时间是富余的，在这种情况下如何提高答题的准确度就显得尤为重要了。提高答题准确度的一个重要方法就是预留检查时间，我们建议考生至少要预留 15～20 分钟的时间来做最后的检查。从提高检查的效率来看，我们建议考生主要对难题和没有把握的题进行检查。在考场上，考生拿到的是一份试卷，一份答题卡，试卷可以涂写，答题卡不可以涂写，只能用铅笔去涂黑。建议大家在试卷上对一些拿不准的题目，在题号位置标记一个符号，这样在检查时就顺着符号一个个去找。

第三个要求就是要做到心平气和，把握好节奏。这点对考场心理素质不高的考生来讲十分重要。不少考生心理素质不高，考场有犯晕的现象，原本知道的题目却答错了，甚至心里想的是答案 A，却涂成了 C。怎么避免此类"自毁长城"的事情发生呢？我们这里给大家两点建议：一是不要被前几道题蒙住。有时候你一看到前面几道题，就有点犯晕，拿不准，心里就紧张了，这时候你千万要告诫自己，这只是出题者惯用的手法，先给考生一个下马威，没有关系。二是一定要稳住阵脚。

具体到答题技巧，给大家推荐四种方法：

一是直接法。这是解答常规的客观题所采用的方法，就是选择你认为一定正确的选项。

二是排除法。如果正确答案不能一眼看出，应首先排除明显是不全面、不完整或不正确的选项，正确的选项几乎是直接抄自于考试指定教材或法律法规，其余的干扰选项要靠命题者自己去设计，考生要尽可能多地排除一些干扰选项，这样就可以提高你选择出正确答案而得分的概率。

三是比较法。直接把各备选项加以比较，并分析它们之间的不同点，集中考虑正确答案和错误答案的关键所在。仔细考虑各个备选项之间的关系。不要盲目选择那些看起来像、读起来很有吸引力的错误答案，中了命题者的圈套。

四是猜测法。如果你通过以上方法都无法选择出正确的答案，也不要放弃，要充分利用所学知识去猜测。一般来说，排除的项目越多，猜测正确答案的可能性就越大。

第一章
概　述

一、本章核心考点分布

```
                    ┌─ 工程项目的特征（2018年、2021年、2022年、2023年）
                    │
                    ├─ 工程项目的分类
                    │
                    ├─ 工程项目各阶段工作内容（2017年）
                    │
                    ├─ 工程项目管理的主体、客体与环境（2017年、2018年）
                    │
                    ├─ 项目管理的管理过程（2018年、2021年、2022年）
                    │
                    ├─ 工程项目相关方的要求和期望
                    │
                    ├─ 业主对工程项目管理的主要任务（2017年、2018年、2020年）
                    │
              概述 ─┤─ 银行对贷款项目管理的主要内容
                    │
                    ├─ 银行对贷款项目的评估（2020年）
                    │
                    ├─ 咨询工程师参与项目管理的主要任务（2021年）
                    │
                    ├─ 工程项目业主管理模式的特点与适用范围（2019年、2021年、2022年、2023年）
                    │
                    ├─ 工程项目承发包管理模式的特点（2019年）
                    │
                    ├─ 工程咨询服务范围与工程咨询单位管理（2019年、2021年）
                    │
                    ├─ 工程咨询单位行业自律和监督检查（2019年、2021年、2022年）
                    │
                    ├─ 工程咨询从业人员的登记与继续教育（2018年、2019年、2021年、2022年、2023年）
                    │
                    └─ 数字化与智能化应用场景
```

二、专家剖析考点

1. 关于工程项目的特征，虽考点所占篇幅较小，但是考核频率较高，可结合真题进行精准掌握。
2. 关于工程项目的分类，进行简单了解即可。

3. 项目投资建设阶段的划分为本章考核的重中之重，其中项目前期、准备与实施阶段考核的频率较高。应避免各阶段之间主要工作与任务的混淆。

4. 在工程项目管理的主体、客体与环境这一考点中，考核要点主要集中在对主体的考核上，或将主体、客体与环境的相关知识融合在同一题目中进行考核，考生应有所准备。

5. 关于项目管理的知识体系的考核较为细致，此处应结合参考教材进行较全面的复习，避免知识漏洞。

6. 工程项目相关方及其要求和期望包括哪些内容，以及某一期望属于哪一主体的期望都是主要的考核形式。

7. 业主对工程项目管理的主要任务为本章考核的要点，主要考核各阶段任务的区分，其主要任务在设置题目选项时互为干扰项。

8. 业主对工程项目管理的目的和特点作为一般考点简单了解即可。

9. 关于银行对贷款项目管理的考核要点较为集中，要点中借款人资信评价的内容应参考教材进行细化的复习。

10. 咨询工程师参与项目管理的特点与主要任务需要重点掌握。

11. 关于项目业主方管理模式及承发包管理模式的内容，应能够清楚地判断某一模式的优缺点。

12. 工程咨询的管理制度主要掌握工程咨询单位的基本要求和工程咨询服务范围。

13. 工程咨询单位行业自律和监督检查也需熟练掌握。

14. 工程咨询从业人员的登记与继续教育也是常考点。

15. BIM 技术、人工智能、大数据的应用需要了解。

三、本章核心考点必刷题

考点 1　工程项目的特征

例：每个工程项目都具有特定的建设时间、建设地点和建设条件，其实施都会涉及某些以前没有做过的事情，这体现了工程项目的（A）特征。

A. 独特性　　　　B. 一次性　　　　C. 固定性　　　　D. 整体性
E. 不可逆转性　　F. 不确定性　　　G. 复杂性　　　　H. 交易的复杂性
I. 生产过程的复杂性　　J. 组织的复杂性　　K. 环境的复杂性

题号	拓展同类必刷题	答案
1	每个工程项目都有确定的起点和终点，而不是持续不断的工作，这体现了工程项目的（　）特征。	B
2	工程项目区别于非工程项目最主要的特征是指工程项目的（　）特征。	C
3	一个工程项目往往由多个单项工程和多个单位工程结合到一起才能发挥工程项目产品的整体功能和效益，这体现了工程项目的（　）特征。	D
4	工程项目在一定的生命周期内一般是不会推倒重来的，这体现了工程项目的（　）特征。	E
5	由于每个工程项目建设完成往往需要若干年时间，这就可能会给既定的建设目标带来风险，这体现了工程项目的（　）特征。	F
6	由于工程项目的建设周期较长，影响因素多，有些因素具有不确定性和突发性，这体现了工程项目的（　）特征。	G
7	工程项目是先交易、后生产的产品，这体现了工程项目的（　）特征。	H
8	由于工程项目各参与方沟通中存在"信息孤岛"等问题，比如业主期望的不明确性、工程设计的局限性、工程技术的复杂程度不断增大都会造成一定的风险，这体现了工程项目的（　）特征。	I

题号	拓展同类必刷题	答案
9	由于项目的利益相关方较多，与项目的成效关系重大，增加了项目管理的难度和复杂性，这体现了工程项目的（　　）特征。	J
10	工程项目在建设期间可能会受到国际国内政治局势、社会、经济、法律、文化、建设条件和自然条件方面变化的影响使项目发生变化，这体现了工程项目的（　　）特征。	K
11	工程项目的基本特征主要有（　　）。	ABCDEF
12	工程项目的复杂性主要表现有（　　）。	HIJK
13	工程项目和非工程项目共有的特征有（　　）。	AB

🔊 **考点点评**

> 考核工程项目的特征，一般是叙述一个事实，判断属于哪个特征。

考点2　工程项目的分类

例：工程项目可分为政府投资项目、企业投资项目、利用外资项目、政府和社会资本合作项目等，这是按照（A）进行分类的。

   A. 投资来源　　　B. 建设性质　　　C. 运营性质　　　D. 项目经济特征　　　E. 项目用途

题号	拓展同类必刷题	答案
1	工程项目可分为新建项目、改建项目、扩建项目、迁建项目和恢复项目，这是按照（　　）进行分类的。	B
2	工程项目可分为经营性项目、准经营性项目和非经营性项目，这是按照（　　）进行分类的。	C
3	按照（　　）进行分类，工程项目可分为竞争性项目、基础设施项目和公益性项目。	D
4	依据（　　），可将工程项目分为生产性项目和非生产性项目。	E

🔊 **考点点评**

> 该例题还可能会告诉我们分类的标准，让选择由哪些类型组成，也就是逆向考核。

考点3　工程项目各阶段工作内容

例：下列工作中，属于工程项目前期阶段的工作有（ABCD）。

   A. 投资机会研究　　　　　B. 初步可行性研究　　　　　C. 可行性研究

   D. 项目评估及决策　　　　E. 初步设计　　　　　　　　F. 工程项目征地

   G. 施工图设计　　　　　　H. 建设条件的准备　　　　　I. 货物采购

   J. 工程招标　　　　　　　K. 签订承包合同　　　　　　L. 工程项目施工

   M. 联动试车　　　　　　　N. 试生产　　　　　　　　　O. 竣工验收

   P. 工程的保修　　　　　　Q. 工程的回访　　　　　　　R. 工程的相关后续服务

   S. 项目后评价

题号	拓展同类必刷题	答案
1	下列工作中，属于工程项目准备阶段的工作有（　　）。	EFGHIJK
2	下列工作中，属于工程项目实施阶段的工作有（　　）。	LMNO
3	下列工作中，属于工程项目投产运营阶段的工作有（　　）。	PQRS

1. 就以上内容，在考核时还可能会告诉某一具体工作，让判断属于哪个阶段。

2. 如果将每一阶段作为备选项的话，还可以这样命题：

A. 前期阶段　　　　B. 准备阶段　　　　C. 实施阶段　　　　D. 投产运营阶段

（1）工程项目某一阶段的主要任务是对工程项目投资的必要性、可能性、可行性，以及何时投资、在何地建设、如何实施等重大问题进行科学论证和多方案比较，该阶段是工程项目的（A）。

（2）工程项目某一阶段虽然投入少，但对项目效益影响大，该阶段是工程项目的（A）。

（3）工程项目建设周期中，工作重点是对项目投资建设的必要性和可行性进行分析论证，并做出科学决策的是工程项目的（A）。

（4）工程项目建设周期中，某一阶段是战略决策的具体化，在很大程度上决定了工程项目实施的成败及能否高效率地达到预期目标的是工程项目的（B）。

（5）工程项目建设周期中，（B）的工作重点是准备和安排项目所需建设条件。

（6）工程项目建设周期中，工作量最大，投入的人力、物力和财力最多，工程项目管理的难度也最大的是工程项目的（C）。

（7）工程项目建设周期中，通过施工、采购等活动，在规定的内容、工期、费用、质量范围内，按设计要求高效率地实现工程项目目标的是工程项目的（C）。

考点 4　工程项目管理的主体、客体与环境

例：关于工程项目管理主体的说法，正确的有（ABCDEFGHIJKL）。

A. 工程项目管理是多主体的管理

B. 工程项目业主负责对工程项目进行管理

C. 政府作为公共管理机构和政府投资项目的投资者，必须对工程项目进行管理

D. 咨询、勘察设计、施工、材料设备供应单位作为工程项目的参与者，参与工程项目管理

E. 工程项目管理按行为主体分为项目内部管理和项目外部管理两个层次

F. 工程项目内部管理主要是通过建立和运行科学的管理体系实现

G. 工程项目外部管理主要是指各级政府部门按职能分工，对工程项目进行的行政管理

H. 工程项目外部管理主要是从工程项目的外部性影响和约束方面进行管理

I. 工程项目外部管理侧重于工程项目建设方案和建设实施是否满足宏观规划、产业政策、技术政策、市场准入、土地利用、征地拆迁、移民安置、资源利用、节能减排、环境保护、项目开工等管理要求

J. 政府部门主要通过法律、法规、规章、规定和行政许可对工程项目实施管理，具有强制约束作用

K. 业主方的项目管理是工程项目管理的核心

L. 业主是工程项目管理的总策划者、总组织者和总集成者

🔊 **考点点评**

1. 该考点为高频考点，选项 E、F、G、H、I、J、K、L 涉及的考点均可以独立成题，应将其细节内容吃透。例如：选项 I 涉及的知识点就是一个很好的多项选择题采分点。若选项 K 涉及的知识点独立成题的话，提问方式可以为"工程项目管理的核心是（　　）"。复习过程中，应注意举一反三。选项 K 中的"业主方的项目管理"的最常见的干扰选项是"政府的项目管理"。

2. 选项 F、G、H、I 涉及的知识点，错误选项的设置多为将"内部管理"与"外部管理"的内容进行互换。

3. 客体部分简单了解即可。

4. 还应掌握项目管理的影响因素有哪些。

考点5 项目管理的管理过程

例：PMBOK 项目管理知识体系的管理过程包括（ABCDE）。

A. 项目启动   B. 项目规划   C. 项目执行

D. 项目监控   E. 项目收尾

🔊 **考点点评**

  PMBOK 描述的 10 个知识领域是考核的要点，知识领域包括：项目整合管理、项目范围管理、项目进度管理、项目成本管理、项目质量管理、项目资源管理、项目沟通管理、项目风险管理、项目采购管理、项目相关方管理。这 10 个知识领域包括哪些过程也是需要掌握的内容。

考点6 工程项目相关方的要求和期望

例：工程项目投资少、收益高、时间短、质量合格，这是（A）对工程项目的要求和期望。

A. 业主   B. 咨询、勘察设计部门   C. 承包商   D. 供应商

E. 生产运营部门   F. 政府机构   G. 金融机构   H. 公用设施管理部门

I. 社会公众   J. 内部各部门

题号	拓展同类必刷题	答案
1	获得合理的报酬，松弛的工作进度表，迅速提供信息，迅速决策，按时支付工作报酬，这是（　）对工程项目的要求和期望。	B
2	获得优厚的利润，及时提供施工图，最小限度的变动，迅速批准开工，及时提供服务，这是（　）对工程项目的要求和期望。	C
3	规格明确，有较高的利润率，最低限度的非标准件使用量，质量要求合理，这是（　）对工程项目的要求和期望。	D
4	能够按质量要求，按时或提前形成综合生产能力，培训合格的生产人员，建立合理的操作规程和管理制度，这是（　）对工程项目的要求和期望。	E
5	工程项目与整个国家的目标、政策和立法相一致，这是（　）对工程项目的要求和期望。	F
6	贷款安全，按预定日期支付，项目能提供较高的回报，按期清偿债务，这是（　）对工程项目的要求和期望。	G
7	能及时提出对服务的要求，将工程项目建设的干扰降至最低限度，这是（　）对工程项目的要求和期望。	H
8	工程项目有社会效益，产出品或提供的服务质量优良、价格合理，这是（　）对工程项目的要求和期望。	I
9	有松弛的工作进度表，优良的工作环境，足够的信息资源、人力资源和物资资源，这是（　）对工程项目的要求和期望。	J

🔊 **考点点评**

  就以上内容，在考核时还可能会告诉某一工程项目相关方，让选择该相关方对工程项目的要求和期望包括哪些，或者不包括哪些。

考点7　业主对工程项目管理的主要任务

例：在工程项目的前期阶段，业主对工程项目管理的主要任务包括（ABCDEF）。

A. 对投资方向和内容做初步构想，择优聘请咨询机构编制企业发展战略或规划

B. 择优聘请咨询机构对项目的建设规模、产品方案、工程技术方案等进行研究、比选

C. 进行项目财务、社会、国民经济和风险评价

D. 编制项目建议书和可行性研究报告

E. 组织评审工程项目建议书和可行性研究报告

F. 按国家和地方政府有关要求报请有关部门审批、核准或备案工程项目

G. 备齐项目的批准文件，协商并取得原料、燃料、水、电等供应及运输等方面的协议文件

H. 明确勘察设计的范围和设计深度，选择有信誉和合格资质的勘察、设计单位签订合同，进行勘察、设计

I. 办理有关工程项目设计文件的审批工作

J. 组织落实工程项目建设用地，办理土地征用、拆迁补偿及施工场地的平整等工作

K. 组织开展设备采购与工程施工、监理招标及评标等工作，择优选定合格的承包商和监理单位，并签订合同

L. 按有关规定为设计人员在施工现场工作提供必要的生活与物质保障

M. 选派合格的现场代表

N. 办理施工许可证及施工过程中可能损坏道路、管线、电力、通信等公共设施方面的申请批准手续

O. 协商解决施工所需的水、电、通信线路等必备条件

P. 解决施工现场与城乡公共道路的通道，解决施工场地内主要交通干道，满足施工运输的需要

Q. 向承包方提供施工现场及毗邻区域的工程地质和地下管线、相邻建筑物和构筑物、地下工程、气象和水文观测等资料，保证数据真实

R. 协调相关方的关系，组织承包方和设计单位进行图纸会审及设计交底

S. 组织或者委托监理工程师对施工组织设计进行审查

T. 协调处理施工现场周围地下管线和邻近建筑物、构筑物，以及有关文物、古树等的保护工作，并承担相应费用

U. 督促检查合同执行情况，按合同规定及时支付各项款项，并协调好报告中出现的新问题和矛盾冲突

V. 确定水准点和坐标控制点，以书面形式交给承包方，并进行现场交验

W. 督促设备制造商按合同要求及时提供质量合格的设备，并组织运到现场

X. 组织进行试运行

Y. 组织有关方面对施工单位拟交付的工程进行竣工验收和工程决算

Z. 办理工程移交手续，做好项目有关资料的收集、接收与管理工作，安排人员及时接管

题号	拓展同类必刷题	答案
1	在工程项目的准备阶段，业主对工程项目管理的主要任务包括（　　）。	GHIJKLM
2	在工程项目的实施阶段，业主对工程项目管理的主要任务包括（　　）。	NOPQRSTUVWXYZ

🔊 **考点点评**

　　就以上内容，在考核时还可能会告诉工程项目管理的某一工作任务，让考生选择该工作任务应在哪个阶段进行。

考点8 银行对贷款项目管理的主要内容

例： 银行对贷款项目贷前管理的主要内容包括（ABCDEFGH）。

A. 受理借款人的借款申请 B. 进行贷款基本情况调查
C. 进行信用评价分析   D. 对借款人进行财务评价
E. 对贷款项目进行评估   F. 制定贷款的法律文件
G. 贷款审批   H. 贷款发放
I. 贷后检查   J. 贷款风险预警
K. 贷款偿还管理

题号	拓展同类必刷题	答案
1	银行对贷款项目贷后管理的主要内容包括（　　）。	IJK

考点9 银行对贷款项目的评估

例： 银行对贷款项目的评估中，对借款人的资信评估包括（ABCDEF）。

A. 借款人概况

B. 经营者素质

C. 借款人经营情况及未来发展前景

D. 借款人财务状况及偿债能力评估

E. 借款人信用状况评价

F. 项目公司的评价

G. 项目建设合法性分析

H. 同类竞争项目的比较

I. SWOT综合分析

J. 项目市场前景预测

K. 评估影响销售计划实现的风险状况

L. 建设规模与产品方案、工艺技术、设备与配套设施情况

M. 项目开发周期及工程进度计划

N. 项目建设条件评价

O. 相关单位的资质评价

P. 项目投资估算、资金来源及投资计划评价

Q. 项目财务分析

R. 项目建设必要性

S. 项目的市场分析与市场定位

题号	拓展同类必刷题	答案
1	银行对贷款项目的评估中，属于项目基本情况评估的内容有（　　）。	GHIJKLMNOPQRS

考点10 咨询工程师参与项目管理的主要任务

例： 咨询工程师在工程咨询项目前期阶段管理的主要内容有（ABCDE）。

A. 对项目进行调查分析，对规划提出咨询意见，并完成相应报告

B. 对项目的各种方案等进行比选

C. 完成项目的融资方案分析、投资估算、社会及国民经济评价，并完成相应报告

D. 对项目的可行性研究报告进行评估论证并完成相应报告

E. 完成项目建议书、可行性研究报告、项目申请书、资金申请报告、项目备案申请报告的编制，并协助完成报批工作

F. 直接接受业主委托承担勘察设计工作，或进行勘察设计招标工作

G. 协助业主或按业主委托完成项目进度安排、质量要求、资金控制及相应协议的起草工作

H. 协助业主完成或接受业主委托进行设备采购、施工招标工作

I. 协助业主完成项目的有关设计文件或设计文件评审，以及项目开工等报批工作

J. 做好项目设计内容的调整与修改工作

K. 完成业主委托征地、周边关系的协调

L. 按业主要求，向施工单位进行项目设计图样的技术交底，审查施工组织设计

M. 按有关规定及时、妥善地处理项目施工过程中的有关问题

N. 为工程投产后的运营做好准备工作，协助进行试运行

O. 在资质允许的前提下，代表业主对项目工程施工进行监督、管理

P. 配合业主做好项目的竣工验收工作

Q. 及时向业主报告项目的有关进度、质量及费用等方面的情况

R. 根据业主委托开展项目中间评价工作

S. 对项目的持续性进行评价

T. 提出项目发展的对策建议

U. 对项目的目标和过程进行评价

题号	拓展同类必刷题	答案
1	咨询工程师在工程咨询项目准备阶段管理的主要内容有（　　）。	FGHIJK
2	咨询工程师在工程咨询项目实施阶段管理的主要内容有（　　）。	LMNOPQR
3	咨询工程师在工程咨询项目投产运营阶段管理的主要内容有（　　）。	STU

🔊 **考点点评**

1. 有关咨询工程师对项目管理的考点，还需要掌握咨询工程师参与管理的目的和特点。

2. 在这个考点中有一个文件，一定要理解，那就是项目工作大纲。该大纲是由业主提出的、需咨询工程师实施的咨询服务说明，体现了工程咨询委托方对咨询任务范围较为明确的想法，也就是说咨询项目委托方对咨询任务的要求通常体现在该大纲中。

考点11　工程项目业主方管理模式的特点与适用范围

例： 工程项目业主方管理模式中，可以充分保障业主方对工程项目的控制，可以随时采取措施以保障业主利益的最大化，但也具有组织机构庞大、专业力量不足等缺点的管理模式是（A）。

A. 业主自行管理模式　　　B. 项目管理（PM）服务模式　　C. 项目管理承包（PMC）模式

D. 代理型 CM 模式　　　　E. 风险型 CM 模式　　　　　　F. "代建制"模式

G. 设计—管理（DM）模式　H. 全过程工程咨询模式

题号	拓展同类必刷题	答案
1	工程项目业主方管理模式中，可以充分发挥项目管理企业的专业经验和优势，可提高沟通效率和质量，主要用于大型项目或复杂项目，特别适用于业主管理能力不强的项目的管理模式是（　　）。	B

题号	拓展同类必刷题	答案
2	工程项目业主方管理模式中，可充分发挥管理承包商在项目管理方面的专业技能，统一协调和管理项目的设计与施工，有利于减少设计变更，合同关系简单、组织协调比较有利，可以提早开工，可采用快速路径法施工，缩短项目工期，但业主与施工承包商没有合同关系，控制施工难度较大，业主对工程费用也不能直接控制的管理模式是（　）。	C
3	工程项目业主方管理模式中，一般采用固定酬金加管理费合同，在明确整个项目的成本之前投入较大，索赔与变更的费用可能较高，业主方投资风险很大的管理模式是（　）。	D
4	工程项目业主方管理模式中，一般业主要求提出保证最大工程费用（GMP）以保证业主的投资控制的管理模式是（　）。	E
5	工程项目业主方管理模式中，通过招标等方式，选择专业化的项目管理单位负责建设实施，严格控制项目投资、质量和工期，竣工验收后移交给使用单位的管理模式是（　）。	F
6	工程项目业主方管理模式中，通常以设计单位为主，可对总承包商或分包商采用分阶段发包方式，从而加快工程进度，但施工管理能力较差，无法有效管理施工承包商的管理模式是（　）。	G
7	采用多种服务方式组合，为项目决策实施和运营提供局部或整体解决方案及管理服务的是（　）。	H

🔊 **考点点评**

1. 就以上内容，在考核时还可能会告诉某一工程项目业主方管理模式，让考生选择该模式具有哪些特点。

2. CM 模式的具体内容考生需多关注。

考点 12　工程项目承发包管理模式的特点

例：工程项目承发包管理模式中，从业主方的角度看，传统的发包 DBB（设计—招标—建造）模式的特点有（ABCDEFGH）。

A. 管理方法成熟，各方对有关程序熟悉

B. 业主可自由选择设计人员，便于控制设计要求，容易掌控设计变更

C. 可自由选择监理人员

D. 有利于合同管理和风险管理

E. 项目周期较长，对项目的工期不易控制

F. 管理和协调工作较复杂，业主管理费较高，前期投入较高

G. 不易控制工程总投资，容易引起较多的索赔

H. 出现质量事故时，设计和施工双方容易互相推诿责任

I. 通常采用总价合同，但允许价格调整，也允许某些部分采用单价合同

J. 承包商承担了大部分责任和风险

K. 常用于房屋建筑和大中型土木、电力、水利、机械等工程项目

L. 有利于提高可建造性，对投资和完工日期有实质性的保障

M. 业主无法参与设计单位的选择，对最终设计和细节的控制能力降低

N. 充分发挥市场机制的作用，促使承包商、设计师、建筑师共同寻求最经济、最有效的方法实施工程项目

O. 可以比较容易地解决设计、采购、施工、试运转整个过程的不同环节中存在的突出矛盾

P. 主要适用于化工、冶金、电站、铁路等大型基础设施工程

Q. 设计、施工、运营三个过程均由一个责任主体来完成

R. 可以减少不必要的延误，使施工的周期更为合理

S. 可以优化项目的全寿命周期成本

T. 可以保证项目质量长期的可靠性

U. 责任范围的界定容易引起较多争议，招标的过程也较长，需要专业的咨询公司介入

题号	拓展同类必刷题	答案
1	工程项目承发包管理模式中，DB（设计—建造）模式的特点有（　　）。	IJKLM
2	工程项目承发包管理模式中，EPC（设计—采购—施工）模式的特点有（　　）。	NOP
3	工程项目承发包管理模式中，DBO（设计—施工—运营）模式的特点有（　　）。	QRSTU

🔊 **考点点评**

就以上内容，在考核时还可能会告诉某一特点，让考生选择是哪种模式所具有的特点。

考点13　工程咨询服务范围与工程咨询单位管理

例：工程咨询服务范围包括规划咨询、项目咨询、评估咨询和全过程工程咨询，规划咨询的具体内容包括（ABCD）。

A. 总体规划的编制

B. 专项规划的编制

C. 区域规划的编制

D. 行业规划的编制

E. 项目投资机会研究

F. 投融资策划

G. 项目建议书（预可行性研究）的编制

H. 项目可行性研究报告的编制

I. 项目申请报告的编制

J. 资金申请报告的编制

K. 政府和社会资本合作（PPP）项目咨询

L. 各级政府及有关部门委托的对规划的评估

M. 各级政府及有关部门委托的对项目建议书的评估

N. 各级政府及有关部门委托的对可行性研究报告的评估

O. 各级政府及有关部门委托的对项目申请报告的评估

P. 各级政府及有关部门委托的对资金申请报告的评估

Q. 各级政府及有关部门委托的对PPP项目实施方案的评估

R. 各级政府及有关部门委托的对初步设计的评估

S. 规划和项目中期评价

T. 项目后评价

U. 项目概预决算审查

题号	拓展同类必刷题	答案
1	工程咨询服务范围的项目咨询的具体内容包括（　　）。	EFGHIJK
2	工程咨询服务范围的评估咨询的具体内容包括（　　）。	LMNOPQRSTU

1. 本考点还可能这样来命题：各级政府及有关部门委托的、对可行性研究报告的评估属于工程咨询服务范围的是（　　）。
2. 以上三类服务范围在命题时互相作为干扰项出现，一定要注意区分。
3. 还要牢记的一个知识点是工程咨询单位应当通过全国投资项目在线审批监管平台备案以下信息：
(1) 基本情况。
(2) 从事的工程咨询专业和服务范围。
(3) 备案专业领域的专业技术人员配备情况。
(4) 非涉密的咨询成果简介。

考点14　工程咨询单位行业自律和监督检查

例：关于工程咨询单位资信评价等级的说法，正确的有（ABCDEFGHI）。

A. 资信评价等级分为甲级和乙级两个级别
B. 资信评价类别分为专业资信、专项资信、综合资信
C. 专业资信设甲级和乙级
D. 专项资信设甲级和乙级
E. 综合资信只设甲级
F. 专业资信按照《工程咨询行业管理办法》划分的21个专业进行评定
G. PPP咨询专项资信、综合资信不分专业
H. 工程咨询单位资信评价每年度集中申请和评定
I. 工程咨询单位已获得资信评价等级的单位满3年后需重新申请和评定

1. 要重点掌握选项E综合资信只设甲级和选项G不分专业的资信是哪些。
2. 区分资信评定工作的主体：
(1) 甲级资信的评定由国家发展和改革委员会指导。
(2) 乙级资信的评定由省级发展和改革委员会指导。
3. 中国工程咨询协会负责对咨询工程师（投资）执业情况进行检查。检查内容包括哪几项也是考核的要点。

考点15　工程咨询从业人员的登记与继续教育

例：关于工程咨询从业人员登记的说法，正确的有（ABCDEFG）。

A. 执业登记分为初始登记、变更登记、继续登记和注销登记四类
B. 申请人最多可以申请两个专业
C. 咨询工程师（投资）可自咨询工程师（投资）资格证书签发之日起1年内申请初始登记
D. 初始登记有效期为3年
E. 变更登记不改变原登记有效期
F. 咨询工程师（投资）执业登记有效期满需继续执业的，应在有效期满前30天内申请继续登记
G. 继续登记有效期为3年

关于继续教育的学习需要掌握如下要点：

(1) 咨询工程师（投资）继续教育内容由公需科目和专业科目组成。

(2) 咨询工程师（投资）每年参加继续教育应不少于90学时，其中专业科目不少于总学时的三分之二。

(3) 咨询工程师（投资）继续教育包括远程教育、面授教育、企业内部培训和其他形式四种方式。

考点16　数字化与智能化应用场景

例： BIM技术可以通过构建3D可视化模型，为咨询工程师在项目场址优选、概念模型优化、技术经济比选、建设条件分析、成本估算等方面提供支持，是应用在建设项目全过程咨询的 (A)。

A. 投资决策阶段　　　　　　　B. 勘察设计阶段

C. 招标采购阶段　　　　　　　D. 项目施工阶段

E. 竣工验收阶段　　　　　　　F. 运营维护阶段

题号	拓展同类必刷题	答案
1	人工智能可以通过数据挖掘、机器学习、自然语言处理等技术，为咨询工程师开展投资策划、可行性研究、风险评价等业务提供支持，是应用在建设项目全过程咨询的（　）。	A
2	通过数据挖掘技术，大数据技术可以从大量结构化和非结构化数据中提取有用的信息，以帮助咨询工程师协助委托方做出明智的投资决策，是应用在建设项目全过程咨询的（　）。	A
3	BIM技术可以通过构建3D可视化模型集成多方数据，为咨询工程师在设计方案比选、建筑性能模拟分析、地质情况分析、交通仿真优化、管线综合及碰撞检测、虚拟仿真漫游、工程算量计价等方面提供支持，是应用在建设项目全过程咨询的（　）。	B
4	人工智能可以为咨询工程师开展工程勘察、工程测量、工程设计等业务提供支持，是应用在建设项目全过程咨询的（　）。	B
5	大数据分析技术可以自动分析模拟结果，帮助咨询工程师理解复杂的模型输出，是应用在建设项目全过程咨询的（　）。	B
6	BIM技术可以提供精确的工程图纸等文件，为咨询工程师在工程量统计、编制造价、电子招标、线上评标等方面提供支持，是应用在建设项目全过程咨询的（　）。	C
7	人工智能可以通过智能合约技术自动执行合同条款，为咨询工程师开展招标代理、材料设备采购等业务提供支持，是应用在建设项目全过程咨询的（　）。	C
8	大数据可用于分析招标文件与合同合规，识别关键要求和风险条款，帮助优化投标策略，是应用在建设项目全过程咨询的（　）。	C
9	BIM技术可以通过BIM协同管理平台，为咨询工程师在施工组织优化、施工放样及测量、4D施工模拟及进度管理、质量与安全管理、设备与材料智能管理、5D成本管理、合同管理等方面提供支持，是应用在建设项目全过程咨询的（　）。	D
10	人工智能可以通过物联网、无人机、机器人、生物特征识别等技术，为咨询工程师开展进度管理、质量管理、造价管理等业务提供支持，是应用在建设项目全过程咨询的（　）。	D
11	工程项目中可以使用各种传感器、卫星图像和遥感技术，有助于实现远程工程监控和数据收集，是应用在建设项目全过程咨询的（　）。	D

题号	拓展同类必刷题	答案
12	BIM 技术可以通过工程竣工集成数据模型，对比实际工程与设计的一致性，为咨询工程师在竣工验收、结算、移交、决算等方面提供支持，是应用在建设项目全过程咨询的（　　）。	E
13	人工智能可以对项目的竣工报告中的信息进行快速审核，并自动化生成验收文件和绩效评价报告，为咨询工程师开展项目整体验收、竣工移交、竣工决算等业务提供支持，是应用在建设项目全过程咨询的（　　）。	E
14	大数据可用于验证项目是否符合质量标准和规范，通过分析验收数据来确保质量合格，是应用在建设项目全过程咨询的（　　）。	E
15	BIM 技术可以为咨询工程师在设施管理、资产管理等方面提供支持，是应用在建设项目全过程咨询的（　　）。	F
16	人工智能可以为咨询工程师开展设施管理、资产管理等业务提供支持，是应用在建设项目全过程咨询的（　　）。	F
17	大数据分析可用于监测设备状态，进行预测性维护，延长设备寿命，是应用在建设项目全过程咨询的（　　）。	F

🔊 **考点点评**

该考点一般是以单项选择题的形式进行考核。

四、本章真题实训

1. 【2023 年真题】工程项目的基本特征之一是（　　）。
   A. 流动性　　　　　　B. 一次性　　　　　　C. 可逆性　　　　　　D. 重复性

2. 【2023 年真题】某工程项目业主拟直接与项目的勘察、设计、施工、供货等单位签订合同，以便加强对项目的控制，但业主缺少项目管理人员，则适合采用的业主委托管理模式是（　　）。
   A. 项目管理承包模式　　　　　　　　B. 项目管理服务模式
   C. 风险型 CM 模式　　　　　　　　　D. 代建制模式

3. 【2022 年真题】工程项目通常由多个单项工程和多个单位工程组成，彼此之间紧密相关，结合到一起才能发挥工程项目的功能和效益，这体现了工程项目的（　　）特征。
   A. 不确定性　　　　　　　　　　　　B. 一次性
   C. 固定性　　　　　　　　　　　　　D. 整体性

4. 【2022 年真题】根据《项目管理知识体系指南（PMBOK 指南）》，确保项目做且仅做所需的全部工作以达到项目目标，属于项目管理知识体系中的（　　）。
   A. 整合管理　　　　　　　　　　　　B. 范围管理
   C. 沟通管理　　　　　　　　　　　　D. 相关方管理

5. 【2022 年真题】根据《关于推进全过程工程咨询服务发展的指导意见》（发改投资规〔2019〕515 号），关于投资决策综合性咨询的说法，正确的是（　　）。
   A. 投资决策综合性咨询应统筹考虑影响项目可行性的各种因素，以增强决策论证的协调性
   B. 牵头提供投资决策综合性咨询服务的机构，对服务成果不承担总体责任
   C. 企业自筹资金项目要优先采用投资决策综合性咨询服务方式

D. 投资决策综合性咨询项目负责人应由取得工程建设类注册执业资格的人员担任

6. 【2022 年真题】咨询工程师（投资）资格证书实行登记服务制度，初始登记有效期为（　　）年。

A. 2　　　　　　　　　B. 3　　　　　　　　　C. 4　　　　　　　　　D. 5

7. 【2021 年真题】工程项目交易不同于一般商品的交易，业主期望的不明确性、工程设计的局限性、工程技术的复杂程度不断增大造成施工过程困难等原因，体现了工程项目（　　）。

A. 交易及生产过程的复杂性　　　　　　B. 组织的复杂性

C. 环境的复杂性　　　　　　　　　　　D. 不确定性大

8. 【2021 年真题】根据 PMBOK，为识别、定义、组合、统一和协调各项目管理过程组的各个过程和活动而开展的过程与活动，属于项目管理的（　　）知识领域。

A. 进度管理　　　　　　B. 资源管理　　　　　　C. 整合管理　　　　　　D. 范围管理

9. 【2021 年真题】咨询工程师执业登记有效期满需继续执业的，可在两个月前申请，继续登记有效期为（　　）年。

A. 1　　　　　　　　　B. 2　　　　　　　　　C. 3　　　　　　　　　D. 4

10. 【2020 年真题】委托工程咨询机构开展施工招标工作，是工程项目在项目（　　）阶段的一项任务。

A. 前期　　　　　　　　B. 准备　　　　　　　　C. 实施　　　　　　　　D. 竣工验收

11. 【2019 年真题】下列说法中，属于项目管理承包（PMC）模式缺点的是（　　）。

A. 管理过程中出现问题难以追究责任　　B. 业主对工程费用不能直接控制

C. 业主和管理承包商的合同关系复杂　　D. 索赔与变更的费用可能较高

12. 【2019 年真题】下列说法中，属于传统发包（DBB）模式缺点的是（　　）。

A. 业主无法自由选择监理人员监理工程

B. 业主对最终设计和细节的控制能力降低

C. 业主无法自由选择设计人员

D. 管理和协调工作较复杂

13. 【2023 年真题】咨询工程师参与工程项目管理的目的有（　　）。

A. 维护工程建设各方利益　　　　　　　B. 保障委托方实现项目预期目标

C. 承担社会责任　　　　　　　　　　　D. 取得合法收入

E. 获得良好的社会声誉

14. 【2023 年真题】下列成果或活动中，可以作为咨询工程师（投资）继续教育的其他形式得到承认的有（　　）。

A. 承担大型海外投资项目可行性研究报告的编制

B. 获得国家发展和改革委员会优秀研究成果奖

C. 承担国家行业管理部门委托的与工程咨询有关的战略规划政策类研究

D. 在国内外学术期刊上发表工程咨询方面的论文

E. 获得菲迪克工程项目奖

15. 【2022 年真题】目前，我国代建制的运作模式主要有（　　）。

A. 风险型 CM 模式　　　　　　　　　　B. 代理型 CM 模式

C. 委托代理合同模式　　　　　　　　　D. PMC 项目管理承包模式

E. 以常设性事业单位为主，实行相对集中的专业化管理模式

16. 【2022 年真题】关于咨询工程师（投资）继续教育的说法，正确的有（　　）。

A. 每年参加继续教育的学时数不得少于 60 学时

B. 参加单位内部培训是继续教育的方式之一

C. 参加中国工程咨询协会统一组织实施的远程教育是继续教育的方式之一

D. 进入高校学习且获得学位后可以折算一定学时

E. 获得国家发展和改革委员会优秀研究成果奖可以折算一定学时

17. 【2022年真题】关于工程咨询单位资信的说法，正确的有（　　）。

A. 资信评价标准以近5年的专业技术力量为主要指标

B. 综合资信设特级和甲级

C. 专业资信设甲级和乙级

D. 专业资信按划分的21个专业进行评定

E. PPP咨询资信按咨询项目所属的专业进行评定

18. 【2021年真题】关于项目管理承包模式（PMC）的说法，正确的有（　　）。

A. 业主能够直接控制工程费用

B. 可统一协调和管理项目的设计和施工

C. 可充分发挥管理承包商在项目管理方面的专业技能

D. 业主与管理承包商所签订的合同可包含工程施工承包的内容

E. 可利用快速路径法施工，缩短项目工期

19. 【2021年真题】工程咨询单位应当通过全国投资项目在线审批监管平台备案的信息包括（　　）。

A. 非实质性经营业绩　　　　　　　　B. 企业概况

C. 经营状况　　　　　　　　　　　　D. 非涉密咨询成果

E. 纳税额度

20. 【2021年真题】工程咨询单位资信评价标准中的主要指标有（　　）。

A. 咨询项目的重要程度　　　　　　　B. 守法信用记录

C. 单位全体人员数量　　　　　　　　D. 合同业绩

E. 专业技术力量

21. 【2019年真题】以下属于项目咨询范畴的有（　　）。

A. 投融资策划　　　　　　　　　　　B. 投资机会研究

C. 项目概预决算审查　　　　　　　　D. 项目申请报告

E. 资金申请报告

22. 【2019年真题】PPP模式是指政府为增强公共产品和服务供给能力、提高供给效率，通过特许经营、购买服务、股权合作等方式，与社会资本建立的（　　）关系。

A. 利益共享　　　　　　　　　　　　B. 风险自负

C. 风险分担　　　　　　　　　　　　D. 长期合作

E. 短期合作

23. 【2018年真题】下列项目管理任务中，属于《项目管理知识体系指南（PMBOK指南）》所述项目管理过程的有（　　）。

A. 项目启动　　　　　　　　　　　　B. 项目设计

C. 项目计划　　　　　　　　　　　　D. 项目控制

E. 项目投产运营

五、本章真题实训答案及解析

1. B。工程项目具有独特性、一次性、固定性、整体性、不可逆转性、不确定性等基本特征。其中，一次性是指每个项目都有一个固定的起点和终点，所有工程项目的实施都将达到其终点，

而不是连续不断的工作。

2. B。项目管理服务是指从事工程项目管理的公司受业主委托，按照合同约定，代表业主对工程项目的组织实施进行全过程或若干阶段或部分内容的管理和服务。项目管理公司按照合同约定，在工程项目决策阶段，可为业主编制可行性研究报告，进行可行性分析和项目策划；在工程项目的准备和实施阶段，可为业主提供招标代理、设计管理、采购管理、工程监理、施工管理和试运行（竣工验收）等服务，代表业主对工程项目进行质量、安全、进度、费用、合同、信息等管理和控制。项目管理公司不直接与该工程项目的总承包企业或勘察、设计、供货、施工等企业签订合同。项目管理公司一般应按照合同约定承担相应的管理责任。项目管理服务模式特别适用于业主管理能力不强的项目。

3. D。一个工程项目往往由多个单项工程和多个单位工程组成，彼此之间紧密相关，结合到一起才能发挥工程项目产品的整体功能和效益，这体现了工程项目基本特征的整体性。

4. B。根据《项目管理知识体系指南（PMBOK 指南）》，项目整合管理包括为识别、定义、组合、统一和协调各项目管理过程组的各个过程和活动而开展的过程与活动。项目范围管理包括确保项目做且只做所需的全部工作以成功完成项目的各个过程。项目沟通管理包括为确保项目信息及时且恰当地规划、收集、生成、发布、存储、检索、管理、控制、监督和最终处置所需的各个过程。项目相关方管理包括用于开展下列工作的各个过程：识别影响或受项目影响的人员、团队组织，分析相关方对项目的期望和影响，制订合适的管理策略来有效调动相关方参与项目决策和执行。

5. A。投资决策综合性咨询是指投资者在投资决策环节委托工程咨询单位提供综合性咨询服务，统筹考虑影响项目可行性的各种因素，增强决策论证的协调性。牵头提供投资决策综合性咨询服务的机构，根据与委托方合同约定对服务成果承担总体责任；联合提供投资决策综合性咨询服务的，各合作方承担相应责任。政府投资项目优先采取投资决策综合性咨询服务方式。投资决策综合性咨询项目负责人一般由咨询工程师（投资）担任。

6. B。初始登记与继续登记的有效期都为 3 年。

7. A。题干中涉及业主、设计单位和施工单位，业主会与设计单位产生交易，也会与施工单位产生交易，这体现了交易的复杂性。业主有对工程项目的期望，首先需要设计单位设计方案，然后通过施工单位的施工才可以实现业主的期望，这体现了生产过程的复杂性。

8. C。识别、定义、组合、统一和协调的过程就是在整合。

9. C。咨询工程师的登记，不论是初始登记，还是继续登记，其有效期都为 3 年。变更登记不会改变原登记的有效期。

10. B。项目前期阶段的重点就是分析论证，做出是否实施的决策，包括投资机会研究、可行性研究、项目评估和项目决策等；项目准备阶段的重点就是为工程开工做准备，包括设计、招标、签订合同、货物采购等；项目实施阶段就是通过各要素的投入实现工程项目的目标，包括施工、联动试车、试生产、竣工验收等；项目投产运营阶段就是保证各项功能的正常使用，包括保修、回访、项目后评价等。

11. B。PMC 的优点包括：可减少矛盾和设计变更，合同关系简单，组织协调有利，可提早开工和缩短工期等。其缺点包括：业主对施工的控制难度较大，以及业主不能直接控制工程费用。

12. D。DBB 的优点包括：管理方法成熟，便于控制设计和掌控设计变更，可自由选择监理人员，有利于合同管理和风险管理。其缺点包括：工期不易控制，管理和协调工作较复杂，管理费用较高，对总投资不易控制，索赔较多、互相推诿责任等。

13. BCDE。咨询工程师对项目管理的目的：①保障委托方实现项目预期目标；②关注社会可持续发展，勇担社会责任（项目与环境、生态、能源、社会和谐关系）；③按合同规定取得合法收入；④为咨询工程师自己创造良好的社会声誉。

14. BCDE。咨询工程师（投资）继续教育的其他形式包括：①获得国家发展和改革委员会优秀研究成果奖；②受国家发展和改革委员会、国家行业管理部门、国务院继续教育管理部门委托，承担与工程咨询有关的战略规划政策类研究；③受中国工程咨询协会和地方工程咨询（行业）协会委托，承担行业相关工作；④获得中国工程咨询协会或地方工程咨询（行业）协会评选的优秀工程咨询成果奖；⑤获得菲迪克工程项目奖；⑥参加国家承认学历的大专及以上工程或经济专业学历（学位）教育等；⑦发表工程咨询方面的专著或论文等；⑧其他。

15. CE。目前，代建制的运作模式主要有两种：①委托代理合同模式；②以常设性事业单位为主，实行相对集中的专业化管理模式。

16. BCE。咨询工程师（投资）每年参加继续教育应不少于 90 学时，其中，专业科目不少于总学时的三分之二。咨询工程师（投资）继续教育包括四种方式：①远程教育，远程教育由中国工程咨询协会提供教育平台，统一组织实施。②面授教育，面授教育包括中国工程咨询协会、地方工程咨询（行业）协会及其他培训机构根据各自制订的年度培训计划举办的培训班、研讨班、论坛及学术讲座等。③企业内部培训，工程咨询单位可以自行组织适合本单位发展需要和岗位要求的教育培训活动，并计入专业科目学时。④其他形式，如获得国家发展和改革委员会优秀研究成果奖等。

17. CD。工程咨询单位资信评价标准以近 3 年的专业技术力量、合同业绩、守法信用记录为主要指标，资信评价等级分为甲级和乙级两个级别。资信评价类别分为专业资信、专项资信、综合资信。专业资信、专项资信设甲级和乙级，综合资信只设甲级。专业资信按照《工程咨询行业管理办法》划分的 21 个专业进行评定；PPP 咨询专项资信、综合资信不分专业。

18. BCDE。选项 A 的正确说法是：业主不能直接控制工程费用。

19. BD。备案的信息还应该包括：从事的工程咨询专业和服务范围；备案专业领域的专业技术人员配备情况。

20. BDE。工程咨询单位资信评价标准的主要指标只有这三个。

21. ABDE。属于项目咨询范畴的还有项目建议书、项目可行性研究报告、政府和社会资本合作（PPP）项目咨询等。选项 C 属于评估咨询的范畴。

22. ACD。选项 B 和选项 C 是对立关系，只能选择其一；选项 D 和选项 E 也是对立关系，也只能选择其一。

23. ACD。PMBOK 的项目管理过程除了所选的正确答案外，还有执行和收尾两个过程。

六、本章同步练习

（一）单项选择题（每题 1 分。每题的备选项中，只有 1 个最符合题意）

1. 所有工程项目的实施都将达到其终点，而不是持续不断地工作。从这个意义来讲，工程项目具有（　　）。

   A. 一次性　　　　　B. 唯一性　　　　　C. 明确性　　　　　D. 约束性

2. 由于工程项目的目标多，涉及面广，群体作业多，这些因素导致工程项目具有（　　）。

   A. 交易的复杂性　　　　　　　　　B. 生产过程的复杂性
   C. 组织的复杂性　　　　　　　　　D. 环境的复杂性

3. 下列工程项目各阶段主要工作中，不属于工程项目前期阶段的主要工作是（　　）。

   A. 施工图设计　　　　　　　　　　B. 投资机会研究
   C. 项目评估　　　　　　　　　　　D. 初步可行性研究

4. 将建设投入要素进行组合，形成工程实物形态，实现投资决策目标，是工程项目（　　）阶段的主要任务。

   A. 前期　　　　　　B. 准备　　　　　　C. 实施　　　　　　D. 投产运营

5. 及时提出对服务的要求，将工程项目建设的干扰降至最低限度是（   ）的要求和期望。

    A. 业主   B. 咨询部门   C. 承包商   D. 公用设施管理部门

6. 组织对项目建议书和可行性研究报告进行评审是业主在项目（   ）阶段的主要任务。

    A. 前期   B. 实施   C. 实施准备   D. 竣工验收

7. 工程承包商对工程项目管理的主要工作任务不包括（   ）。

    A. 制订质量保证计划

    B. 做好施工现场地下管线的保护工作

    C. 保证业主在使用其所提供的设备时，不侵犯第三方的专利权

    D. 负责已完工程在移交前的保护工作

8. 关于银行对贷款项目管理特点的说法，错误的是（   ）。

    A. 管理手段带有更强的金融专业性   B. 管理的主动权随着资金的投入而降低

    C. 以资金运动为主线进行管理   D. 银行对工程项目的管理在前期是被动的

9. 工程咨询单位在评估咨询阶段的工程咨询服务范围不包括（   ）。

    A. 政府和社会资本合作（PPP）项目咨询

    B. 项目概预决算审查

    C. PPP项目实施方案、初步设计的评估

    D. 资金申请报告的评估

10. 咨询工程师参与项目管理的特点是（   ）。

    A. 提供完成成果具有普遍性

    B. 咨询工程师的管理内容视委托情况而变化

    C. 直接建设工程项目实体

    D. 服务的无偿性

11. 政府投资项目优先采取（   ）咨询服务方式。

    A. 投资决策综合性   B. 委托代理

    C. CM   D. 代建制

（二）多项选择题（每题 2 分。每题的备选项中，有 2 个或 2 个以上符合题意，至少有 1 个错项。错选，本题不得分；少选，所选的每个选项得 0.5 分）

1. 按项目用途，工程项目可分为（   ）。

    A. 工业项目   B. 生产性项目

    C. 农林水利项目   D. 非生产性项目

    E. 社会事业项目

2. 关于工程项目周期及阶段划分的说法，正确的有（   ）。

    A. 工程项目周期是指提出投资设想、前期论证、投资决策、建设准备、建设实施、竣工验收直至投产运营所经历的全过程

    B. 阶段划分的数量和必要性只取决于项目的规模

    C. 可交付成果是指在某一过程、阶段或项目完成时，必须产出的任何独特并可核实的产品、成果或服务能力

    D. 项目阶段通常都与特定的主要可交付成果的形成相关

    E. 工程项目周期可划分为前期阶段、准备阶段、实施阶段和投产运营阶段

3. 银行对贷款项目评价内容中，项目基本情况评价主要包括（   ）。

    A. 项目建设合法性分析   B. 相关单位的资质评价

    C. SWOT 综合分析   D. 信用贷款方式

    E. 同类竞争项目的比较

4. 咨询工程师在工程项目实施阶段的主要工作包括（　　　）。

    A. 货物采购   B. 试生产

    C. 选定承包商   D. 竣工验收

    E. 项目评估及决策

5. 从业主方的视角，DBB 模式的优点包括（　　　）。

    A. 施工阶段比较容易掌控设计变更

    B. 工程总投资容易受到控制

    C. 可自由选择监理人员监理工程

    D. 管理方法成熟，各方对有关程序熟悉

    E. 可采用各方均熟悉的标准合同文本，有利于合同管理和风险管理

6. 业主在工程项目准备阶段的主要任务包括（　　　）。

    A. 督促检查合同执行情况

    B. 及时办理有关设计文件的审批工作

    C. 选派合格的现场代表

    D. 聘请监理咨询机构，督促监理工程师及时到位，履行职责

    E. 组织落实项目建设用地，办理土地征用

7. 咨询工程师在项目实施阶段的主要工作有（　　　）。

    A. 审查施工组织设计

    B. 协助业主完成施工招标工作

    C. 根据业主委托开展项目中间评价工作

    D. 做好项目设计内容的调整与修改工作

    E. 为工程投产后的运营做好人员培训、操作规程和规章制度的建立等准备工作

8. 取得咨询工程师（投资）资格证书的人员，应当具备的职业能力包括（　　　）。

    A. 投资机会研究   B. 工程项目评估

    C. 工程项目建议书的审核   D. 行业发展规划和产业政策咨询

    E. 工程项目管理咨询

9. 建筑信息模型（BIM）应由（　　　）等概念层组成数据模式架构。

    A. 核心层   B. 共享层

    C. 现象层   D. 专业领域层

    E. 资源层

七、本章同步练习答案

（一）单项选择题

1. A	2. C	3. A	4. C	5. D
6. A	7. C	8. D	9. A	10. B
11. A				

（二）多项选择题

1. BD	2. ACDE	3. ABCE	4. BD	5. ACDE
6. BCE	7. ACE	8. ABDE	9. ABDE	

第二章
工程项目管理的组织

一、本章核心考点分布

```
                        ┌─ 团队精神的层次（2023年）

                        ├─ 团队规则

                        ├─ 项目团队能力的开发过程（2017年、2019年、2020年、2022年、2023年）

                        ├─ 项目团队能力培育

                        ├─ 团队建设与管理的理论基础（2017年、2019年、2020年、2021年、2022年、2023年）

        工程项目          ├─ 角色和职责安排（2017年、2019年、2020年、2021年、2023年）
        管理的组织
                        ├─ 项目界面（2019年、2022年）

                        ├─ 项目管理组织的基本原理（2017年、2019年、2021年、2022年）

                        ├─ 部门划分的方法

                        ├─ 职务特征模型（2017年、2021年、2022年）

                        └─ 项目管理组织结构的基本形式（2017年、2019年、2021年、2022年、2023年）
```

二、专家剖析考点

1. 团队精神的层次是很好的命题点，尤其是团队凝聚力的四个方面的表现，以及影响团队的内部因素和最有价值的团队规则的七个方面。

2. 有关项目团队能力的开发过程的五个阶段是命题青睐的采分点，特别容易设置为选择题的选项。

3. 关于项目团队能力培育，要重点掌握项目团队能力培育的方法，尤其是团队建设和管理的五个理论，一定要掌握。

4. 关于项目团队的考核，简单了解即可。

5. 关于组织计划这一考点，学习的重点是描述团队成员的角色与职责的三种形式、制订项目组织计划的三个界面、限制项目团队选择的四方面因素，其他内容一般了解即可。

6. 项目管理组织结构中，管理幅度与管理层次的相关知识为本章的重中之重，命题人多次对此进行考核，且同一考点重复出现的概率极高，应结合真题全面掌握。

7. 关于组织的形态，应熟练掌握各种形式的优点与缺点，避免造成混淆。

8. 关于组织部门划分的方法，应能够对各种方法的优缺点及其适用范围进行明确的区分。

9. 职务的确定与分析中，易以多项选择题的形式进行考核。

10. 项目管理组织设计依据、原则及组织建立步骤的要点中，设计依据较容易掌握，也是重复考核频次较高的要点。

11. 项目管理组织结构的基本形式与优化中，各种形式的特点都是很好的命题点。

三、本章核心考点必刷题

考点1　团队精神的层次

例：团队精神的层次包括（ABCD）。

A. 团队的凝聚力　　　　　　　　　　B. 成员互信意识
C. 团队合作意识　　　　　　　　　　D. 团队士气

题号	拓展同类必刷题	答案
1	团队精神的层次中，（　）表现在归属意识、亲和意识、责任意识、自豪意识四个方面。	A
2	团队合作的前提与基础是（　）。	B

考点2　团队规则

例：团队成员良好的合作首先需要制定团队合作的规则，最有价值的团队规则包括（ABCDEFG）。

A. 支持规则　　　　B. 沟通规则　　　　C. 协调规则　　　　D. 反馈规则
E. 监控规则　　　　F. 团队领导规则　　　G. 团队导向规则

题号	拓展同类必刷题	答案
1	明确团队成员之间寻求和提供协助与支持的责任及义务，体现的是团队规则中的（　）。	A
2	明确团队成员之间准确、及时的信息交换方式、方法与注意事项，体现的是团队规则中的（　）。	B
3	保证团队成员能根据团队的目标要求来规范个人的行动，体现的是团队规则中的（　）。	C
4	团队成员之间对他人的寻助、绩效、征求等及时提供信息和建议，并予以正确的消纳，体现的是团队规则中的（　）。	D
5	团队成员有观察合作伙伴的义务，并在必要时提供反馈与支持，体现的是团队规则中的（　）。	E
6	用以保证对团队成员的有效组织、指导和支持，体现的是团队规则中的（　）。	F
7	用以保证团队成员对团队规则、默契、团队精神、文化等的认同和支持，是团队规则中（　）的体现。	G

🔊 **考点点评**

出题时还可能会给出某一规则，让选择该规则的作用。

考点3　项目团队能力的开发过程

例：项目团队的形成发展需要经历一个过程，而且有一定的生命周期，该过程要经过（ABCDE）。

A. 形成阶段　　　B. 磨合阶段　　　C. 规范阶段　　　D. 表现阶段　　　E. 休整阶段

题号	拓 展 同 类 必 刷 题	答案
1	主要工作为组建团队的过程是在团队的（ ）。	A
2	项目团队的形成发展过程中，在（ ）可能有的团队成员因不适应而退出团队。	B
3	项目团队工作开始进入有序化状态是在团队发展经过（ ）之后。	B
4	团队建设要注意团队工作规则的调整与完善、团队价值取向的倡导、团队文化的培养、团队精神的奠定，这是在团队的形成发展过程中的（ ）应该注意的。	C
5	团队工作效率有较大提高，团队成员彼此高度信任，且是团队最好状态的时期是在团队的形成发展过程中的（ ）的状态。	D

考点4　项目团队能力培育

例：项目团队能力培育的方法包括（ABCDEF）。
A. 改善环境　　　　　　　　　B. 培训
C. 开展团队建设性活动　　　　D. 评价
E. 外部反馈　　　　　　　　　F. 调整

题号	拓 展 同 类 必 刷 题	答案
1	让处于项目团队计划执行链中最末端的团队成员参与团队计划的制订过程，属于团队能力培育中的（ ）。	C
2	项目团队能力培育的方法中，（ ）是指以提高项目团队的能力而设计和组织的，让团队成员通过参与使能力得以提高的团队活动。	C
3	项目团队能力培育的方法中，（ ）是指对员工的工作业绩、工作能力、工作态度等方面进行调查与评定。	D

考点5　团队建设与管理的理论基础

例：团队建设与管理的理论基础包括（ABCDE）。
A. 需要层次理论　　B. X理论和Y理论　　C. 双因素理论　　D. 成就需要理论
E. 公平理论

题号	拓 展 同 类 必 刷 题	答案
1	团队管理需要激励，最基本的激励理论有（ ）。	ABC
2	由美国管理学家麦格雷提出的管理者对员工持有两种相反的人性假设的理论是（ ）。	B
3	美国行为学家弗雷德里克·赫兹伯格提出，影响人的积极性的需要因素主要可以划分为"保健"和"激励"两大部分，该理论称为（ ）。	C
4	在人的生理需要基本得到满足的条件下，人们还会有权力需要、友谊需要和成就需要，这就是（ ）的思想。	D
5	员工对自己获得的报酬是否满意不仅要看绝对值，还要看相对值，要与自己比较，也要与别人进行横向比较，当比值相等时，员工就会感到满意，这在理论上称为（ ）。	E

🔊 **考点点评**

　　需要层次理论的七层次论包括生理需要、安全需要、社交需要、尊重需要、求知需要、审美需要、自我实现需要。七个需要的具体含义也要有所了解。

考点6　角色和职责安排

例： 在工程项目人力资源管理中，描述团队成员的角色与职责可采用的形式主要有（ABC）。
A. 层级型　　　　　B. 矩阵型　　　　　C. 文本型

题号	拓展同类必刷题	答案
1	采用传统组织机构图，以图形方式自上而下地显示各种职位及其相互关系的描述团队成员的角色与职责的形式是（　）。	A
2	可以反映与每个人相关的所有活动及与每项活动相关的所有人员的形式是（　）。	B
3	在描述团队成员的角色与职责时，如果需要详细描述，可以采用（　）。	C

🔊 考点点评

1. 在该考点中有几个概念需要理解，那就是工作分解结构（WBS）、组织分解结构（OBS）和责任分配矩阵（RAM）。
2. 还有一点需要掌握的是：为了做好项目团队组织计划工作，首先要进行工作分析。

考点7　项目界面

例： 在工程项目组织计划的制订与执行中需注意项目界面、人员配备计划要与需求一致、约束条件等，项目界面包括（ABC）。
A. 组织界面　　　　　B. 技术界面　　　　　C. 人际关系界面

题号	拓展同类必刷题	答案
1	工程项目组织计划中，项目内各组织单元之间的职责与任务分工衔接称为（　）。	A
2	在工程项目组织计划中，要正式或非正式地明确不同组织单元之间的（　）关系。	A
3	在工程项目组织计划中，项目内部各专业交叉与衔接点上如何进行相互分工与协作称为（　）。	B
4	在项目场（厂）址选择时，市政工程专业必须与建筑结构工程专业很好地配合，这是指在项目组织计划中考虑了项目的（　）。	B
5	对于一个汽车制造厂的技改项目，总装车间的扩能改造必须与发动机生产能力改造配套，这是指在项目组织计划中考虑了项目的（　）。	B
6	在工程项目组织计划中，项目组织内部不同个人之间工作交叉中的分工与衔接称为（　）。	C

考点8　项目管理组织的基本原理

例1： 根据组织系统的目标与任务，将组织划分成若干层次与等级的子系统，并进一步确定各层次中的各个职位及相互关系是指（A）。
A. 组织结构　　　　　B. 组织规模
C. 管理幅度　　　　　D. 管理层次

题号	拓展同类必刷题	答案
1	工程项目管理组织中，通常指组织管辖人员数量的多少的是（　）。	B
2	工程项目管理组织中，一名管理者直接领导多少人才能保证管理最有效，这属于（　）方面的问题。	C
3	工程项目管理组织中，上级管理者所直接领导的下级人员的数量是指组织的（　）。	C
4	从管理组织的最高层管理者到最下层实际工作人员之间进行分级管理是指（　）。	D

1. 一定要注意区分这几个概念的含义和相互关系。

2. 整个组织按从上到下的顺序通常分为决策层、协调层、执行层和操作层，这也是考核的要点。

例 2： 管理幅度是组织设计中的一个重要问题。以下关于管理幅度的说法，正确的有（ABC DEFGH）。

A. 扩大管理幅度可以提高工作效率，但可能会导致管理失控

B. 减小管理幅度会加大相互之间的工作协调难度，办事效率降低

C. 一般情况下，最高层管理人员的管理幅度以 4 ~ 8 人较为适宜

D. 一般情况下，基层管理人员的管理幅度以 8 ~ 15 人为宜

E. 如果同一管理层次内信息传递的方式与渠道适宜，管理幅度就可大一些

F. 如果管理者直接管理的各下属部门的工作性质有较大的相似性，则其管理幅度可以大一些

G. 为了缩小组织运营成本，应该减少管理层次、加大管理幅度

H. 管理者如果有助手协助分担一部分工作，其管理幅度就可以大一些

◀)) 考点点评

1. 有关管理幅度的知识点，每年至少会考一个题，所以一定要掌握。

2. 当组织规模一定时，管理幅度越大，则管理层次越少。

考点 9　部门划分的方法

例： 工程项目管理组织中常用的部门划分方法主要有（ABCD）。

A. 职能划分法　　　　　　　　　　B. 程序划分法

C. 业务划分法　　　　　　　　　　D. 区域划分法

题号	拓展同类必刷题	答案
1	在工程项目管理组织中，将部门划分为经营部、财务部、行政部、技术经济部、基础设施部等。该部门划分方法是（　　）。	A
2	在工程项目管理组织中，将工程项目管理公司部门划分为市场开发部、项目设计部、施工管理部、维修检查部等。该部门划分方法是（　　）。	B
3	在工程项目管理组织中，将工程项目管理公司部门分为水电项目部、电子项目部、农林项目部等。该部门划分方法是（　　）。	C
4	根据项目组织所在的不同地理位置或不同地理位置来源设立组织部门的方法是（　　）。	D
5	对于单一项目的项目公司，对内部进行部门划分时可以采用（　　）。	A
6	有利于提高组织的专业化程度，不利于高级管理人员与项目运作人员培养的部门划分方法是（　　）。	A
7	有利于专业人员的培养和作用的发挥，但需要有一个部门或小组去进行协调与组织，这是部门划分方法中（　　）的特点。	B
8	有利于培养项目管理人员的项目分析与管理能力，但需要有专业人员，这是部门划分方法中（　　）的特点。	C
9	有利于根据不同地区的经济特点、民族风俗习惯、当地政策、法律环境、语言环境等来开展工程项目组织管理工作的部门划分方法是（　　）。	D

考点 10　职务特征模型

例：根据职务特征模型，任何职务都可以从（ABCDE）方面（称为核心维度）去描述。

A. 技能多样性　　　　　　　　　　B. 任务同一性

C. 任务重要性　　　　　　　　　　D. 自主性

E. 反馈

题号	拓展同类必刷题	答案
1	一项职务要求员工使用各种技术和才能从事多种不同活动的程度，体现出职务特征模型中的（　　）维度。	A
2	一项职务要求完成一项完整的和具有同一性的任务的程度，体现出职务特征模型中的（　　）维度。	B
3	一项职务要求完成一项具有重要意义的任务的程度，体现出职务特征模型中的（　　）维度。	C
4	一项职务给予任职者在安排工作进度和决定从事工作所使用的方法方面提供的实质性自由、独立和自主的程度，体现出职务特征模型中的（　　）维度。	D
5	职务特征模型（JCM）中，（　　）决定了工作职务意义的重要程度。	ABC

🔊 **考点点评**

> 上述拓展同类必刷题中，5 题涉及的知识点独立成题进行考核的概率更大，应注意掌握。

考点 11　项目管理组织结构的基本形式

例：按目前国际上通行的分类方式，工程项目管理组织结构的基本形式可以分成（ABCG）。

A. 职能式组织结构　　　B. 项目式组织结构　　　C. 矩阵式组织结构

D. 弱矩阵式组织结构　　E. 强矩阵式组织结构　　F. 平衡矩阵式组织结构

G. 复合式组织结构

题号	拓展同类必刷题	答案
1	目前使用比较广泛的最基本的项目管理组织结构形式是（　　）。	A
2	将项目的组织独立于公司职能部门之外，由项目组织自己独立负责项目的主要工作的一种项目管理组织结构形式是（　　）。	B
3	项目团队成员之间的沟通不需通过其职能部门领导，项目经理往往直接向公司领导汇报工作的一种项目管理组织结构形式是（　　）。	C
4	项目团队中没有一个明确的项目经理，项目的管理与运作由协调员负责协调工作的项目管理组织结构形式是（　　）。	D
5	由专职的项目经理负责项目的管理与运行工作，项目经理与上级沟通往往通过其所在的项目管理部门负责人进行的项目管理组织结构形式是（　　）。	E
6	项目经理与上级沟通不得不在其职能部门负责人与公司领导之间做出平衡与调整的项目管理组织结构形式是（　　）。	F
7	方式最灵活的项目管理组织结构形式是（　　）。	G
8	项目团队中各成员无后顾之忧，职能部门可以在本部门与项目工作任务中平衡安排，人员管理简单，有利于项目专业技术问题的解决，有利于公司项目发展与管理的连续性等是（　　）的优点。	A

题号	拓展同类必刷题	答案
9	项目管理没有正式的权威性，成员不易产生事业感与成就感，不容易安排好在各项目之间投入力量的比例，不利于不同职能部门团队成员之间的交流，项目的发展空间容易受到限制是（　）的缺点。	A
10	项目经理是真正意义上的项目负责人；团队成员工作目标比较单一；项目管理层次相对简单；项目管理指令一致；成本、质量及进度等控制更加容易进行；项目团队内部容易沟通是（　）的优点。	B
11	容易出现配置重复、资源浪费的问题；公司的管理与决策在项目管理组织中贯彻可能遇到阻碍；容易出现沟通不够和交流不充分的问题；项目团队成员在项目后期没有归属感是（　）的缺点。	B
12	团队的工作目标与任务比较明确，团队成员无后顾之忧，提高了资源利用率和工作效率与反应速度是（　）的优点。	C
13	项目管理权力平衡困难，信息回路比较复杂，项目成员处于多头领导状态是（　）的缺点。	C
14	可以充分发挥项目优势与人力资源优势，但容易造成管理混乱，项目的信息流、项目的沟通容易产生障碍的项目管理组织结构形式是（　）。	G

四、本章真题实训

1. 【2023 年真题】团队成员对团队的向心力、团队对其成员的吸引力以及团队成员之间的相互作用和相互信任的氛围共同构成了团队的（　）。

   A. 士气　　　　　　B. 凝聚力　　　　　　C. 目标　　　　　　D. 愿景

2. 【2023 年真题】团队成员已经彼此高度信任、相互默契，团队工作效率高、效果明显，此时的团队处于发展过程中的（　）阶段。

   A. 表现　　　　　　B. 磨合　　　　　　C. 规范　　　　　　D. 休整

3. 【2023 年真题】心理学家马斯洛的需要层次论认为，每个人都有着多种层次的需要，常见的马斯洛需要层次论是（　）层次论。

   A. 三　　　　　　　B. 四　　　　　　　C. 五　　　　　　　D. 六

4. 【2023 年真题】在团队管理中，可为团队成员提供成长空间与机会，激励效果好，并具有长久、持续、稳定特点的激励方法是（　）。

   A. 奖励激励　　　　B. 竞争激励　　　　C. 薪酬激励　　　　D. 个人发展激励

5. 【2023 年真题】在团队组织计划工作中，将工作分解结构（WBS）和组织分解结构（OBS）联系起来，用于角色和职责安排的工具是（　）。

   A. 责任分配矩阵　　B. 组织关系图　　　C. 风险分解结构　　D. 资源分解结构

6. 【2023 年真题】下图表示的是项目组织结构中的（　）组织结构。

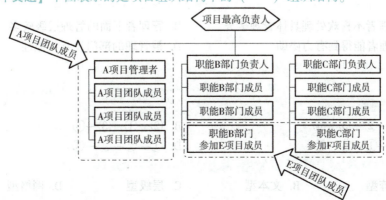

A. 职能式　　　　　　B. 项目式　　　　　　C. 矩阵式　　　　　　D. 复合式

7. 【2022 年真题】在项目团队发展过程中，从构建到开始进入有序化状态的过程，称作（　　）阶段。

A. 休整　　　　　　B. 规范　　　　　　C. 磨合　　　　　　D. 表现

8. 【2022 年真题】马斯洛的需要层次理论认为，处于安全需要与尊重需要之间的是（　　）需要。

A. 自我实现　　　　B. 社交　　　　　　C. 求知　　　　　　D. 审美

9. 【2022 年真题】弗雷德里克·赫兹伯格的双因素理论认为，有些因素虽不直接起激励作用，但如果该类因素得不到满足，会使员工产生较大的不满，该类因素是指（　　）。

A. 保健因素　　　　B. 激励因素　　　　C. 安全因素　　　　D. 生理因素

10. 【2022 年真题】在项目组织计划的制订与执行中，财务部门的资金拨付与工程管理部门的支付申请之间的关系需要明确，这涉及的是项目组织中的（　　）界面。

A. 技术　　　　　　B. 组织　　　　　　C. 人际关系　　　　D. 资金

11. 【2022 年真题】下列缺点中，属于扁平型组织结构缺点的是（　　）。

A. 管理者的工作负荷加重，对下属的管理可能松懈

B. 管理费用高，管理效率低

C. 信息交流不畅，且易失真

D. 部门间协调任务重，计划和控制工作繁杂

12. 【2022 年真题】下列职务特征模型描述维度中，能使员工体验到工作成果责任感的是（　　）。

A. 技能多样性　　　　　　　　　　B. 任务同一性

C. 反馈及时性　　　　　　　　　　D. 任务自主性

13. 【2022 年真题】项目组织相对封闭，公司的管理与决策在项目组织中贯彻可能遇到阻碍，这是（　　）组织结构的一个缺点。

A. 职能式　　　　　　B. 项目式　　　　　　C. 矩阵式　　　　　　D. 复合式

14. 【2021 年真题】根据美国心理学家马斯洛的需要理论，介于社交需要和求知需要之间的是（　　）。

A. 生理需要　　　　B. 安全需要　　　　C. 尊重需要　　　　D. 审美需要

15. 【2021 年真题】管理者是把人看作"社会人"，工作能给员工带来一定的正效用，员工把工作当成一件快乐的事，社会人自我引导、自我实现的是（　　）。

A. 双因素理论　　　B. X 理论　　　　　C. Y 理论　　　　　D. 公平理论

16. 【2021 年真题】做好项目团队组织计划工作的首要任务是（　　）。

A. 绘制组织关系图　　　　　　　　B. 确定人员需求

C. 进行工作分析　　　　　　　　　D. 制定人员配备计划

17. 【2021 年真题】在下列情形中可考虑适当增大管理幅度的是（　　）。

A. 管理者不喜欢处理具体管理事务　　B. 管理者下面的管理层级较多

C. 管理者能得到有力协助　　　　　　D. 被管理的部门没有相似性

18. 【2020 年真题】下列建筑项目管理组织的步骤，正确的先后顺序是（　　）。
①确定项目工作内容；②确定合理的项目目标；③组织结构设计；④确定组织目标和组织工作内容

A. ①—②—③—④　　　　　　　　B. ②—①—③—④

C. ②—①—④—③　　　　　　　　D. ①—②—④—③

19. 【2020 年真题】描述项目团队成员角色与职责中，采取角色—职责—职权表的是（　　）。

A. 矩阵型　　　　　　B. 文本型　　　　　　C. 层级型　　　　　　D. 网络型

20. 【2020年真题】团队进入有序化状态培养了初步团队精神的是（　　）阶段。

A. 磨合　　　　　　B. 规范　　　　　　C. 成熟　　　　　　D. 形成

21. 【2020年真题】马斯洛需要层次模型中处于求知需要和自我实现需要之间的是（　　）。

A. 安全需要　　　　　　　　　　　B. 社交需要

C. 尊重需要　　　　　　　　　　　D. 审美需要

22. 【2019年真题】团队成员彼此高度信任、相互默契，工作效率有大的提高，工作效果明显，这时团队已比较成熟。这一阶段属于项目团队发展过程中的（　　）。

A. 磨合阶段　　　　　　　　　　　B. 规范阶段

C. 表现阶段　　　　　　　　　　　D. 休整阶段

23. 【2019年真题】认为大多数员工没有什么进取心，管理者必须通过强制、控制或惩罚员工来迫使他们按照组织的目标行事，这是团队建设与管理的理论基础中的（　　）。

A. X理论　　　　　　　　　　　　B. Y理论

C. 需要层次理论　　　　　　　　　D. 双因素理论

24. 【2019年真题】回答团队成员应该履行的工作属于（　　）。

A. 角色　　　　　　B. 职权　　　　　　C. 职责　　　　　　D. 能力要求

25. 【2019年真题】工程项目管理中的（　　）常是指该组织管辖人员数量的多少。

A. 组织结构　　　　　　　　　　　B. 组织规模

C. 管理幅度　　　　　　　　　　　D. 部门设置

26. 【2019年真题】管理层次多少是指管理分级的层次数量，整个组织按从上到下的顺序第三个层次是（　　）。

A. 协调层　　　　　　B. 决策层　　　　　　C. 操作层　　　　　　D. 执行层

27. 【2019年真题】某工程项目，全职人员在项目团队中的比例为20%，项目经理和项目行政人员为兼职，则该项目的组织模式为（　　）。

A. 职能式　　　　　　　　　　　　B. 弱矩阵式

C. 平衡矩阵式　　　　　　　　　　D. 强矩阵式

28. 【2023年真题】影响团队凝聚力的因素包括外部因素和内部因素，其中内部因素主要包括（　　）。

A. 团队的规模、目标　　　　　　　B. 团队的激励方式

C. 团队的成功经历　　　　　　　　D. 团队成员的年龄结构

E. 团队的权限

29. 【2023年真题】项目团队成员的凝聚力一般表现为（　　）。

A. 责任意识　　　　　　　　　　　B. 自豪意识

C. 领导意识　　　　　　　　　　　D. 亲和意识

E. 归属意识

30. 【2023年真题】心理学家克瑞奇等人认为，一个士气高昂的有力团队具有多项特征。下列特征中，属于优势团队士气特征的有（　　）。

A. 团队的团结来自内部凝聚力与外部压力

B. 团队本身具有适应外部变化的能力，并有处理内部冲突的能力

C. 团队中各成员都明确地意识到团队的目标

D. 团队成员有分裂为敌对小团体的倾向，但可制止

E. 团队成员对团队的目标和领导者都抱有肯定与支持的态度

31. 【2023年真题】下列激励方法中，属于个人发展激励常用的方法有（　　）。

A. 赠予股份　　　　　　　　　　　B. 职业发展计划

C. 目标激励   D. 晋升与增加责任

E. 职位竞选

32.【2023 年真题】下列项目组织结构的特点中，属于项目式组织结构优点的有（　　）。

A. 项目经理对项目全权负责

B. 团队成员无后顾之忧

C. 项目管理指令一致

D. 各职能部门可根据自己部门的资源与任务情况来调整、安排资源，提高资源利用率

E. 项目管理相对简单，使项目成本、质量及进度等控制更加容易进行

33.【2022 年真题】关于项目团队的说法，正确的有（　　）。

A. 项目团队有一定的生命周期

B. 团队可以是在现有组织架构下新成立的组织单元

C. 团队成员应有共同的目标

D. 团队成员有工作分工

E. 团队成员数量一般为 10 人以上

34.【2022 年真题】下列项目团队意识中，能够反映项目团队凝聚力的有（　　）。

A. 归属意识   B. 超前意识

C. 责任意识   D. 自豪意识

E. 独立意识

35.【2022 年真题】下列文件内容中，属于项目团队组织计划的有（　　）。

A. 角色和职责安排   B. 人员配备计划

C. 组织关系图   D. 资金预算与使用计划

E. 团队建设活动方案

36.【2022 年真题】关于管理幅度的说法，正确的有（　　）。

A. 最高层管理人员的管理幅度一般大于基层管理人员的管理幅度

B. 管理者下面的管理层级较多，其管理幅度可以小一些

C. 管理者希望将所有权力集中在自己手中，其管理幅度可以小一些

D. 管理者直接管理的各部门工作性质差异较大，其管理幅度可以大一些

E. 管理者能够得到助手的有力协助，其管理幅度可以大一些

37.【2021 年真题】关于管理层次的说法，正确的有（　　）。

A. 管理层次覆盖了从管理组织的最高层到最下层实际工作人员之间的分级管理

B. 从上到下分为决策层、协调层、执行层、操作层

C. 协调层是决策层的重要参谋，属于咨询阶层

D. 操作层是指从事和完成具体任务的阶层

E. 组织内执行层、协调层和操作层之间的区分要非常清晰，具体部门不能兼顾不同层级

38.【2021 年真题】根据职务特征模型能使员工体验工作职务意义和特征的性质有（　　）。

A. 技能多样性   B. 任务同一性

C. 任务重要性   D. 任务趣味性

E. 自主性

39.【2020 年真题】关于项目团队的说法，正确的有（　　）。

A. 团队团结来自外部压力   B. 团队领导者风格作风影响团队士气

C. 团队个人能力不影响团队成员互信   D. 团队规模和目标影响团队

E. 明确的团队责任有利于增加团队士气

40.【2020 年真题】项目团队精神的说法，正确的有（　　）。

A. 团队精神包含凝聚力、团队互信合作意识和团队士气

B. 团队精神是价值观、信息机制

C. 团队精神是全体成员一致同意形成的文件

D. 团队精神通过少数人的带动和悉心培养形成

E. 团队精神表现是有差别的

41.【2019 年真题】团队成员间信任的内容范畴非常广泛，可分为五个维度，不包括（　　）。

    A. 性格　　　　　　B. 能力　　　　　　C. 一贯性　　　　　　D. 包容性

    E. 开放

42.【2019 年真题】描述团队成员的角色与职责可采用的主要形式包括（　　）。

    A. 层级型　　　　　B. 矩阵型　　　　　C. 文本型　　　　　　D. 直线型

    E. 树形

43.【2019 年真题】在项目组织计划的制订与执行中，要注意的项目界面包括（　　）。

    A. 法律界面　　　　　　　　　　　B. 组织界面

    C. 管理界面　　　　　　　　　　　D. 技术界面

    E. 人际关系界面

44.【2019 年真题】下列关于矩阵式组织结构形式缺点的说法，正确的有（　　）。

    A. 容易出现配置重复、资源浪费的问题　　　B. 项目管理权力平衡困难

    C. 信息回路比较复杂　　　　　　　　　　　D. 项目成员处于多头领导状态

    E. 项目团队成员在项目后期没有归属感

五、本章真题实训答案及解析

1. B。团队精神包括团队的凝聚力、互信合作意识、团队士气三个层次。团队凝聚力也称内聚力，是指一个团队之中的成员围绕在团队，尽心于团队的全部力量。团队凝聚力有着多方面的内容，具体来说，包括团队成员对团队的向心力、团队对其成员的吸引力以及团队成员之间的相互作用和相互信任的氛围。

2. A。团队进入了表现阶段，这是团队最好状态的时期。团队成员彼此高度信任、相互默契，工作效率有大的提高，工作效果明显，这时团队已比较成熟。

3. C。美国心理学家马斯洛的需要层次论认为，每个人都有着多种层次的需要。常见的马斯洛需要层次论是五层次论，即生理需要、安全需要、爱与归属的需要、尊重需要、自我实现的需要。后来马斯洛又将该理论扩展为更加完善的七层次论。

4. D。团队激励的方法一般有四种类型，分别是薪酬激励、个人发展激励、奖励激励和竞争激励。其中，个人发展激励是团队发展中为团队成员自我发展所提供的成长空间与机会。这在团队管理中是最好的激励方式，具有长久、持续、稳定的特点。常用的方法主要有：职业发展计划、目标激励、晋升与增加责任、培训、组织荣誉等。

5. D。角色和职责安排的形式中，资源分解结构是另一种层级图，按照资源类别对项目进行分解。例如，在桥梁建造项目中，资源分解结构可以列出各部位所需的全部焊接工人数和焊接设备，即使他们分散在 OBS 和 WBS 的不同分支中。资源分解结构对追踪项目成本很有用处，可与组织的会计系统对接，可以包含人力资源以外的其他各类资源。

6. D。所谓复合式项目组织结构有两种含义：一是指在公司的项目组织结构形式中有职能式、项目式或矩阵式两种以上的组织结构形式；二是指在一个项目的组织结构形式中包含上述两种结构以上的模式，例如职能式项目组织结构的子项目采取项目式组织结构等。

7. B。项目团队的形成发展都要经过形成、磨合、规范、表现、休整五个阶段。形成阶段主

要是组建团队的过程；磨合阶段是团队从组建到规范阶段的过渡过程；规范阶段是团队的工作开始进入有序化状态，团队的各项规则经过建立、补充和完善，成员之间经过认识、了解和相互定位，形成了自己的团队文化、新的工作规范，培养了初步的团队精神；表现阶段是团队最好状态的时期；休整阶段包括休止和整顿两个方面的内容。

8. B。马斯洛的需要七层次理论：①生理需要；②安全需要；③社交需要；④尊重需要；⑤求知需要；⑥审美需要；⑦自我实现需要。

9. A。保健因素是指让人们对工作不满意状态消除的过程中发挥重要作用的因素。工作过程中的保健因素包括公司政策管理、监督、工资、同事关系、工作条件等。赫兹伯格认为，尽管这些因素不能直接起到激励员工的作用，但如果它们不能得到满足，会使员工产生较大的不满。因此，提供充足的保健因素，是进行团队建设与管理的必要前提。

10. B。组织界面是指项目组织内部各组织单元之间职责与任务相互交叉中的分工与衔接；技术界面是指项目内部各专业之间的"接口"，包括在专业交叉与衔接点上如何进行相互分工与协作等；人际关系界面是指项目组织内部不同个人之间工作交叉中的分工与衔接。

11. A。选项 B、C、D 是高架式结构容易产生的问题。

12. D。根据职务特征模型，任何职务都可以从以下五个核心维度去描述：①技能多样性；②任务同一性；③任务重要性；④自主性；⑤反馈。拥有自主性的职务会给任职者带来一种对工作结果的个人责任感。如果职务能提供反馈，任职者就会知道其完成的工作的效果情况。

13. B。项目式组织结构的缺点：①容易出现配置重复、资源浪费的问题。②项目组织成为一个相对封闭的组织，公司的管理与决策在项目管理组织中贯彻可能遇到阻碍。③项目团队与公司之间的沟通基本上依靠项目经理，容易出现沟通不够和交流不充分的问题。④项目团队成员在项目后期没有归属感。⑤由于项目管理组织的独立性，使项目组织产生小团体观念，在人力资源与物资资源上出现"围积"的思想，造成资源浪费；同时，各职能部门考虑其独立性，对其资源的支持会有所保留，影响项目的最好完成。

14. C。马斯洛需求理论扩展的七层次论：①生理需要；②安全需要；③社交需要；④尊重需要；⑤求知需要；⑥审美需要；⑦自我实现需要。这七层次是递进的。

15. C。双因素理论是指激励与保健因素理论。X 理论是把人看作"经济人"。Y 理论是把人看作"社会人"。公平理论是分析报酬和劳动积极性的关系。

16. C。角色和职责安排是团队组织计划的首要任务，而进行工作分析是角色和职责安排的第一项任务。

17. C。可考虑适当增大管理幅度的有：①管理者日常管理工作具有重复性和类似性的；②管理者管理能力很强的；③管理者不希望分权的；④管理者面临的问题具有类似性的；⑤管理者所管理的各机构在空间上比较近的；⑥管理者能得到有力协助的；⑦在业务成熟阶段的；⑧为缩小组织运营成本的。

18. C。不论是建筑项目的管理组织，还是其他项目的管理组织，其建立步骤基本是：定项目的目标、定项目的工作、定组织的目标、定组织的工作、设计组织结构、确定岗位和职责、配置人员、建立流程、制定考核标准。

19. B。团队成员的角色与职责有层级型、矩阵型和文本型三种形式。层级型是用组织机构图自上而下描述职位的相互关系；矩阵型是显示工作或活动与项目团队成员之间的关系；文本型是通过职位描述、角色、职责、职权表来详细描述团队成员的职责。

20. B。项目团队的发展要经过形成阶段、磨合阶段、规范阶段、表现阶段和休整阶段。形成阶段就是组建团队。磨合阶段是成员之间进行磨合；成员与环境之间的磨合；团队与组织、上级和客户之间的磨合。规范阶段是团队进入有序化状态，形成了团队文化，培养了初步的团队精神。表现阶段是团队成员相互默契，高度信任，工作效率有很大提高。休整阶段就是任务即将结束，团队进行调整和整顿，要接受新的任务的阶段。

21. D。马斯洛的七层次论，即生理需要、安全需要、社交需要、尊重需要、求知需要、审美需要、自我实现需要。

22. C。从题干上看，这些都是好的方面，好的方面就应该表现出来。

23. A。X理论是把人看作"经济人"。Y理论是把人看作"社会人"。需求层次理论就是当某一需求层次得到满足后，下一个需求就会产生。双因素理论是指激励与保健因素理论。

24. C。角色是指在项目工作中谁来做某一事情，而职责则是回答团队成员应该履行的工作。

25. B。工程项目管理中的组织规模通常是指该组织管辖人员数量的多少。

26. D。整个组织按从上到下的顺序通常分为决策层、协调层、执行层和操作层四个层面。

27. B。全职人员在项目团队中的比例：职能式组织结构几乎没有；弱矩阵式组织结构为0～25%；平衡矩阵式组织结构为15%～60%；强矩阵式组织结构为50%～95%；项目式组织结构为85%～100%。

28. ABC。团队凝聚力的影响因素包括内部因素和外部因素。其中，内部因素主要包括团队的规模、目标、激励方式和团队的成功经历等。

29. ABDE。团队的凝聚力表现在归属意识、自豪意识、亲和意识、责任意识。

30. BCE。优势团队士气具有以下七个特征：①团队的团结来自内部凝聚力，而不是外部压力；②团队本身具有适应外部变化的能力，并有处理内部冲突的能力；③团队成员对团队具有强烈的归属感，并且团队成员之间具有强烈的认同感；④团队成员没有分裂为相敌对的小团体倾向；⑤团队中各成员都明确地意识到团队的目标；⑥团队各成员对团队的目标和领导者都抱有肯定与支持的态度；⑦团队成员承认团队存在的价值，并且有维护团队存在和发展的意向。

31. BCD。团队激励方法通常包括竞争激励、奖励激励、个人发展激励和薪酬激励。个人发展激励是团队发展中为团队成员自我发展所提供的成长空间与机会。这在团队管理中是最好的激励方式，具有长久、持续、稳定的特点。常用的方法主要有：职业发展计划、目标激励、晋升与增加责任、培训、组织荣誉等。

32. ACE。项目式组织结构的优点：①项目经理是真正意义上的项目负责人。项目经理对项目及公司负责，团队成员对项目经理负责，项目经理可以调动团队内外各种有利因素，因而是真正意义上的项目负责人。②团队成员工作目标比较单一。独立于原职能部门之外，不受原工作的干扰，团队成员可以全身心地投入到项目工作中去，也有利于团队精神的形成和发挥。③项目管理层次相对简单，使项目管理的决策速度和响应速度变得快捷起来。④项目管理指令一致。指令主要来自项目经理，团队成员避免了多头领导、无所适从的情况。⑤项目管理相对简单，使项目成本、质量及进度等控制更加容易进行。⑥项目团队内部容易沟通。

33. ABCD。项目团队是指一组成员为了实现共同项目的目标，按照一定的分工和工作程序，协同工作而组成的有机整体。团队可以是现有组织中的一个组成单元，也可能是在现有组织构架下新成立的组织单元。团队构成的要素包括：①团队目标；②人员，一般为3人以上；③团队定位；④团队的职权与规模；⑤团队计划。项目团队的形成发展需要经历一个过程，有一定生命周期。

34. ACD。团队凝聚力表现在归属意识、亲和意识、责任意识、自豪意识四个方面。

35. ABC。项目团队组织计划包括四方面的内容：角色和职责安排、人员配备计划、组织关系图和有关说明。

36. BE。选项A错误，最高层管理人员的管理幅度一般小于基层管理人员的管理幅度。选项C错误，管理者希望将所有权力集中在自己手中，其管理幅度可以大一些。选项D错误，管理者直接管理的各部门工作性质差异较大，其管理幅度可以小一些。

37. ABCD。选项E的正确说法：协调层、执行层和操作层之间的区分不是很清晰，可以兼顾不同层级。

38. ABCE。根据职务特征模型，任何职务的五个核心维度为技能多样性、任务同一性、任务重要性、自主性、反馈。

39. BDE。团队的团结来自内部凝聚力，而不是外部压力。故选项 A 错误。选项 C 错误较为明显。

40. ADE。团队精神是一种信念和奋斗的意识，而非信息机制，也不是成员一致同意形成的文件。

41. AD。五个维度的重要程度从大到小的顺序：①正直；②能力；③忠实；④一贯性；⑤开放。

42. ABC。有层级型、矩阵型和文本型这三种主要形式。

43. BDE。项目界面：组织界面、技术界面、人际关系界面。

44. BCD。矩阵式组织结构的缺点：①项目管理权力平衡困难；②信息回路比较复杂；③项目成员处于多头领导状态。

六、本章同步练习

（一）单项选择题（每题 1 分。每题的备选项中，只有 1 个最符合题意）

1. 用以保证对团队成员的有效组织、指导和支持，属于团队规则中的（　　）。
   A. 团队导向规则　　　　　　　　　B. 沟通规则
   C. 团队领导规则　　　　　　　　　D. 反馈规则

2. 工程项目管理者把人看作"社会人"，依据的是（　　）。
   A. Y 理论　　　　　　　　　　　　B. X 理论
   C. 需要层次理论　　　　　　　　　D. 双因素理论

3. 为了做好项目组织计划工作，首先要（　　）。
   A. 编制组织关系图　　　　　　　　B. 编制人员配备计划
   C. 进行工作分析　　　　　　　　　D. 进行项目团队成员的考核

4. 对团队成员的职责进行详细描述，可以采用的形式是（　　）。
   A. 直方型　　　　B. 矩阵型　　　　C. 层级型　　　　D. 文本型

5. 在团队组织计划中，关于角色和职责的安排，说法错误的是（　　）。
   A. 项目的角色和职责必须分配给合适的项目参与者
   B. 角色和职责可能安排某个人，也可能是安排给某组成员
   C. 被安排者必须是项目组织的一部分
   D. 在项目职责安排时，项目团队的工作应与公司内部的职能部门有机结合起来

6. 由于管理者没有足够的精力进行管理而导致经营困难，为了提高工作效率，发挥个人专长，则可以（　　）。
   A. 增加管理层次，增大管理幅度　　　B. 减少管理层次，增大管理幅度
   C. 减少管理层次，减小管理幅度　　　D. 增加管理层次，减小管理幅度

7. 从事和完成具体任务的管理层级是组织中的（　　）。
   A. 决策层　　　　B. 执行层　　　　C. 操作层　　　　D. 协调层

8. 关于工程项目管理部门划分方法中的程序划分法的说法，正确的是（　　）。
   A. 信息管理、法律等人员整体需要量大
   B. 不利于高级管理人员与项目运作人员的培养
   C. 有利于提高组织的专业化程度

D. 各部门之间容易出现衔接问题，需要有一个部门或小组去进行协调与组织

9. 个人为从事职务所要求的工作活动所需获得的有关绩效信息的直接和清晰程度，属于职务特征模型中的（　　）维度。

  A. 技能多样性   B. 任务重要性

  C. 反馈   D. 自主性

10. 在新的项目管理组织设计原则中，重点强调工作成果、工作目标，而不是工作的处理程序与方式的原则是（　　）。

  A. 整分合原则   B. 目标导向原则

  C. 弹性设计原则   D. "封闭"设计原则

11. 在工程项目管理组织的建立过程中，组织结构设计是在（　　）之后进行。

  A. 确定组织目标和组织工作内容   B. 工作岗位与工作职责确定

  C. 人员配置   D. 确定项目工作内容

12. 优点为有利于公司项目发展与管理的连续性，但缺点表现为项目的发展空间容易受到限制是指（　　）的组织结构。

  A. 职能式   B. 项目式   C. 矩阵式   D. 复合式

13. 工程项目管理组织中，上级管理者直接领导的下级人员数量称为（　　）。

  A. 组织规模   B. 组织结构   C. 管理幅度   D. 管理层次

14. 工程项目组织计划中，项目内各组织单元之间的职责与任务分工衔接称为（　　）。

  A. 组织界面   B. 技术界面   C. 组织机构   D. 组织配备

（二）多项选择题（每题2分。每题的备选项中，有2个或2个以上符合题意，至少有1个错项。错选，本题不得分；少选，所选的每个选项得0.5分）

1. 对项目团队成员考核的作用主要有（　　）。

  A. 调动成员积极性   B. 保证项目目标的实现

  C. 时刻提醒团队成员要完成的任务   D. 有利于加强成员的团队意识

  E. 提高成员的文化水平

2. 工程项目管理中常采用的团队人员考核方式有（　　）。

  A. 任务跟踪   B. 征求客户意见

  C. 问题征询   D. 阶段总结汇报

  E. 应变能力测试

3. 工程项目组织计划的内容通常包括（　　）。

  A. 组织关系图   B. 角色和职责安排

  C. 人员配备计划   D. 项目工作分解结构

  E. 有关说明

4. 扩大管理幅度对组织的影响主要包括（　　）。

  A. 管理层次增加，信息的传递容易发生丢失和失真

  B. 可缩短信息传递渠道，提高工作效率

  C. 可减少管理层次，缩减组织机构和管理人员

  D. 管理层次增加，相互之间的工作协调难度加大

  E. 管理幅度过大可能使主管人员对下属的指导和监督的时间相对减少，容易导致管理失控

5. 描述项目团队成员的角色与职责主要可采用的形式有（　　）。

  A. 矩阵型   B. 直线型

  C. 层级型   D. 循环型

  E. 文本型

6. 传统组织设计的原则主要包括（　　）。

    A. 目标原则   B. 协调原则

    C. 专业化原则   D. 明确性原则

    E. 弹性设计原则

7. 工程项目管理组织的建立步骤中，在确定工作岗位与工作职责之前的工序有（　　）。

    A. 人员配置   B. 确定组织目标

    C. 制定考核标准   D. 确定项目工作内容

    E. 组织结构设计

8. 职能式组织结构的缺点主要包括（　　）。

    A. 项目管理没有正式的权威性

    B. 不利于公司项目发展与管理的连续性

    C. 项目团队成员在项目后期没有归属感

    D. 项目团队中的成员不易产生事业感与成就感

    E. 对于参与多个项目的职能部门，特别是具体到个人来说，不容易安排好在各项目之间
投入力量的比例

9. 减小管理幅度对项目组织产生的影响，主要措施有（　　）。

    A. 减少管理层次   B. 减少用于协调的时间和费用

    C. 信息传递中易发生信息丢失   D. 办事效率降低

    E. 减少对下属的监督时间

10. 根据国际上项目管理的资料，需要配备专职项目经理的项目组织结构形式有（　　）。

    A. 职能式   B. 弱矩阵式

    C. 平衡矩阵式   D. 强矩阵式

    E. 项目式

七、本章同步练习答案

（一）单项选择题

1. C	2. A	3. C	4. D	5. C
6. D	7. C	8. D	9. C	10. B
11. A	12. A	13. C	14. A	

（二）多项选择题

1. ABCD	2. ABCD	3. ABCE	4. BCE	5. ACE
6. ABCD	7. BDE	8. ADE	9. CD	10. CDE

第 三 章
工程项目招标投标管理

一、本章核心考点分布

工程项目招标投标管理
- 招标投标管理的基本原则
- 招标投标管理法律的效力层级（2021年）
- 必须进行招标的项目与可以不进行招标的项目（2021年、2023年）
- 必须进行招标的项目范围（2019年、2021年、2023年）
- 必须进行招标的项目规模标准（2022年）
- 自行招标和委托招标（2019年）
- 招标方式（2019年、2023年）
- 招标人限制、排斥潜在投标人或者投标人的情形（2023年）
- 招标文件的编制、发放、澄清与修改（2023年）
- 投标文件的内容
- 投标文件送达、签收、补充、修改与撤回（2017年、2021年、2023年）
- 联合体投标（2022年、2023年）
- 串通投标及弄虚作假行为的认定（2021年）
- 投标文件的初步评审（2019年、2022年、2023年）
- 货物招标应遵循的原则
- 国际工程咨询服务费用计算（2021年、2022年）
- 政府采购方式、适用条件和操作程序（2021年、2022年、2023年）

二、专家剖析考点

1. 招标投标管理的四个基本原则在命题时可以是一个多选题，也可以是四个单选题。

2. 招标投标管理法律的效力层级也会是很好的命题点，也是易错点。

3. 《中华人民共和国招标投标法》（以下简称《招标投标法》）规定的必须进行招标的项目与《必须招标的工程项目规定》规定的必须进行招标的项目范围、项目规模标准是很重要的知识点，一定要掌握。

4. 可以不进行招标的项目应该与必须进行招标的项目对比来掌握。

5. 工程项目施工招标应当具备的条件一般会以多选题的形式来考核。

6. 招标人自行招标应当具备的条件应该掌握。

7. 公开招标与邀请招标需要掌握的考点有两个：一是在什么情形下可以采用邀请招标；二是公开招标与邀请招标的区别。

8. 招标公告和投标邀请书需要载明的内容包括哪些也是经常考核的知识点。

9. 有关资格审查的内容，需要掌握：限制、排斥潜在投标人或投标人的情形；资格预审的优点；出售资格预审文件的时限；通知资格预审结果。

10. 对于招标文件的发放，重点掌握招标文件的内容、投标有效期、招标文件发放的时限、投标文件编制时间。

11. 有关标底或最高投标限价的编制要求是需要掌握的知识点。

12. 踏勘现场和投标预备会由谁组织、谁参加、在什么时间组织、目的是什么是需要考生掌握的内容。

13. 投标文件的主要内容、投标保证金和重新招标或终止招标的相关规定也是很好的命题点。

14. 对于投标文件的补充、修改或撤回，要掌握在什么情况下可以补充、修改或撤回。

15. 联合体投标的联合体组成及要求需要掌握。

16. 串通投标及弄虚作假行为的认定易以多选题的形式进行考核，尤其投标人相互串通、招标人与投标人串通两种情形要熟练区分。

17. 开标、评标、定标与签订合同主要掌握：开标时间、地点、程序；拒收投标文件的情形；评标委员会的组成；评标时的修正；否决投标的情形；详细评审的两个方法；定标的具体规定；签订合同的规定。

18. 工程项目货物招标投标考点中，招标的原则、招标文件的主要内容、投标文件的主要内容是需要掌握的。

19. 国内工程咨询服务招标考点中，需要掌握招标的条件、招标文件的规定。

20. 国际工程咨询服务采购考点中，需要掌握采购程序、工程咨询服务费用的计算方法。

21. 电子招标、电子投标、电子开标、电子评标、电子中标的相关规定需要熟悉、了解。

22. 政府采购的六种方式一定会有考题出现。

三、本章核心考点必刷题

考点1　招标投标管理的基本原则

例：工程项目招标投标管理的基本原则包括（ABCD）原则。

A. 公开　　　　　B. 公平　　　　　C. 公正　　　　　D. 诚实信用

题号	拓展同类必刷题	答案
1	工程项目招标投标必须具有较高的透明度，使每一个投标人及时获得有关信息，从而平等地参与投标竞争，这是招标投标管理应遵循的（　）原则的要求。	A
2	工程项目招标投标必须给予所有投标人平等的机会，使其享有同等的权利，并履行同等的义务，这是招标投标管理应遵循的（　）原则的要求。	B
3	评标时按事先公布的标准对所有投标文件进行评审，这属于招标投标应遵循的（　）原则。	C

考点2 招标投标管理法律的效力层级

例：关于招标投标管理法律效力层级的说法，正确的有（ABCDEFGH）。

A. 宪法具有最高的法律效力

B. 法律的效力高于行政法规、地方性法规、规章

C. 行政法规的效力高于地方性法规、规章

D. 地方性法规的效力高于本级和下级地方政府规章

E. 部门规章之间、部门规章与地方政府规章之间具有同等效力

F. 同一机关制定的法律、行政法规、地方性法规、规章，特别规定与一般规定不一致的，适用特别规定

G. 同一层级的招标投标法律中，特别规定与一般规定不一致的，应当适用特别规定

H. 同一机关制定的法律、行政法规、地方性法规、规章，新的规定与旧的规定不一致的，适用新的规定

考点3 必须进行招标的项目与可以不进行招标的项目

例：《招标投标法》规定，在中华人民共和国境内进行（ABCD）工程建设项目包括项目的勘察、设计、施工、监理及与工程建设有关的重要设备、材料等的采购，必须进行招标。

A. 大型基础设施关系社会公共利益、公众安全的

B. 公用事业关系社会公共利益、公众安全的

C. 全部或者部分使用国有资金投资或者国家融资的

D. 使用国际组织或者外国政府贷款、援助资金的

E. 涉及国家安全、国家秘密、抢险救灾或者属于利用扶贫资金实行以工代赈需要使用农民工等特殊情况

F. 需要采用不可替代的专利或者专有技术

G. 已通过招标方式选定的特许经营项目投资人依法能够自行建设、生产或者提供

H. 采购人依法能够自行建设、生产或者提供

I. 需要向原中标人采购工程、货物或者服务，否则将影响施工或者功能配套要求

题号	拓展同类必刷题	答案
1	依法必须进行招标的工程建设项目有（　　）的情形，可以不进行招标。	EFGHI

考点4　必须进行招标的项目范围

例：依据《必须招标的基础设施和公用事业项目范围规定》，关系社会公共利益、公众安全的大型基础设施、公共事业项目的范围包括（ABCDE）。

A. 煤炭、石油、天然气、电力、新能源等能源基础设施项目

B. 铁路、公路、管道、水运，以及公共航空和A1级通用机场等交通运输基础设施项目

C. 电信枢纽、通信信息网络等通信基础设施项目

D. 防洪、灌溉、排涝、引（供）水等水利基础设施项目

E. 城市轻轨交通等城建项目

F. 使用预算资金200万元人民币以上，并且该资金占投资额10%以上的项目

G. 使用国有企业事业单位资金，并且该资金占控股或者主导地位的项目

H. 使用世界银行、亚洲开发银行等国际组织贷款、援助资金的项目

I. 使用外国政府及其机构贷款、援助资金的项目

题号	拓展同类必刷题	答案
1	依据《必须招标的工程项目规定》，全部或部分使用国有资金投资或国家融资项目的范围包括（　）。	FG
2	依据《必须招标的工程项目规定》，使用国际组织或者外国政府贷款、援助资金的项目范围包括（　）。	HI

🔊 考点点评

该考点为高频考点，考生应能够明确区分各项目属于哪一类具体项目范围，考核中，各项目通常互为干扰选项。

考点5　必须进行招标的项目规模标准

例：下列规模中，属于必须招标的工程建设项目的有（ABCD）。

A. 施工单项合同估算价在400万元人民币以上的

B. 重要材料的采购，单项合同估算价在200万元人民币以上的

C. 重要设备的采购，单项合同估算价在200万元人民币以上的

D. 勘察、设计、监理等服务的采购，单项合同估算价在100万元人民币以上的

🔊 考点点评

1. 考生应注意，不再允许省、自治区、直辖市人民政府扩大必须招标的范围或缩小必须招标的规模标准。

2. 总承包中施工、货物、服务等各部分的估算价中，只要有一项达到上述相应标准，则整个总承包发包就应当招标。

3. 要能熟练区分"400万元""200万元"和"100万元"的适用情况。

考点6　自行招标和委托招标

例：关于自行招标和委托招标的说法，正确的有（ABCDEFGH）。

A. 招标人自行办理招标的，应具有项目法人资格（或者法人资格）

B. 招标人自行办理招标的，应具有与招标项目规模和复杂程度相适应的工程技术、概预算、财务和工程管理等方面的专业技术力量

C. 招标人自行办理招标的，应有从事同类工程建设项目招标的经验

D. 招标人自行办理招标的，应熟悉和掌握《招标投标法》及有关法规规章

E. 招标代理机构不得无权代理、越权代理，不得明知委托事项违法而进行代理

F. 招标代理机构不得在所代理的招标项目中投标或者代理投标

G. 未经招标人同意，不得转让招标代理业务

H. 招标代理机构不得为所代理的招标项目的投标人提供咨询

🔊 **考点点评**

本考点主要有如下两种考核形式：

(1) 关于××的说法，正确/错误的是（　　）。

(2) 依法必须进行招标的工程建设项目，招标人自行办理招标的，应具备的条件包括（　　）。

考点7　招标方式

例：关于公开招标与邀请招标的说法，正确的有（ABCDE）。

A. 公开招标是以招标公告的方式邀请不特定的法人或者其他组织投标

B. 邀请招标是招标人以投标邀请书的方式选择 3 个以上承包商进行竞争的方式

C. 项目技术复杂或有特殊要求，或者受自然地域环境限制，只有少量潜在投标人可供选择可以邀请招标

D. 涉及国家安全、国家秘密或者抢险救灾，适宜招标但不宜公开招标的可以邀请招标

E. 采用公开招标方式的费用占项目合同金额的比例过大可以邀请招标

🔊 **考点点评**

1. 公开招标与邀请招标的区别主要在于发布信息的方式不同、选择的范围不同、竞争的范围不同、公开的程度不同。

2. 一般情况可能会考核在什么情况下可以采用邀请招标。

考点8　招标人限制、排斥潜在投标人或者投标人的情形

例：招标人有（ABCDEFG）的行为，属于以不合理条件限制、排斥潜在投标人或者投标人。

A. 就同一招标项目向潜在投标人或者投标人提供有差别的项目信息

B. 设定的资格、技术、商务条件与招标项目的具体特点和实际需要不相适应或者与合同履行无关

C. 依法必须进行招标的项目以特定行政区域或者特定行业的业绩、奖项作为加分条件或者中标条件

D. 对潜在投标人或者投标人采取不同的资格审查或者评标标准

E. 限定或者指定特定的专利、商标、品牌、原产地或者供应商

F. 依法必须进行招标的项目非法限定潜在投标人的所有制形式或者组织形式

G. 以其他不合理条件限制、排斥潜在投标人或者投标人

🔊 **考点点评**

1. 该考点的考核难度不大，考生应仔细审题，避免因疏忽大意而丢分。

2. 该考点作为一般考点进行了解即可，在《现代咨询方法与实务》科目中也可能会考核。

考点9 招标文件的编制、发放、澄清与修改

例： 关于招标文件编制、发放、澄清与修改的说法，正确的有（ABCDEFG）。

A. 投标有效期从投标人提交投标文件截止之日起计算

B. 自招标文件出售之日起至停止出售之日止，最短不得少于5日

C. 招标文件售出后，不予退还

D. 对于开标后投标人退还设计文件的，招标人应当向投标人退还押金

E. 依法必须进行招标的项目，自招标文件开始发出之日起至投标人提交投标文件截止之日止，最短不得少于20日

F. 招标人对已发出的招标文件进行澄清或者修改的内容应当在投标截止时间至少15日前，以书面形式通知所有获取招标文件的潜在投标人

G. 招标人应当自收到潜在投标人或者其他利害关系人对招标文件提出异议之日起3日内做出答复

🔊 考点点评

1. 招标文件的内容要知道，一般包括：①招标公告或投标邀请书；②投标人须知；③合同主要条款；④投标文件格式；⑤采用工程量清单招标的，应当提供工程量清单；⑥技术条款；⑦设计图样；⑧评标标准和方法；⑨投标辅助材料。

2. 一定要注意几个时间的要求。

考点10 投标文件的内容

例： 项目施工投标文件一般包括的内容有（ABCD）。

A. 投标函   B. 投标报价

C. 施工组织设计   D. 商务和技术偏差表

E. 投标一览表   F. 对技术性能参数的详细描述

G. 投标保证金   H. 有关资格证明文件

题号	拓展同类必刷题	答案
1	货物招标中，投标文件的内容一般包括（　　）。	ADEFGH

🔊 考点点评

1. 投标人根据招标文件载明的项目实际情况，拟在中标后将中标项目的部分非主体、非关键性工作进行分包的，应当在投标文件中载明。

2. 掌握施工投标文件内容的同时，考生还应了解，投标有效期是从投标人提交投标文件的截止之日起计算的。

考点11 投标文件送达、签收、补充、修改与撤回

例： 关于投标文件送达、签收、补充、修改与撤回的说法，正确的有（ABCDEFGHIJ）。

A. 投标人将投标文件密封送达投标地点的时限为招标文件要求提交投标文件的截止时间前

B. 在开标前任何单位和个人不得开启投标文件

C. 在招标文件要求提交投标文件的截止时间后送达的投标文件，招标人应当拒收

D. 依法必须进行施工招标的项目提交投标文件的投标人少于3个的，招标人在分析招标

失败的原因并采取相应措施后，应当依法重新招标

E. 重新招标后投标人仍少于3个的，属于必须审批、核准的工程建设项目，报经原审批、核准部门审批，核准后可以不再进行招标

F. 除不可抗力原因外，招标人在发布招标公告、发出投标邀请书后或者售出招标文件或资格预审文件后不得终止招标

G. 投标人在招标文件要求提交投标文件的截止时间前可以补充、修改、替代或者撤回已提交的投标文件

H. 在招标文件要求提交投标文件的截止时间后送达的投标文件的补充或者修改的内容无效

I. 在投标截止时间之前，投标人有权撤回已经送达的投标文件

J. 投标人在投标截止日期之前放弃投标，招标人不得没收其投标保证金

🔊 **考点点评**

> 1. 要熟练掌握投标文件送达的两个要求：密封和截止时间。
> 2. 另一个要点是重新招标和不再进行招标的适用情形。

考点12 联合体投标

例： 关于联合体投标的说法，正确的有（ABCDE）。

A. 联合体各方签订共同投标协议后，不得再以自己名义单独投标

B. 同一专业的单位组成的联合体，按照资质等级较低的单位确定联合体资质等级

C. 联合体投标的，应当以联合体各方或者联合体中牵头人的名义提交投标保证金

D. 联合体各方应当签订共同投标协议，明确约定各方拟承担的工作和责任，并将共同投标协议连同投标文件一并提交招标人

E. 联合体中标的，联合体各方应当共同与招标人签订合同，就中标项目向招标人承担连带责任

考点13 串通投标及弄虚作假行为的认定

例： 有（ABCDE）情形之一的，属于投标人相互串通投标。

A. 投标人之间协商投标报价等投标文件的实质性内容

B. 投标人之间约定中标人

C. 投标人之间约定部分投标人放弃投标或者中标

D. 属于同一集团、协会、商会等组织成员的投标人按照该组织要求协同投标

E. 投标人之间为谋取中标或者排斥特定投标人而采取的其他联合行动

F. 不同投标人的投标文件由同一单位或者个人编制

G. 不同投标人委托同一单位或者个人办理投标事宜

H. 不同投标人的投标文件载明的项目管理成员为同一人

I. 不同投标人的投标文件异常一致或者投标报价呈规律性差异

J. 不同投标人的投标文件相互混装

K. 不同投标人的投标保证金从同一单位或者个人的账户转出

L. 招标人在开标前开启投标文件并将有关信息泄露给其他投标人

M. 招标人直接或者间接向投标人泄露标底、评标委员会成员等信息

N. 招标人明示或者暗示投标人压低或者抬高投标报价

O. 招标人授意投标人撤换、修改投标文件

P. 招标人明示或者暗示投标人为特定投标人中标提供方便

题号	拓展同类必刷题	答案
1	有（　　　）情形之一的，视为投标人相互串通投标。	FGHIJK
2	有（　　　）情形之一的，属于招标人与投标人串通投标。	LMNOP

考点 14　投标文件的初步评审

例：在施工评标的初步评审阶段，投标文件有（ABCDEFG）的情形，评标委员会应当否决其投标。

A. 投标人不符合国家或者招标文件规定的资格条件
B. 投标文件未经投标单位盖章和单位负责人签字
C. 投标文件没有对招标文件的实质性要求和条件做出响应
D. 投标人有串通投标、弄虚作假、行贿等违法行为
E. 同一投标人提交两个以上不同的投标文件或者投标报价，但招标文件要求提交备选投标的除外
F. 投标报价低于成本或者高于招标文件设定的最高投标限价
G. 投标联合体没有提交共同投标协议
H. 投标文件中有含义不清的内容
I. 投标文件有明显文字和计算错误的内容
J. 投标文件对同类问题表述不一致的内容
K. 用数字表示的数额与用文字表示的数额不一致
L. 单价与工程量的乘积与总价之间不一致
M. 单价有明显的小数点错位

题号	拓展同类必刷题	答案
1	评标委员会初步评审阶段发现有（　　　）的情况，可以书面方式要求投标人对投标文件做必要的澄清、说明或补正。	HIJ
2	评标委员会在对实质上响应招标文件要求的投标进行报价评估时，遇到（　　　）的情况时，应当进行修正。	KLM

考点 15　货物招标应遵循的原则

例：货物招标应遵循的原则包括（ABCDE）。

A. 质量保证原则　　　　　　　　　B. 安全保证原则
C. 进度保证原则　　　　　　　　　D. 经济原则
E. 国产化原则

题号	拓展同类必刷题	答案
1	招标采购的货物必须符合设计文件和合同文件对货物的技术性能方面的要求，这是（　　　）的要求。	A
2	工程项目货物招标采购，在运输、安装、调试和使用过程中，要保证人身和财产的绝对安全，这是（　　　）的要求。	B
3	工程项目货物招标采购的货物必须按期到货，这是（　　　）的要求。	C
4	工程项目货物招标采购在保证货物质量的前提下，货物必须低成本、低价格、使用时低消耗，这是（　　　）的要求。	D
5	工程项目货物招标采购时，凡是国内能生产的，且能保证质量的，原则上就不应再到国外采购，这是（　　　）的要求。	E

简化记忆：国产经济三保（质量、进度、安全）。

考点 16　国际工程咨询服务费用计算

例：国际上常用的咨询服务收费方式有（ABCDEF）等方法。

A. 人月费单价法　　　　　　　　　B. 按日计费法
C. 成本加酬金计费法　　　　　　　D. 总价法
E. 工程造价百分比法　　　　　　　F. 顾问费法

题号	拓展同类必刷题	答案
1	咨询服务范围非常明确，且咨询单位可以控制费用的项目，可以采用（　）。	CDE
2	咨询服务范围不太明确或难以准确确定范围的项目，可以按照咨询专家提供服务时发生的费用计费，采用（　）更为适合。	ABF

考点 17　政府采购方式、适用条件和操作程序

例：政府采购在（AB）情况下经批准可以采用邀请招标。

A. 具有特殊性，只能从有限范围的供应商处采购的
B. 采用公开招标方式的费用占政府采购项目总价值的比例过大的
C. 招标后没有供应商投标或者没有合格标的或者重新招标未能成立的
D. 技术复杂或者性质特殊，不能确定详细规格的
E. 采用招标方式所需时间不能满足客户紧急需要的
F. 不能事先计算出价格总额的
G. 政府购买服务项目
H. 技术复杂或者性质特殊，不能确定具体要求的
I. 因专利、专有技术或者服务的时间、数量事先不能确定等原因不能事先计算出价格总额的
J. 市场竞争不充分的科研项目及需要扶持的科技成果转化项目
K. 只能从唯一供应商处采购的
L. 发生了不可预见的紧急情况，不能从其他咨询单位处采购的
M. 必须保证原有采购项目一致性或者服务配套的要求，需要继续从原供应商处添购，且添购资金总额不超过原合同采购金额10%的

题号	拓展同类必刷题	答案
1	工程咨询服务政府采购在（　）情况下的工程咨询服务经批准可以采用竞争性谈判。	CDEFH
2	工程咨询服务政府采购在（　）情况下的工程咨询服务经批准可以采用竞争性磋商。	DGHIJ
3	工程咨询服务政府采购在（　）情况下的工程咨询服务经批准可以采用单一来源采购。	KLM

🔊 **考点点评**

1. 关于邀请招标需要注意的是：采购人、采购代理机构不得将投标人的注册资本、资产总额、营业收入、从业人员、利润、纳税额等规模条件作为资格要求或者评审因素，也不得通过将除进口货物以外的生产厂家授权、承诺、证明、背书等作为资格要求，对投标人实行差别待遇或者歧视待遇。

2. 竞争性谈判、竞争性磋商与询价的适用条件和采购程序也要有所了解。

1. 【2023 年真题】根据我国招标投标法律法规，招标可采用的组织形式是（　　）。
   A. 自行招标和委托招标 　　　　　　　B. 公开招标和邀请招标
   C. 单项招标和总承包招标 　　　　　　D. 一次性招标和两阶段招标

2. 【2023 年真题】关于工程施工招标文件的说法，错误的是（　　）。
   A. 招标文件的实质性要求和条件应以醒目的方式标明
   B. 招标文件中对工程技术上紧密相连、不可分割的单位工程不得分割标段
   C. 招标文件可以引用某一生产供应者的技术标准作为参照，并在后面加上"或相当于"的字样
   D. 招标文件规定的投标有效期应从投标人提交投标文件之日起计算

3. 【2023 年真题】关于潜在投标人是否有资格参与招标项目投标的说法，正确的是（　　）。
   A. 不具备独立法人资格的招标人附属机构（单位），有资格参加投标
   B. 为招标项目的前期准备工作提供设计、咨询服务的法人，有资格参加该项目施工投标
   C. 与招标人存在利害关系可能影响招标公正性的法人，有资格参加投标
   D. 存在控股关系的两家单位，有资格分别参加同一项目不同标段的投标

4. 【2023 年真题】依法必须进行施工招标的项目提交投标文件的投标人少于 3 个的，下列做法中，正确的是（　　）。
   A. 招标人分析招标失败的原因并采取相应措施后重新招标
   B. 招标人对已递交的投标文件继续组织开标、评标和定标
   C. 招标人发布公告告知所有潜在投标人终止招标
   D. 招标人报项目审批、核准部门审批、核准后不再进行招标

5. 【2023 年真题】某房屋建筑工程施工招标，要求投标人具备建筑工程施工总承包二级及以上资质且允许投标人以联合体形式参加投标。施工单位甲具备建筑工程施工总承包一级资质，施工单位乙具备建筑工程施工总承包二级资质，甲和乙组成联合体参加投标。下列说法中，正确的是（　　）。
   A. 施工单位乙可作为联合体的牵头人
   B. 施工单位甲可在该项目中再以自己的名义单独投标
   C. 施工单位甲和乙组成的联合体资质等级为建筑工程施工总承包一级
   D. 施工单位乙可联合具备建筑工程施工总承包二级资质的施工单位丙，组成新的联合体在该项目中投标

6. 【2023 年真题】根据《中华人民共和国招标投标法实施条例》，招标人最迟应当在（　　）后 5 日内，向中标人和未中标的投标人退还投标保证金及银行同期存款利息。
   A. 发出中标通知书 　　　　　　　　　B. 投标有效期满
   C. 与中标人签订合同 　　　　　　　　D. 中标人提交履约保证金

7. 【2023 年真题】根据国家发展改革委等八部委制定的《电子招标投标办法》，关于电子招标投标的说法，错误的是（　　）。
   A. 电子招标投标交易平台运营机构不得以技术和数据接口配套为由，要求潜在投标人购买指定的工具软件
   B. 招标公告中应载明潜在投标人访问电子招标投标交易平台的网络地址和方法
   C. 招标人或者其委托的招标代理机构应及时将数据电文形式的招标文件加载至电子招标投标交易平台

D. 招标人对招标文件进行澄清或修改的，应将澄清或修改文件逐一发送至已下载招标文件的
潜在投标人电子邮箱

8. 【2023 年真题】对于采用邀请招标方式的政府采购项目，下列产生符合资格条件供应商名单
的方式中，违反相关法律法规规定的是（　　）。
A. 采购人书面推荐符合资格条件的供应商名单
B. 采购人和评审专家分别书面推荐符合资格条件的供应商名单
C. 采购人从省级以上人民政府财政部门建立的供应商库中选取符合资格条件的供应商名单
D. 采购人发布资格预审公告征集供应商

9. 【2023 年真题】某工程建设项目通过招标投标方式缔结合同，下列做法中，不符合我国相关
法律法规要求的是（　　）。
A. 招标人和中标人在中标通知书发出后第 60 日订立了合同
B. 合同的实质性内容与招标文件和中标人的投标文件一致
C. 中标通知书发出之后招标人和中标人进行了合同谈判
D. 招标人和中标人在合同中约定了合同经公证后生效

10. 【2022 年真题】根据《招标投标法实施条例》，关于两阶段招标的说法，错误的是（　　）。
A. 对技术复杂或者无法精确拟定技术规格的项目，招标人可以分两阶段进行招标
B. 投标人在第一阶段应按照招标文件的要求提交带初步报价的技术建议
C. 投标人在第二阶段应提交包括最终技术方案和投标报价的投标文件
D. 招标人可以在第二阶段要求投标人提交投标保证金

11. 【2022 年真题】关于投标人资格审查的说法，正确的是（　　）。
A. 资格审查分为资格预审和资格后审两种方式
B. 已进行资格预审的，不得再进行资格后审
C. 资格预审的审查办法只能采取合格制
D. 资格后审由招标人在开标前完成

12. 【2022 年真题】关于资格预审文件澄清和修改的说法，正确的是（　　）。
A. 招标人可以对已发出的资格预审文件进行必要的澄清或修改，原则上只能发出一次
B. 澄清或修改的内容不会对资格预审申请文件的编制产生重大影响的，招标人可在提交
资格预审申请文件截止时间前 1 天发出
C. 澄清或修改应以书面形式通知所有获取资格预审文件的投标申请人
D. 投标申请人或其他利害关系人对资格预审文件有异议的，招标人应按其要求对资格预
审文件进行澄清或修改

13. 【2022 年真题】关于开标的说法，正确的是（　　）。
A. 开标应当在提交投标文件截止时间后某一时间公开进行
B. 投标人少于 3 个且招标文件无违法违规条款的，可以正常开标
C. 投标人或其授权代表可以自主决定是否参加开标会
D. 投标人对开标有异议的，应当在开标结束后 3 日内提出

14. 【2022 年真题】投标人乙是投标人甲的全资子公司，甲、乙同时参加了某一工程项目第一
施工合同段的投标。下列做法中，符合《招标投标法实施条例》相关规定的是（　　）。
A. 招标人只接收投标人甲的投标文件，拒收投标人乙的投标文件
B. 招标人同时拒绝接收投标人甲和投标人乙的投标文件
C. 招标人同时接收投标人甲和投标人乙的投标文件，由评标委员会按照招标文件规定的
优先顺序确定其中一份投标文件为有效投标文件
D. 招标人同时接收投标人甲和投标人乙的投标文件，由评标委员会认定投标人甲和投标

人乙的投标均无效

15. 【2022年真题】采用竞争性磋商方式实施政府采购时，下列项目中，磋商小组可以推荐两家成交候选供应商的是（　　）。

A. 市场竞争不充分的科研项目

B. 政府购买服务项目

C. 技术复杂或者性质特殊，不能确定详细规格或者具体要求的项目

D. 因艺术品采购、专利、专有技术等原因不能事先计算出价格总额的项目

16. 【2022年真题】根据国家发展和改革委等七部委《工程建设项目货物招标投标办法》，关于工程项目货物招标文件实质性要求和条件的说法，错误的是（　　）。

A. 招标人应当在招标文件中规定实质性要求和条件

B. 实质性要求和条件应以醒目的方式标明

C. 没有标明的要求和条件在评标时不得作为实质性要求和条件

D. 对于实质性要求和条件，应规定允许偏差的最大范围、最高项数，以及偏差调整的方法

17. 【2022年真题】下列国际工程咨询服务收费方式中，不利于降低工程项目成本的是（　　）。

A. 总价法　　　　　　　　　　　　B. 人月费单价法

C. 工程造价百分比法　　　　　　　D. 成本加固定酬金法

18. 【2022年真题】根据国家发展和改革委等八部委《电子招标投标办法》，关于公共服务平台的说法，正确的是（　　）。

A. 公共服务平台主要用于在线完成招标投标全部交易过程，编辑、生成、对接、交换和发布有关招标投标数据信息

B. 公共服务平台应为行政监督部门和监察机关依法实施监督、监察和受理投诉提供所需的信息通道

C. 公共服务平台具有招标投标相关信息对接交换和发布、资格信誉和业绩验证、行业统计分析、连接评标专家库、提供行政监督通道等服务功能

D. 属于依法必须公开的信息，公共服务平台可在适当收取一定费用后予以提供

19. 【2021年真题】关于招标投标法律效力层级的说法正确的是（　　）。

A. 法律的效力高于行政法规、地方性法规、规章

B. 部门规章的效力高于地方政府规章

C. 同一机关制定的一般规定的效力高于特别规定

D. 由国务院若干部委联合制定的部门规章效力高于某一部委单独制定的部门规章

20. 【2019年真题】属于必须进行招标规定范围内的项目，其施工单项合同估算价在（　　）万元人民币以上的，必须招标。

A. 50　　　　　　B. 100　　　　　　C. 200　　　　　　D. 400

21. 【2019年真题】依法必须进行招标的项目提交资格预审申请文件的时间，自资格预审文件停止发售之日起不得少于（　　）。

A. 3日　　　　　　B. 5日　　　　　　C. 10日　　　　　　D. 15日

22. 【2019年真题】联合体投标时，联合体各方均应当具备规定的相应资格条件。由同一专业的单位组成的联合体，按照（　　）确定资质等级。

A. 资质等级较高的单位　　　　　　B. 资质等级较低的单位

C. 联合体符合的资质条件　　　　　D. 招标方自主选择

23. 【2019年真题】下列招标项目中，可以从专家库中随机抽取评标专家的项目是（　　）。

A. 省级重点项目　　　　　　　　　B. 技术复杂的项目

C. 专业性强的项目
D. 国家有特殊要求的项目

24. 【2019 年真题】对技术简单或技术规格、性能要求统一的货物进行招标，常用的评标方法是（　　）。
    A. 综合评估法
    B. 单一来源采购法
    C. 竞争性谈判法
    D. 经评审的最低投标价法

25. 【2023 年真题】下列项目中，属于我国依法必须进行招标的项目范围并达到规模标准的有（　　）。
    A. 使用国有企业资金建设的公路项目，施工单项合同估算价为 380 万元
    B. 使用政府财政性资金建设的风电项目，工程设计单项合同估算价为 150 万元
    C. 使用民营企业资金建设的住宅项目，施工单项合同估算价为 1000 万元
    D. 使用世界银行贷款建设的水利项目，货物采购单项合同估算价为 250 万元
    E. 使用民营企业资金建设的铁路项目，招标代理单项合同估算价为 150 万元

26. 【2023 年真题】某轨道交通项目进行工程勘察招标，招标人的下列行为中，属于以不合理条件限制和排斥潜在投标人的有（　　）。
    A. 要求投标人上一年度的纳税额超过 1000 万元
    B. 要求投标人具备相应的工程勘察资质
    C. 具有项目所在省轨道交通项目工程勘察经验的投标人，可获得加分
    D. 要求投标人营业执照上记载的经营范围包括"轨道交通项目工程勘察"字样
    E. 要求投标人在投标文件中提供营业执照复印件

27. 【2023 年真题】关于经评审的最低投标价法的说法，正确的有（　　）。
    A. 该方法一般适用于招标人对技术、性能有特殊要求的招标项目
    B. 评标委员会应按招标文件规定对所有投标人的投标报价以及投标文件的商务部分作必要的价格调整
    C. 评标委员会应推荐满足招标文件的实质性要求且投标报价最低的投标人为中标候选人
    D. 投标文件应当符合招标文件规定的技术要求和标准，评标委员会无需对投标文件的技术部分进行价格折算
    E. 对于投标人提交的优于招标文件中技术标准的备选投标方案所产生的附加收益，评标委员会应在评标时一并考虑

28. 【2023 年真题】根据《招标投标法实施条例》，投标存在下列情形的，评标委员会应当否决的有（　　）。
    A. 投标文件未经投标单位盖章和单位负责人签字
    B. 投标人使用他人的资质证书投标
    C. 独立投标的投标人未提交联合体协议
    D. 投标人不符合国家或者招标文件规定的资格条件
    E. 投标报价低于市场平均价格水平

29. 【2023 年真题】根据国家发展改革委制定的《招标公告和公示信息发布管理办法》，对于依法必须招标的项目，中标候选人公示应当载明的内容有（　　）。
    A. 中标候选人排序名称、投标报价、质量、工期（交货期）以及评标情况
    B. 中标候选人按照招标文件要求承诺的项目负责人姓名及其相关证书名称和编号
    C. 中标候选人响应招标文件要求的资格能力条件
    D. 被否决的投标人名称、否决依据和否决原因
    E. 发布中标候选人公示的所有媒介名称

30. 【2023 年真题】根据《政府采购法》，关于询价采购方式的说法，正确的有（　　）。

A. 询价采购方式适用于标准统一、市场竞争充分且价格变化幅度小的工程、货物或服务项目
B. 采购人应成立询价小组，询价小组由采购人的代表和有关专家共 3 人以上的单数组成
C. 询价小组应根据采购需求，从符合相应资格条件的供应商名单中确定不少于 5 家的供应商，向其发出询价通知书让其报价
D. 询价小组应允许被询价的供应商进行多轮竞价，供应商后面轮次的报价应低于前一轮次的报价
E. 采购人应按照符合采购需求、质量和服务相等且报价最低的原则确定成交供应商

31. 【2022 年真题】下列工程属于依法必须招标的项目类别，发包人拟对工程施工以及与工程建设有关的货物实行总承包发包。按照规模标准，应当依法进行招标的有（　　）。
A. 施工部分估算价为 420 万元，货物部分估算价为 150 万元
B. 施工部分估算价为 350 万元，货物部分估算价为 210 万元
C. 施工部分估算价为 200 万元，货物部分估算价为 80 万元
D. 施工部分估算价为 500 万元，货物部分估算价为 300 万元
E. 施工部分估算价为 390 万元，货物部分估算价为 180 万元

32. 【2022 年真题】根据《招标公告和公示信息发布管理办法》，依法必须招标项目的招标公告，应当载明的内容包括（　　）。
A. 招标项目名称、内容、范围、规模、资金来源
B. 投标人资格能力要求，以及是否接受联合体投标
C. 获取招标文件的时间、方式
D. 递交投标保证金的截止时间、方式
E. 提出投诉的渠道和方式

33. 【2022 年真题】关于联合体投标的说法，正确的有（　　）。
A. 由同一专业的单位组成的联合体，按照资质等级较高的单位确定资质等级
B. 实行资格预审的项目，联合体应当在提交资格预审申请文件前组成
C. 资格预审后联合体增减或更换成员的，只要资格条件没有降低，其投标仍然有效
D. 联合体各方应当指定牵头人，授权其代表所有联合体成员负责投标和合同实施阶段的主办、协调工作
E. 联合体中标的，联合体各方应当共同与招标人签订合同

34. 【2022 年真题】根据《招标投标法实施条例》，关于评标相关要求的说法，正确的有（　　）。
A. 招标人应当根据项目规模和技术复杂程度等因素合理确定评标时间
B. 超过三分之一的评标委员会成员认为评标时间不够的，招标人应当适当延长评标时间
C. 在评标过程中，评标委员会成员有回避事由的，可在签订公平公正承诺书后继续参与评标
D. 在评标过程中，评标委员会发现投标人的报价明显低于其他投标报价，使得其投标报价可能低于其个别成本的，应当直接否决其投标
E. 评标委员会根据招标文件规定否决不合格投标后，因有效投标不足三个使得投标明显缺乏竞争的，评标委员会可以否决全部投标

35. 【2022 年真题】采用人月费单价法计算国际工程咨询服务费用时，属于酬金组成内容的有（　　）。
A. 社会福利费　　　　　　　　　B. 海外津贴
C. 国际交通费　　　　　　　　　D. 咨询单位管理费
E. 通信费

36. 【2022 年真题】政府采购工程以及与工程建设有关的货物、服务，应当执行的政府采购政策内容包括（　　）。
   A. 节约能源
   B. 保护环境
   C. 促进中小企业发展
   D. 扶持民营企业
   E. 扶持不发达地区和少数民族地区

37. 【2021 年真题】依法必须招标的项目，出现下列情形的，应当重新招标（　　）。
   A. 根据招标文件规定否决不合格投标后，有效投标不足 3 个的
   B. 招标文件的内容违反部门规章的强制性规定的
   C. 提交投标文件的投标人少于 3 个的
   D. 潜在招标人或者其他利害关系人对招标文件内容提出异议的
   E. 通过资格预审的潜在招标人少于 3 个的

38. 【2021 年真题】按照《招标投标法实施条例》，以下属于投标人相互串标的有（　　）。
   A. 投标人之间协商投标报价等投标文件的实质性内容
   B. 投标人提供虚假财务状况或者业绩
   C. 投标人之间约定部分投标人放弃投标或者中标
   D. 招标人授意投标人撤换、修改投标文件
   E. 招标人与投标人为谋求特定投标人中标而采取的其他串通行为

39. 【2021 年真题】对于国际工程咨询服务范围不太明确或难以准确确定范围的项目，下列咨询服务计费方法中适宜采用的有（　　）。
   A. 总价法
   B. 人月费单价法
   C. 工程造价百分比法
   D. 按日计费法
   E. 成本加固定酬金法

40. 【2021 年真题】政府采购工程进行招标时，投标人的下列因素中，不得作为资格要求或评审因素的有（　　）。
   A. 类似项目业绩
   B. 资产总额
   C. 营业收入
   D. 注册资本
   E. 纳税金额

41. 【2019 年真题】招标人可以分两阶段进行招标的项目应符合的特征包括（　　）。
   A. 技术复杂
   B. 需要采用不可替代的专利
   C. 程序烦琐
   D. 无法精确估算价格
   E. 无法精确拟定技术规格

42. 【2019 年真题】依法必须进行招标的工程建设项目，招标人自行办理招标的，应具备的条件包括（　　）。
   A. 有相应招标资质
   B. 有从事同类工程建设项目招标的经验
   C. 有 3 名以上招标师
   D. 具有与招标项目规模和复杂程度相适应的概预算专业技术力量
   E. 熟悉和掌握《招标投标法》及有关法规规章

43. 【2019 年真题】招标人应依照法律法规和规章的规定确定工程项目采用的招标方式，下列属于招标方式的有（　　）。
   A. 自行招标
   B. 公开招标
   C. 邀请招标
   D. 委托招标
   E. 代理招标

44.【2019 年真题】在原投标有效期结束前，出现特殊情况的，招标人可以书面形式要求所有投标人延长投标有效期，以下说法正确的有（　　　）。

A. 投标人同意延长的，可以要求修改其投标文件的实质性内容

B. 投标人同意延长的，投标保证金的有效期不变

C. 投标人拒绝延长的，其投标失效

D. 投标人拒绝延长的，招标人有权没收其投标保证金

E. 因不可抗力需要延长投标有效期造成投标人损失的，招标人可以不予补偿

45.【2019 年真题】下列关于投标保证金的说法，正确的有（　　　）。

A. 投标保证金可以是现金

B. 投标保证金可以是银行出具的银行汇票

C. 投标保证金可以是银行出具的银行保函

D. 投标保证金不得超过项目估算价的 3%

E. 依法必须进行施工招标的项目的境内投标单位，以银行保函形式提交的投标保证金应当从其基本账户转出

五、本章真题实训答案及解析

1. B。《中华人民共和国招标投标法》规定，招标分为公开招标和邀请招标。公开招标，是指招标人以招标公告的方式邀请不特定的法人或者其他组织投标。邀请招标，是指招标人以投标邀请书的方式邀请特定的法人或者其他组织投标。

2. D。招标文件应当规定一个适当的投标有效期，以保证招标人有足够的时间完成评标和与中标人签订合同。投标有效期从投标人提交投标文件截止之日起计算。

3. D。招标人的任何不具备独立法人资格的附属机构（单位），或者为招标项目的前期准备或者监理工作提供设计、咨询服务的任何法人及其任何附属机构（单位），都无资格参加该招标项目的投标。选项 A 和 B 错误。与招标人存在利害关系可能影响招标公正性的法人、其他组织或者个人，不得参加投标。选项 C 错误。单位负责人为同一人或者存在控股、管理关系的不同单位，不得参加同一标段投标或者未划分标段的同一招标项目投标。选项 D 正确。

4. A。依法必须进行施工招标的项目提交投标文件的投标人少于 3 个的，招标人在分析招标失败的原因并采取相应措施后，应当依法重新招标。重新招标后投标人仍少于 3 个的，属于必须审批、核准的工程建设项目，报经原审批、核准部门审批、核准后可以不再进行招标；其他工程建设项目，招标人可自行决定不再进行招标。

5. A。联合体各方签订共同投标协议后，不得再以自己名义单独投标，也不得组成新的联合体或参加其他联合体在同一项目中投标。选项 B 和 D 错误。由同一专业的单位组成的联合体，按照资质等级较低的单位确定资质等级。选项 C 错误。

6. C。招标人最迟应当在书面合同签订后 5 日内向中标人和未中标的投标人退还投标保证金及银行同期存款利息。

7. D。招标人对资格预审文件、招标文件进行澄清或者修改的，应当通过电子招标投标交易平台以醒目的方式公告澄清或者修改的内容，并以有效方式通知所有已下载资格预审文件或者招标文件的潜在投标人。

8. B。采用邀请招标方式的，采购人或者采购代理机构应当通过以下方式产生符合资格条件的供应商名单，并从中随机抽取 3 家以上供应商向其发出投标邀请书：①发布资格预审公告征集；②从省级以上人民政府财政部门建立的供应商库中选取；③采购人书面推荐。

9. A。招标人和中标人应当在投标有效期内并在自中标通知书发出之日起 30 日内，按照招标

文件和中标人的投标文件订立书面合同。招标人和中标人不得再行订立背离合同实质性内容的其他协议。

10. B。对技术复杂或者无法精确拟定技术规格的项目，招标人可以分两阶段进行招标。第一阶段：投标人按照招标公告或者投标邀请书的要求提交不带报价的技术建议，招标人根据投标人提交的技术建议确定技术标准和要求，编制招标文件。第二阶段：招标人向在第一阶段提交技术建议的投标人提供招标文件，投标人按照招标文件的要求提交包括最终技术方案和投标报价的投标文件。招标人要求投标人提交投标保证金的，应当在第二阶段提出。

11. A。资格审查分为资格预审和资格后审两种方式。资格预审是指在投标前对潜在投标人进行的资格审查；资格后审是指在开标后对投标人进行的资格审查。由招标人确定资格审查方式。进行资格预审的，一般不再进行资格后审，但招标文件另有规定的除外。资格审查办法包括合格制和有限数量制。

12. C。招标人可以对已发出的资格预审文件进行必要的澄清或者修改。澄清或者修改的内容可能影响资格预审申请文件编制的，招标人应当在提交资格预审申请文件截止时间至少 3 日前，以书面形式通知所有获取资格预审文件的投标申请人；不足 3 日的，招标人应当顺延提交资格预审申请文件的截止时间。投标申请人或其他利害关系人对资格预审文件有异议的，应当在提交资格预审申请文件截止时间 2 日前提出。招标人应当自收到异议之日起 3 日内做出答复，做出答复前，应当暂停招标投标活动。

13. C。开标应当在招标文件确定的提交投标文件截止时间的同一时间公开进行。投标人少于 3 个的，不得开标，招标人应当重新招标。投标人或其授权代表有权出席开标会，也可以自主决定不参加开标会。投标人对开标有异议的，应当在开标现场提出，招标人应当当场做出答复，并制作记录。

14. D。单位负责人为同一人或者存在控股、管理关系的不同单位，不得参加同一标段投标或者未划分标段的同一招标项目投标。违反上述规定的，相关投标无效。投标文件有下列情形之一的，招标人应当拒收：①未通过资格预审的申请人提交的投标文件；②逾期送达；③未按招标文件要求密封。

15. A。属于市场竞争不充分的科研项目，或者需要扶持的科技成果转化项目的，可以推荐两家成交候选供应商。

16. D。招标人应当在招标文件中规定实质性要求和条件，说明不满足其中任何一项实质性要求和条件的投标将被拒绝，并用醒目的方式标明；没有标明的要求和条件在评标时不得作为实质性要求和条件。对于非实质性要求和条件，应规定允许偏差的最大范围、最高项数，以及对这些偏差进行调整的方法。

17. C。世界银行不主张采用工程造价百分比法计算工程咨询费用，认为不利于降低工程成本。

18. C。电子招标投标系统可分为交易平台、公共服务平台和行政监督平台。交易平台主要用于在线完成招标投标全部交易过程，编辑、生成、对接、交换和发布有关招标投标数据信息，为行政监督部门和监察机关依法实施监督、监察和受理投诉提供所需的信息通道。公共服务平台具有招标投标相关信息对接交换和发布、资格信誉和业绩验证、行业统计分析、连接评标专家库、提供行政监督通道等服务功能。属于依法必须公开的信息，公共服务平台应当无偿提供。

19. A。我国法律体系中的法律效力依次是：宪法＞法律＞行政法规＞地方性法规＞规章。部门规章之间具有同等效力。部门规章与地方政府规章之间具有同等效力。同一机关制定的一般规定的效力低于特别规定。

20. D。必须招标的范畴：施工 400 万元以上；货物采购 200 万元以上；勘察、设计、监理等服务的采购 100 万元以上。

21. B。这是一个考核时间规定的题目，在招标投标的知识点中，有很多对时间的规定，考生一定要整理到一起，对比来学习。

22. B。这个很好理解，就是说联合体中所有的成员都要达到所要求的资质等级。

23. A。选项B、C、D是由招标人直接确定评标专家。

24. D。对于技术简单或技术规格、性能、制作工艺要求统一的货物，一般采用经评审的最低投标价法；对于技术复杂或技术规格、性能、制作工艺要求难以统一的货物，一般采用综合评估法进行评标。

25. BD。在中华人民共和国境内进行下列工程建设项目，包括项目的勘察、设计、施工、监理及与工程建设有关的重要设备、材料等的采购，必须进行招标：①大型基础设施、公用事业等关系社会公共利益、公众安全的项目；②全部或者部分使用国有资金投资或者国家融资的项目；③使用国际组织或者外国政府贷款、援助资金的项目。在前述范围内，必须进行招标的项目规模标准有：①施工单项合同估算价在400万元人民币以上；②重要设备、材料等货物的采购，单项合同估算价在200万元人民币以上；③勘察、设计、监理等服务的采购，单项合同估算价在100万元人民币以上。

26. AC。招标人有下列行为之一的，属于以不合理条件限制、排斥潜在投标人或者投标人：①就同一招标项目向潜在投标人或者投标人提供有差别的项目信息；②设定的资格、技术、商务条件与招标项目的具体特点和实际需要不相适应或者与合同履行无关；③依法必须进行招标的项目以特定行政区域或者特定行业的业绩、奖项作为加分条件或者中标条件；④对潜在投标人或者投标人采取不同的资格审查或者评标标准；⑤限定或者指定特定的专利、商标、品牌、原产地或者供应商；⑥依法必须进行招标的项目非法限定潜在投标人或者投标人的所有制形式或者组织形式；⑦以其他不合理条件限制、排斥潜在投标人或者投标人。

27. BCD。经评审的最低投标价，一般适用于具有通用技术、性能标准或者招标人对其技术、性能没有特殊要求的招标项目，选项A错误。对于投标人提交的优于招标文件中技术标准的备选投标方案所产生的附加收益，评标委员会在评标时不得考虑进评标价中，选项E错误。

28. AD。投标文件有下列情形之一的，评标委员会应当否决其投标：①投标文件未经投标单位盖章和单位负责人签字；②投标联合体没有提交共同投标协议；③投标人不符合国家或者招标文件规定的资格条件；④同一投标人提交两个以上不同的投标文件或者投标报价，但招标文件要求提交备选投标的除外；⑤投标报价低于成本或者高于招标文件设定的最高投标限价；⑥投标文件没有对招标文件的实质性要求和条件做出响应；⑦投标人有串通投标、弄虚作假、行贿等违法行为。

29. ABC。《招标公告和公示信息发布管理办法》规定，依法必须招标项目的中标候选人公示应当载明以下内容：①中标候选人排序名称投标报价、质量、工期（交货期），以及评标情况；②中标候选人按照招标文件要求承诺的项目负责人姓名及其相关证书名称和编号；③中标候选人响应招标文件要求的资格能力条件；④提出异议的渠道和方式；⑤招标文件规定公示的其他内容。依法必须招标项目的中标结果公示应当载明中标人名称。

30. BE。《政府采购法》规定，采购的货物规格、标准统一现货货源充足且价格变化幅度小的政府采购项目，可以依照规定采用询价方式采购。选项A错误。采用询价方式采购的，询价小组根据采购需求、从符合相应资格条件的供应商名单中确定不少于3家的供应商，并向其发出询价通知书让其报价，选项C错误。询价小组要求被询价的供应商一次报出不得更改的价格。选项D错误。

31. ABD。发包人依法对工程及与工程建设有关的货物、服务全部或者部分实行总承包发包的，总承包中施工、货物、服务等各部分的估算价中，只要有一项达到下述相应标准，即施工部分估算价达到400万元以上，或者货物部分达到200万元以上，或者服务部分达到100万元以上，则整个总承包发包应当招标。

32. ABC。依法必须招标项目的资格预审公告、招标公告和投标邀请书，应当载明以下内容：①招标项目名称、内容、范围、规模、资金来源；②投标人资格能力要求，以及是否接受联合体投标；③获取资格预审文件或招标文件的时间、方式；④递交资格预审申请文件或投标文件的截止时间、方式；⑤招标人及其招标代理机构的名称、地址、联系人及联系方式；⑥采用电子招标投标方式的，潜在投标人访问电子招标投标交易平台的网址和方法；⑦其他依法应当载明的内容。

33. BDE。选项 A 错误，由同一专业的单位组成的联合体，按照资质等级较低的单位确定资质等级。选项 C 错误，资格预审后联合体增减、更换成员的，其投标无效。

34. ABE。选项 C 错误，在评标过程中，评标委员会成员有回避事由、擅离职守或者因健康等原因不能继续评标的，应当及时更换。选项 D 错误，在评标过程中，评标委员会发现投标人的报价明显低于其他投标报价或者在设有标底时明显低于标底，使得其投标报价可能低于其个别成本的，应当要求该投标人做出书面说明并提供相关证明材料（不得直接认定低于个别成本）。投标人不能合理说明或者不能提供相关证明材料的，由评标委员会认定该投标人以低于成本报价竞标，应当否决其投标。

35. ABD。项目的全部咨询人员的酬金之和就是应支付的咨询服务费中的酬金部分，每个咨询人员的酬金 = 人月费率 × 人月数。人月费率也称月酬金，由咨询人员的基本工资、社会福利费、海外津贴与艰苦地区津贴，以及咨询单位管理费和利润组成。

36. ABCE。政府采购工程及与工程建设有关的货物、服务，应当执行政府采购政策，包括节约能源、保护环境、扶持不发达地区和少数民族地区、促进中小企业发展等。

37. CE。考生一定要牢记"3"这个数字。

38. AC。属于投标人相互串通投标的情形还有：①投标人之间约定中标人；②属于同一集团、协会、商会等组织成员的投标人按照该组织要求协同投标；③投标人之间为谋取中标或者排斥特定投标人而采取的其他联合行动。选项 B 属于弄虚作假行为；选项 D、E 属于招标人与投标人串通投标的情形。

39. BD。咨询服务范围不太明确或难以准确确定范围的项目，可以按照咨询专家提供服务时发生的费用计费，采用人月费单价法、按日计费法及顾问费法更为适合。

40. BCDE。不得作为资格要求或评审的因素还有从业人员、利润等。

41. AE。对技术复杂或者无法精确拟定技术规格的项目，招标人可以分两阶段进行招标。

42. BDE。招标人自行办理招标的条件还有：①具有项目法人资格（或者法人资格）；②具有与招标项目规模和复杂程度相适应的工程技术、财务和工程管理等方面的专业技术力量；③有从事同类工程建设项目招标的经验。

43. BC。招标方式分为公开招标和邀请招标。

44. CE。投标人同意延长的，不得要求或被允许修改其投标文件的实质性内容，但应当相应延长其投标保证金的有效期；投标人拒绝延长的，其投标失效，但投标人有权收回其投标保证金。

45. ABC。投标保证金可以是现金或银行出具的银行保函、保兑支票、银行汇票或现金支票。投标保证金不得超过项目估算价的 2%，故选项 D 错误。依法必须进行施工招标的项目的境内投标单位，以现金或者支票形式提交的投标保证金应当从其基本账户转出，故选项 E 错误。

六、本章同步练习

（一）单项选择题（每题 1 分。每题的备选项中，只有 1 个最符合题意）

1. 根据相关规定，施工单项合同估算价在（   ）万元人民币以上的项目必须进行招标。

   A. 100   B. 200   C. 400   D. 600

2. 公开招标最显著的特征是（　　）。

A. 发布招标公告
B. 资格预审
C. 标段划分
D. 招标文件的发放

3. 自资格预审文件出售之日起至停止出售之日止，最短不得少于（　　）日。

A. 2
B. 3
C. 4
D. 5

4. 关于招标文件内容的表述，错误的是（　　）。

A. 招标文件应包括拟签订合同的主要条款
B. 招标文件应当规定一个适当的投标有效期
C. 投标文件格式应包括在招标文件中
D. 招标文件中不得规定工程价格的调整方法

5. 可以采用单一来源方式采购的工程咨询服务情形是（　　）。

A. 技术复杂或者性质特殊，不能确定具体要求的
B. 市场竞争不充分的科研项目及需要扶持的科技成果转化项目
C. 必须保证原有采购项目一致性或者服务配套的要求，需要继续从原咨询单位处采购，且采购资金总额不超过原合同采购金额10%的
D. 招标后没有咨询单位投标或者没有合格标的或者重新招标未能成立的

6. 招标人和中标人应当在投标有效期内并在自中标通知书发出之日起（　　）日内，按照招标文件和中标人的投标文件订立书面合同。

A. 7
B. 15
C. 20
D. 30

7. 亚洲开发银行倡导的一种国际工程咨询服务的采购方式是（　　）。

A. 公开招标
B. 邀请招标
C. 竞争性谈判
D. 框架合同

8. 在国际工程咨询服务的采购方法中，可用于小型的咨询任务（通常不超过20万美元），不宜为此准备和评审有竞争的建议书的方法是（　　）。

A. 基于咨询顾问资历的选择
B. 基于质量的选择
C. 单一来源的选择
D. 最低费用的选择

9. 关于电子招标投标的说法，错误的是（　　）。

A. 招标人对资格预审文件、招标文件进行澄清或者修改的，仅需通过电子招标投标交易平台以醒目的方式公告澄清或者修改的内容
B. 投标人未按规定加密的投标文件，电子招标投标交易平台应当拒收并提示
C. 因投标人之外的原因造成投标文件未解密的，视为撤回其投标文件
D. 招标人应当通过电子招标投标交易平台，以数据电文形式与中标人签订合同

10. 关于标底和最高投标限价编制的说法，错误的是（　　）。

A. 一个招标工程只能编制一个标底
B. 招标人也可以规定最低投标限价
C. 招标项目可以不设标底，进行无标底招标
D. 招标人设有最高投标限价的，应当在招标文件中明确最高投标限价或者最高投标限价的计算方法

11. 适合于持续时间较长，又需要依靠咨询专家的知识和经验随时提供咨询服务的项目的国际工程咨询服务费用的计算方法是（　　）。

A. 人月费单价法
B. 成本加酬金法
C. 顾问费法
D. 总价法

（二）多项选择题（每题2分。每题的备选项中，有2个或2个以上符合题意，至少有1个错项。错选，本题不得分；少选，所选的每个选项得0.5分）

1. 公开招标与邀请招标的区别主要体现在（　　）的不同。

　　A. 发布信息方式　　　　　　　　B. 选择投标人渠道
　　C. 竞争范围　　　　　　　　　　D. 公开程度
　　E. 招标主体

2. 有关工程项目施工招标的具体做法中，不符合规定的包括（　　）。

　　A. 招标人应当在资格预审文件中载明对投标人资格要求的条件、标准和方法
　　B. 投标有效期从投标人收到招标文件截止之日起计算
　　C. 招标人应该规定最低投标限价
　　D. 招标人不得单独或者分别组织任何一个潜在投标人进行现场踏勘
　　E. 组织投标预备会的时间一般应在投标截止时间15日以前由招标人组织并主持召开

3. 工程项目施工招标文件的内容包括（　　）等。

　　A. 设计图　　　　　　　　　　　B. 投标人须知
　　C. 合同主要条款　　　　　　　　D. 投标文件格式
　　E. 投标人资格能力要求

4. 关于招标文件发放要求的说法，正确的有（　　）。

　　A. 招标人可以通过信息网络发布招标文件
　　B. 招标人不得通过出售方式发布书面招标文件
　　C. 对于开标后投标人退还设计文件的，招标人应当向投标人退还押金
　　D. 招标文件售出后，不予退还
　　E. 任何情况下招标人在发布招标公告、投标邀请书、售出招标文件后均不得终止招标

5. 关于联合体投标的说法，错误的有（　　）。

　　A. 联合体各方签订共同投标协议后，不得再以自己名义单独投标
　　B. 由同一专业的单位组成的联合体，按照资质等级较高的单位确定资质等级
　　C. 联合体投标的，应当以联合体各方或者联合体中牵头人的名义提交投标保证金
　　D. 资格预审后联合体增减、更换成员的，其投标无效
　　E. 联合体中标的，联合体各方应派资质等级较高的一方与招标人签订合同，就中标项目向招标人承担连带责任

6. 投标文件有（　　）的情形，招标人应当拒收。

　　A. 逾期送达　　　　　　　　　　B. 提交投标文件截止时间前1小时送达
　　C. 未按招标文件要求密封　　　　D. 邮寄送达
　　E. 由未通过资格预审的申请人提交

7. 工程项目货物招标投标活动除应遵循公开、公平、公正和诚实信用的原则外，还应遵守（　　）原则。

　　A. 进度保证　　　　　　　　　　B. 经济
　　C. 质量保证　　　　　　　　　　D. 国际化
　　E. 安全保证

8. 对于咨询服务范围不太明确或难以准确确定范围的项目，可以按照咨询专家提供服务时发生的费用计费，采用（　　）进行计算。

　　A. 按日计费法　　　　　　　　　B. 总价法
　　C. 成本加酬金法　　　　　　　　D. 工程造价百分比法
　　E. 顾问费法

9. 关于电子招标投标活动的说法，正确的说法有（　　）。

A. 电子招标投标交易平台应当允许社会公众、市场主体免费注册登录和获取依法公开的招标投标信息

B. 电子招标投标交易平台必须由招标人运营

C. 依法必须进行公开招标项目的相关公告应当在电子招标投标交易平台和国家指定的招标公告媒介同步发布

D. 投标人未按规定加密的投标文件，电子招标投标交易平台应当拒收并提示

E. 招标人应当通过电子招标投标交易平台，以数据电文形式与中标人签订合同

10. 下列情形中，属于招标人与投标人串通投标的有（　　）。

A. 招标人暗示投标人为特定投标人中标提供方便

B. 招标人授意投标人修改投标文件

C. 不同投标人的投标文件载明的项目管理成员为同一人

D. 招标人暗示投标人压低或者抬高投标报价

E. 投标人之间约定中标人

七、本章同步练习答案

（一）单项选择题

1. C	2. A	3. D	4. D	5. C
6. D	7. D	8. A	9. A	10. B
11. C				

（二）多项选择题

1. ABCD	2. ABC	3. ABCD	4. ACD	5. BE
6. ACE	7. ABCE	8. AE	9. ACDE	10. ABD

第四章
工程项目合同管理

一、本章核心考点分布

```
                        ┌─ 工程项目合同管理的基本原则
                        ├─ 建设工程施工合同文件的组成及解释顺序（2017年、2022年）
                        ├─ 合同涉及的有关各方
                        ├─ 工程项目施工合同双方的义务（2022年）
  工程项目              ├─ 工程项目施工的安全责任（2019年、2021年、2022年）
  合同管理 ────────────├─《标准施工招标文件》中承包人的索赔事件及可补偿内容（2022年、2023年）
                        ├─ 不可抗力发生后的责任承担原则（2021年、2022年）
                        ├─ 设备采购合同的主要内容（2019年、2021年、2022年、2023年）
                        └─ FIDIC施工合同条件的核心内容（2022年、2023年）
```

二、专家剖析考点

1. 工程项目合同管理的六项基本原则可以出多选题或单选题，要理解着学习。

2. 工程项目合同的特点和工程项目合同体系做一般了解。

3. 构成工程施工合同的文件及解释顺序是重要考点，一定要注意优先解释的顺序。

4. 施工合同的主要条款需要逐条掌握。

5. 发包人与承包人在施工合同中所承担的义务是一定要掌握的，并注意区分，尤其是质量管理、安全文明施工与环境保护部分。

6. 承包人可向发包人索赔的条款是很好的命题点，一定要明确在什么情况下可以索赔工期、费用、费用＋工期、费用＋工期＋利润。

7. 设备、材料采购合同的主要内容应该会有考题出现，根据历年考题的规律去学习。

8. 货物采购合同中的监造与设备采购合同卖方的保证是命题人青睐的采分点。

9. 勘察合同双方当事人的义务、合同范围、勘察服务的期限、合同价格、合同变更与勘察责任是需要掌握的。

10. 设计合同的主要内容做一般了解。

11. 监理合同也做一般了解。

12. FIDIC 合同条件的特点、适用范围、合同条件结构、主要差异、核心内容也是很重要的采分点。

三、本章核心考点必刷题

考点1 工程项目合同管理的基本原则

例： 工程项目合同管理的基本原则包括（ABCDEF）的原则。

A. 符合法律法规　　　B. 平等自愿　　　C. 公平　　　D. 诚实信用

E. 等价有偿　　　　　F. 不得损害社会公共利益和扰乱社会经济秩序

题号	拓展同类必刷题	答案
1	订立合同的当事人为了预期的经济利益目的有保障应该遵守合同管理的（　）原则。	A
2	合同任何一方不得提出不平等条款也不得强迫对方同自己签订合同，这是合同管理的（　）原则的要求。	B
3	签约各方的合同权利、义务不能失去公平，要合理分担责任，这体现了合同管理的（　）原则。	C
4	在拟定合同条款时，要充分考虑对方的合法权益和实际困难，以善意的方式设定合同权利和义务，这是合同管理的（　）原则的要求。	D

🔊 **考点点评**

> 这部分内容比较好理解，隔几年会考核一次。

考点2 建设工程施工合同文件的组成及解释顺序

例： 建设工程施工合同的文件包括（ABCDEFGHI）。

A. 合同协议书　　　　　B. 中标通知书　　　　　C. 投标函及其附录

D. 专用合同条款　　　　E. 通用合同条款　　　　F. 技术标准和要求

G. 图样　　　　　　　　H. 已标价工程量清单　　I. 其他合同文件

🔊 **考点点评**

> 1. 列举几个合同文件的优先解释顺序：
>
> (1) A—B—C—D—E—F—G—H
>
> (2) A—B—D—E—F—H
>
> (3) A—C—D—E—F—G
>
> (4) B—D—E—G—H
>
> (5) C—D—E—F—H
>
> (6) A—B—D—E
>
> (7) A—D—E—G
>
> 2. 一定要掌握组成建设工程施工合同文件的优先解释顺序。在考试时一般会选择4~6个文件来考核。总结一下：越晚形成的合同文件越具有优先解释权。

考点3 合同涉及的有关各方

例： 建设工程施工合同当事人主要包括（AB）。

A. 发包人　　　　　　　B. 承包人　　　　　　　C. 监理人
D. 分包人　　　　　　　E. 发包人代表　　　　　F. 项目经理
G. 总监理工程师

题号	拓展同类必刷题	答案
1	与承包人签订合同协议书的当事人是（　　）。	A
2	监理人是指受（　　）委托对合同履行实施管理的法人或其他组织。	A
3	总监理工程师是由（　　）委派常驻施工场地。	C

考点4　工程项目施工合同双方的义务

例： 依据《标准施工招标文件》，工程施工合同中，发包人的义务主要有（ABCDEFGH）。

A. 遵守法律，并保证承包人免于承担因发包人违反法律而引起的任何责任
B. 发出开工通知
C. 提供施工场地
D. 提供施工现场有关资料
E. 协助承包人办理法律规定的有关施工证件和批件
F. 及时支付合同价款
G. 及时组织竣工验收
H. 组织进行设计交底
I. 依法纳税
J. 实施、完成全部工程，并修补工程中的任何缺陷
K. 编制施工组织设计和施工措施计划
L. 采取施工安全措施
M. 确保工程及其人员、材料、设备和设施的安全
N. 负责施工场地及其周边环境与生态的保护工作
O. 按监理人的指示为他人在施工场地或附近实施与工程有关的其他各项工作提供可能的条件
P. 工程接收证书颁发前负责照管和维护工程

题号	拓展同类必刷题	答案
1	依据《标准施工招标文件》，工程施工合同中，承包人的一般义务主要有（　　）。	IJKLMNOP

◀)) 考点点评

工程施工合同中，一方的权利通常情形下可以结合对方的义务进行记忆，权利和义务是相对应的关系，也可以结合实际工作经验进行基础的判断。

考点5　工程项目施工的安全责任

例： 根据国家《标准施工招标文件》通用合同条款，承包人的施工安全责任包括（ABCDEF）。

A. 编制施工安全措施计划报送监理人审批
B. 应加强施工作业安全管理
C. 按监理人的指示制订应对灾害的应急预案，报送监理人审批

D. 由于承包人原因在施工场地内及其毗邻地带造成的第三者人员伤亡和财产损失的赔偿

E. 应严格按照规定配备必要的安全生产和劳动保护设施

F. 应对其履行合同所雇佣的全部人员，包括分包人人员的工伤事故承担责任，但由于发包人原因造成承包人人员工伤事故的除外

G. 负责赔偿由于发包人原因在施工场地及其毗邻地带造成的第三者人身伤亡和财产损失

H. 授权监理人按合同约定的安全工作内容监督、检查承包人安全工作的实施，组织承包人和有关单位进行安全检查

I. 负责赔偿工程或工程的任何部分对土地的占用所造成的第三者财产损失

J. 应对其现场机构雇佣的全部人员的工伤事故承担责任，但由于承包人原因造成发包人人员工伤的除外

题号	拓 展 同 类 必 刷 题	答案
1	发包人的施工安全责任包括（　　　）。	GHIJ

考点6 《标准施工招标文件》中承包人的索赔事件及可补偿内容

例：根据《标准施工招标文件》通用合同条款，承包人最有可能同时获得工期、费用和利润补偿的事件有（ABCDEFGHIJKLM）。

A. 延迟提供图纸

B. 延迟提供施工场地

C. 发包人提供的材料、工程设备不合格或延迟提供或变更交货地点

D. 承包人依据发包人提供的错误资料导致测量放线错误

E. 因发包人原因造成工期延误

F. 发包人暂停施工造成工期延误

G. 工程暂停后因发包人原因无法按时复工

H. 因发包人原因导致承包人工程返工

I. 监理人对已经覆盖的隐蔽工程要求重新检查且检查结果合格

J. 因发包人提供的材料、工程设备造成工程不合格

K. 承包人应监理人要求对材料、工程设备和工程重新检验且检验结果合格

L. 发包人在工程竣工前提前占用工程

M. 因发包人违约导致承包人暂停施工

N. 施工中发现文物、古迹

O. 施工中遇到不利物质条件

P. 因发包人的原因导致工程试运行失败

Q. 工程移交后因发包人原因出现新的缺陷或损坏的修复

R. 提前向承包人提供材料、工程设备

S. 因发包人原因造成承包人人员工伤事故

T. 承包人提前竣工

U. 基准日后法规的变化

V. 工程移交后因发包人原因出现的缺陷修复后的试验和试运行

W. 因不可抗力停工期间应监理人要求照管、清理、修复工程

X. 异常恶劣的气候条件导致工期延误

Y. 因不可抗力造成工期延误

题号	拓展同类必刷题	答案
1	根据《标准施工招标文件》通用合同条款，下列引起承包人索赔的事件中，只能获得工期补偿的事件有（　　）。	XY
2	根据《标准施工招标文件》通用合同条件，承包人通常只能获得费用补偿，但不能得到利润补偿和工期顺延的事件有（　　）。	RSTUVW
3	根据《标准施工招标文件》通用合同条款，承包人可能同时获得工期和费用补偿，但不能获得利润补偿的索赔事件有（　　）。	NO
4	根据我国《标准施工招标文件》，下列情形中，承包人可以得到费用和利润补偿，但不能得到工期补偿的事件有（　　）。	PQ
5	下列事件的发生，已经或将造成工期延误，则按照《标准施工招标文件》中相关合同条件，可以获得工期补偿的事件有（　　）。	ABCDEFGHIJK LMNOXY
6	根据《标准施工招标文件》中的合同条款，下列引起承包人索赔的事件中，可以获得费用补偿的事件有（　　）。	ABCDEFGHIJKLM NOPQRSTUVW
7	根据《标准施工招标文件》，下列索赔事件引起的费用索赔中，可以获得利润补偿的事件有（　　）。	ABCDEFGHIJK LMPQ

🔊 **考点点评**

1. 在考题中，只可索赔工期、只可索赔费用、只可索赔工期和费用、只可索赔费用和利润、可索赔工期、费用和利润的索赔事件会互相作为干扰选项。

2. 关于合理补偿承包人索赔内容，还有如下题型：

根据《标准施工招标文件》中的合同条款，关于合理补偿承包人索赔的说法，正确的有（ABCDEF）。

A. 承包人遇到不利物质条件可进行工期和费用索赔

B. 发生不可抗力只能进行工期索赔

C. 异常恶劣天气导致工期延误只能进行工期索赔

D. 发包人原因引起的暂停施工可以进行工期、费用和利润索赔

E. 发包人提供资料错误可以进行工期、费用和利润索赔

F. 施工中发现文物、古迹只能进行工期和费用索赔

考点 7　不可抗力发生后的责任承担原则

例：施工合同履行中不可抗力导致的人员伤亡、财产损失、费用增加和（或）工期延误等后果的承担原则有（ABCDEFGH）。

A. 永久工程，包括已运至施工场地的材料和工程设备的损害

B. 永久工程，因工程损害造成的第三者人员伤亡和财产损失由发包人承担

C. 承包人设备的损坏由承包人承担

D. 发包人和承包人各自承担其人员伤亡和其他财产损失及其相关费用

E. 承包人的停工损失由承包人承担

F. 承包人停工期间应监理人要求照管工程和清理、修复工程的金额由发包人承担

G. 不能按期竣工的，应合理延长工期，承包人不需支付逾期竣工违约金

H. 发包人要求赶工的，承包人应采取赶工措施，赶工费用由发包人承担

1. 上述不可抗力后果的承担原则易以反向描述作为干扰项来考核。

2. 关于施工合同履行中不可抗力的要点，还要掌握不可抗力的确认以及报告时限的要点：

(1) 不可抗力发生后，发包人和承包人应及时认真统计所造成的损失，收集不可抗力造成损失的证据。合同双方对是否属于不可抗力或其损失的意见不一致的，由监理人商定或确定。

(2) 如不可抗力持续发生，合同一方当事人应及时向合同另一方当事人和监理人提交中间报告，说明不可抗力和履行合同受阻的情况，并于不可抗力事件结束后 28d 内提交最终报告及有关资料。

考点8　设备采购合同的主要内容

例：根据《标准设备采购招标文件》，关于卖方保证的说法，正确的有（ABCDEFG）。

A. 合同设备符合合同约定的规格、标准、技术性能考核指标等，能够安全和稳定地运行

B. 合同设备（包括全部部件）全新、完整、未使用过

C. 合同范围内提供的备品备件能够满足合同设备在质量保证期结束前正常运行及维修的需要

D. 在质量保证期结束前因卖方原因出现备品备件短缺影响合同设备正常运行的，卖方应免费提供

E. 如果在合同设备设计使用寿命期内发生合同项下备品备件停止生产的情况，卖方应事先将拟停止生产的计划通知买方，使买方有足够的时间考虑备品备件的需求量

F. 如果在合同设备设计使用寿命期内发生合同项下备品备件停止生产的情况，卖方应采取的措施包括以不高于同期市场价格或其向任何第三方销售同类产品的价格提供合同设备正常运行所需的全部备品备件

G. 如果在合同设备设计使用寿命期内发生合同项下备品备件停止生产的情况，卖方应采取的措施包括免费提供可供买方或第三方制造停产备品备件所需的全部技术资料，以便买方持续获得上述备品备件以满足合同设备在寿命期内正常运行的需要

关于设备采购合同的主要内容，还要熟练掌握的要点包括：合同价款的支付、监造、交货条款与违约责任等。

考点9　FIDIC 施工合同条件的核心内容

例：关于 FIDIC 施工合同条件核心内容的说法，正确的有（ABCDE）。

A. 承包商应在开工后 28d 内向工程师提交质量管理体系文件

B. 承包商应在竣工试验开始前不少于 42d 向工程师提交详细的竣工试验计划

C. 遇到异常不利的气候条件，承包商有权获得工期延长

D. 单价合同的合同价格以工程量清单中的单价和实际结算工程量为基础计算

E. 任何工作的质量或其他特性的改变都能构成变更的情形

这部分内容比较零散，考生要将参考教材中的内容理解掌握。

四、本章真题实训

1. 【2023 年真题】工程项目合同的特点之一是（   ）。
   A. 合同类型单一
   B. 合同内容简单
   C. 合同标的不局限于工程项目
   D. 合同主体只能是法人

2. 【2023 年真题】根据《标准施工招标文件》通用合同条款，发包人应在（   ）后 28 天内向承包人退还履约担保。
   A. 签发工程接收证书
   B. 合同价格最终结清
   C. 签发缺陷责任期终止证书
   D. 保修期终止

3. 【2023 年真题】根据《标准施工招标文件》通用合同条款，关于工期延误责任的说法，正确的是（   ）。
   A. 因发包人原因导致的暂停施工引起工期延误，承包人有权要求发包人延长工期和（或）增加费用，但无权要求发包人支付利润
   B. 由于出现合同约定的异常恶劣气候条件导致工期延误，承包人有权要求发包人延长工期和（或）增加费用，并支付合理利润
   C. 由于承包人原因未能按合同进度计划完成工作，承包人应采取措施加快进度，并承担加快进度所增加的费用
   D. 由于承包人原因造成工期延误，承包人应按合同约定支付逾期竣工违约金；承包人支付逾期竣工违约金后，免除承包人完成工程及修补缺陷的义务

4. 【2023 年真题】根据《标准施工招标文件》通用合同条款，工期自（   ）起计算。
   A. 合同协议书中约定的计划开工日期
   B. 监理人发出开工通知之日
   C. 监理人发出的开工通知中载明的开工日期
   D. 承包人主要人员和设备实际进场之日

5. 【2023 年真题】某工程项目发包人未能按合同约定支付合同价款，在承包人向发包人发出要求纠正违约行为的通知后 28 天内，发包人仍不履行合同义务，则根据国家《标准施工招标文件》通用合同条款，下列做法中，错误的是（   ）。
   A. 承包人向发包人发出解除合同通知
   B. 承包人暂停施工，并通知监理人
   C. 承包人要求发包人承担由此增加的费用和（或）工期延误
   D. 承包人要求发包人支付合理利润

6. 【2023 年真题】根据《标准施工招标文件》通用合同条款，经验收合格工程的实际竣工日期，以（   ）的日期为准。
   A. 承包人提交竣工验收申请报告
   B. 监理人审查通过竣工验收申请报告
   C. 发包人组织进行工程验收
   D. 监理人出具工程接收证书

7. 【2023 年真题】根据《标准设备采购招标文件》通用合同条款，卖方应根据合同约定的交付时间和批次在（   ）将合同设备交付给买方。
   A. 发货地点车面上
   B. 发货地点装货前
   C. 施工场地车面上
   D. 施工场地卸货后

8. 【2023 年真题】某工程项目因发包人原因造成合同签订之日起 90 天内未能发出开始勘察通知，则根据国家《标准勘察招标文件》通用合同条款，下列做法中，错误的是（   ）。
   A. 勘察人提出价格调整要求

B. 勘察人提出解除合同

C. 发包人要求解除合同

D. 发包人承担由此增加的费用和（或）周期延误

9.【2023 年真题】某基础设施项目由承包商承担少部分设计工作和全部施工任务，项目实施过程中有工程师参与，采用单价合同。下列 FIDIC 合同条件中，适用于该项目的是（ ）。

A. 《施工合同条件》

B. 《生产设备和设计——施工合同条件》

C. 《设计采购施工（EPC）/交钥匙工程合同条件》

D. 《设计—建造—运营合同条件》

10.【2022 年真题】工程项目相关有权选择订立合同的对象、约定条款内容，任何单位或个人不得非法干预。这体现了工程项目合同订立的（ ）原则。

A. 合法合规   B. 平等自愿

C. 公平公正   D. 诚实信用

11.【2022 年真题】根据国家《标准施工招标文件》通用合同条款，合同当事人的下列义务中，属于发包人义务的是（ ）。

A. 提供施工场地内地下管线和地下设施等有关资料

B. 编制施工组织设计和施工措施计划

C. 负责施工场地及其周边环境与生态的保护工作

D. 避免对邻近的公共设施产生干扰

12.【2022 年真题】根据国家《标准施工招标文件》通用合同条款，关于人员和财产安全责任的说法，正确的是（ ）。

A. 工程或工程的任何部分对土地的占用所造成的第三者财产损失，由承包人负责赔偿

B. 由于承包人原因在施工场地内及其毗邻地带造成的第三者人身伤亡和财产损失，由发包人负责赔偿

C. 由于发包人原因在施工场地及其毗邻地带造成的第三者人身伤亡和财产损失，由发包人和承包人共同负责赔偿

D. 承包人应对其履行合同所雇佣的全部人员，包括分包人人员的工伤事故承担责任，但由于发包人原因造成的承包人人员工伤事故除外

13.【2022 年真题】根据国家《标准施工招标文件》通用合同条款，关于索赔的说法，正确的是（ ）。

A. 索赔是指承包人向发包人提出的索赔

B. 索赔事件未给索赔方造成实际损失的，索赔方无权获得相关补偿

C. 索赔事件的发生，均由违约行为造成

D. 索赔的损失结果与被索赔方的行为一定存在因果关系

14.【2022 年真题】根据国家《标准施工招标文件》通用合同条款，承包人可通知发包人立即解除合同的情形是（ ）。

A. 发包人未能按合同约定支付预付款或其他合同价款的

B. 由于发包人原因造成停工的

C. 发包人无法继续履行合同的

D. 监理人无正当理由未在约定期限内发出复工指示，导致承包人无法复工的

15.【2022 年真题】根据国家《标准设备采购招标文件》通用合同条款，合同设备的所有权自（ ）时起由卖方转移至买方。

A. 合同设备从卖方处发出   B. 合同设备交付给承运机构

C. 合同设备交付给买方　　　　　　　D. 合同设备价款结清

16. 【2022 年真题】根据国家《标准设备采购招标文件》通用合同条款，由于买方原因在最后一批合同设备交货后 6 个月内未能开始考核，买卖双方应在上述期限届满后 7 日内签署（　　）。
   A. 验收款支付函　　　　　　　　　　B. 结清款支付函
   C. 合同设备验收证书　　　　　　　　D. 质量保证期届满证书

17. 【2022 年真题】根据国家《标准勘察招标文件》通用合同条款，勘察项目实行勘察单位（　　）终身任制。
   A. 法定代表人　　　　　　　　　　　B. 技术负责人
   C. 安全负责人　　　　　　　　　　　D. 项目负责人

18. 【2022 年真题】与 1999 版 FIDIC 合同条件相比，关于 2017 版 FIDIC 合同条件特点的说法，正确的是（　　）。
   A. 合同条件的篇幅虽大幅缩减，但融入了更多项目管理思维
   B. 通用条件将索赔与争端区分开，并增加了争端预警机制
   C. 加强和拓展了工程师的作用，不再强调工程师的中立性而将其视为业主人员
   D. 业主与承包商之间的风险分配有较大调整

19. 【2022 年真题】根据 2017 版 FIDIC《施工合同条件》通用条件，关于质量管理体系的说法，错误的是（　　）。
   A. 承包商应在开工后 28d 内向工程师提交质量管理体系文件，工程师应在收到质量管理体系文件 21d 内做出回应，发出不反对通知或通知承包商修改
   B. 工程师可随时向承包商发出通知，说明承包商未能按照合同约定，在承包商的活动中正确实施质量管理体系的程度
   C. 承包商应至少每 6 个月进行一次质量管理体系内部审计，并在审计结束后 7d 内将审计报告提交给工程师
   D. 如果承包商进行了关于质量保证的外部审计，承包商无须通知工程师说明外部审计中发现的问题

20. 【2021 年真题】根据《标准施工招标文件》通用合同条款，关于不可抗力的说法，错误的是（　　）。
   A. 不可抗力是指承包人和发包人在订立合同时不可预见，在工程施工过程中不可避免发生并且不能克服的自然灾害和社会性突发事件
   B. 不可抗力发生后，发包人和承包人应及时认真统计所造成的损失，收集不可抗力造成损失的证据
   C. 合同双方对是否属于不可抗力或其损失的意见不一致的，由监理人商定或确定
   D. 合同一方当事人遇到不可抗力事件后未及时通知合同另一方当事人和监理人的，将丧失要求对方承担相应责任的权利

21. 【2021 年真题】根据《标准设备采购招标文件》，关于合同设备和备品备件卖方保证的说法错误是（　　）。
   A. 合同设备符合合同约定的规格、标准、技术性能考核指标，能够安全和稳定运行
   B. 合同设备为全新、完整、未使用过
   C. 合同范围内提供的备品备件，满足在质保期结束前正常运行及维修的需要
   D. 在合同设备设计寿命结束前，因卖方原因出现备品备件短缺而影响设备正常运行的，卖方免费提供

22. 【2019 年真题】工程项目一般由多项合同组成一个合同群，其中，属于委托合同的是（　　）。

A. 施工合同   B. 监理合同

C. 勘察设计合同   D. 招标代理合同

23.【2019 年真题】发包人和监理人均可以提出变更。变更指示（　　）发出。

A. 只能由发包人   B. 只能由监理人

C. 由发包人或监理人   D. 由发包人和监理人共同

24.【2019 年真题】发包人可以在合同中约定预留质量保证金，保证金总预留比例不得高于工程价款结算总额的（　　）。

A. 1%   B. 2%   C. 3%   D. 4%

25.【2019 年真题】材料采购合同的交货条款包括，卖方应根据合同约定的交付时间和批次在（　　）卸货后将合同材料交付给买方。

A. 施工场地   B. 施工场地车面上

C. 卖方场区   D. 卖方场区车面上

26.【2019 年真题】勘察责任为（　　）终身责任制。

A. 勘察单位负责人   B. 勘察单位技术负责人

C. 勘察单位勘察工程师   D. 勘察单位项目负责人

27.【2023 年真题】根据国务院办公厅《关于清理规范工程建设领域保证金的通知》，下列保证金中，发包人可要求建筑业企业在工程建设中缴纳的有（　　）。

A. 进度保证金   B. 信誉保证金

C. 创优保证金   D. 工程质量保证金

E. 农民工工资保证金

28.【2023 年真题】根据《标准施工招标文件》通用合同条款，关于工程隐蔽部位质量管理的说法，正确的有（　　）。

A. 经承包人自检确认的工程隐蔽部位具备覆盖条件后，承包人应通知监理人在约定的期限内检查

B. 经监理人检查确认质量符合隐蔽要求，并在检查记录上签字后，承包人才能对工程隐蔽部位进行覆盖

C. 承包人覆盖工程隐蔽部位后，监理人对质量有疑问的，可要求承包人对已覆盖的部位进行钻孔探测或揭开重新检验

D. 监理人要求承包人对已覆盖的部位进行钻孔探测或揭开重新检验后，证明工程质量符合合同要求的，由发包人承担由此增加的费用和（或）工期延误，并支付承包人合理利润

E. 承包人未通知监理人到场检查，私自将工程隐蔽部位覆盖，监理人有权指示承包人钻孔探测或揭开检查，检查确认质量符合合同要求的，由此增加的费用和（或）工期延误由发包人承担

29.【2023 年真题】根据《标准施工招标文件》通用合同条款，关于合同变更的说法，正确的有（　　）。

A. 发包人和监理人均可以发出变更指示

B. 监理人向承包人发出变更指示后，应向发包人进行备案

C. 监理人向承包人发出变更意向书后，承包人应无条件实施此项变更

D. 承包人提出书面变更建议后，经监理人与发包人共同研究确认存在变更的，做出变更指示

E. 未经许可，承包人不得擅自对工程的任何部分进行变更

30.【2023 年真题】根据《标准施工招标文件》通用合同条款，下列情形中，承包人仅能向

发包人主张费用索赔权利的有（　　）。

A. 承包人遇到不利物质条件

B. 因发包人原因造成工程质量达不到合同约定验收标准

C. 因发包人提供的基准资料错误，导致承包人测量放线工作的返工

D. 由发包人提供的材料和工程设备，要求向承包人提前交货

E. 承包人按监理人的指示为他人在施工场地或附近实施与工程有关的其他各项工作提供可能的条件

31.【2023 年真题】根据《标准设备采购招标文件》通用合同条款，关于设备监造的说法，正确的有（　　）。

A. 在合同设备的制造过程中，买方可派出监造人员，对合同设备的生产制造进行监造

B. 卖方应免费为买方监造人员提供工作条件及便利，包括但不限于必要的办公场所等

C. 买方监造人员的交通、食宿费用由卖方承担，并计入合同价格中

D. 买方监造人员在监造中如发现合同设备不符合合同约定的标准，有权提出意见和建议

E. 买方监造人员对合同设备的监造，视为对合同设备质量的确认

32.【2023 年真题】在《生产设备和设计——施工合同条件》中，由承包商承担的风险有（　　）。

A. 设计风险　　　　　　　　　　　　　　B. 不可预见的物质条件风险

C. 工程量变化的风险　　　　　　　　　　D. 例外事件的风险

E. "符合预期目的（FFP）"的风险

33.【2022 年真题】根据国家《标准施工招标文件》通用合同条款，关于合同文件优先解释顺序的说法，正确的有（　　）。

A. 合同协议书优先于所有其他合同文件

B. 图纸优先于技术标准和要求

C. 专用合同条款优先于通用合同条款

D. 图纸优先于已标价工程量清单

E. 投标函优先于专用合同条款

34.【2022 年真题】根据国家《标准施工招标文件》通用合同条款，下列情形中，承包人有权向发包人提出利润索赔的有（　　）。

A. 承包人遇到不利物质条件

B. 因发包人原因造成工程质量达不到合同约定验收标准

C. 发包人提供基准资料错误导致承包人测量放线工作的返工或造成工程损失

D. 监理人对覆盖工程重新检查，经检验证明工程质量符合合同要求的

E. 由发包人提供的材料和工程设备，要求向承包人提前交货的

35.【2022 年真题】根据国家《标准施工招标文件》通用合同条款，关于缺陷责任和保修责任的说法，正确的有（　　）。

A. 在工程移交发包人后，因承包人原因产生的质量缺陷，承包人应承担质量缺陷责任和保修义务

B. 合同约定的缺陷责任期一般为 2 年，最长不超过 3 年

C. 缺陷责任期终止后 14d 内，由监理人向承包人出具经发包人签认的缺陷责任期终止证书

D. 缺陷责任期届满，承包人仍应按合同约定的工程各部位保修年限承担保修义务

E. 发包人和承包人应在合同中约定工程质量保修范围、期限和责任，保修期自缺陷责任期届满之日起计算

36.【2022 年真题】根据国家《标准施工招标文件》通用合同条款，关于不可抗力后果承担

原则的说法，正确的有（　　　）。

A. 因工程损害造成的第三者人员伤亡和财产损失由发包人承担

B. 承包人设备的损坏由发包人承担

C. 发包人和承包人各自承担其人员伤亡和其他财产损失及其相关费用

D. 承包人的停工损失由发包人承担

E. 发包人要求赶工的，承包人应采取赶工措施，赶工费用由发包人承担

37.【2022 年真题】根据国家《标准设备采购招标文件》通用合同条款，关于设备开箱检验的说法，正确的有（　　　）。

A. 开箱检验应在合同设备交付时或交付后的一定期限内进行

B. 开箱检验由买方和卖方双方共同进行

C. 开箱检验侧重于合同设备数量及外观检验

D. 在开箱检验中，买方应负责出具并签署检验报告

E. 合同约定由第三方检测机构进行开箱检验的，买方或卖方可不接受第三方检测机构的检验结果

38.【2022 年真题】根据 2017 版 FIDIC《施工合同条件》通用条件，关于延长合同工期的说法，正确的有（　　　）。

A. 由于政府引起的不可预见的人员和货物短缺导致项目无法按期完工或将要出现工期延误时，承包商有权获得工期延长

B. 由于异常不利的气候条件导致项目无法按期完工的，承包商无权获得工期延长

C. 如果实测工程量的增加超过 10% 且增加部分对竣工时间造成了影响，则承包商有权获得相应的工期延长

D. 如果承包商实测工程量与原工程量相比降低超过 10% 则工程师应相应缩短工期

E. 当工程师根据合同约定决定是否给予承包商工期延长时，应审核之前的决定，可以增加但不应减少已经给予承包商的工期延长总时间

39.【2021 年真题】根据国家《标准施工招标文件》通用合同条款，关于承包人施工安全责任说法正确的有（　　　）。

A. 承包人应在合同约定的期限内，与监督人共同编制安全措施

B. 承包人应按监理人的指示制定应对灾害的应急预案，并做好预检

C. 承包人因采取合同未约定的安全作业环境及安全施工措施而增加的费用视为已包括在合同价款中

D. 工程或工程的任何部分对土地的占用造成第三人财产损失的，由承包人负责赔偿

E. 由于承包人原因在施工场地内及其毗邻地带造成的第三者人员和财产损失，由承包人赔偿

40.【2021 年真题】下列项目中，不适合采用 FIDIC《设计采购施工（EPC）/交钥匙工程合同条件》（2017 版）的有（　　　）。

A. 投标人没有足够时间或资料以仔细研究和核查业务要求，或进行他们的设计、风险评估和估算

B. 工程涉及相当数量的地下工程，且在特殊条款中未对不可预见的条件予以说明

C. 大型基础设施项目、厂房以及工业综合体项目

D. 业主要严密监督或控制承包商的工作，或要审核大部分施工图

E. 业主希望对项目价格或工期有更高的确定性

41.【2019 年真题】下列关于工程合同的说法，正确的有（　　　）。

A. 合同工期是协议书中最为重要的内容之一

B. 建筑工程合同有书面形式、口头形式和其他形式

C. 质量标准是合同协议书中的核心内容

D. 发包人和承包人可以在协议书中约定合同生效的条件

E. 发包人和承包人如不约定合同生效条件，则合同备案时间就是合同生效时间

42. 【2019 年真题】下列属于发包人的施工安全责任的有（　　）。

A. 严格按照国家安全标准制定施工安全操作规程

B. 对其现场机构雇佣的全部人员的工伤事故承担责任，由于承包人原因造成发包人人员工伤的，由承包人承担责任

C. 赔偿工程或工程的任何部分对土地的占用所造成的第三者财产损失

D. 制订应对灾害的紧急预案

E. 加强施工作业安全管理

43. 【2019 年真题】合同约定买方对合同设备进行监造的，下列关于双方履行的说法中，错误的有（　　）。

A. 买方监造人员一般不宜到合同设备的生产制造现场进行监造，避免影响生产

B. 买方监造人员的交通、食宿费用由卖方承担

C. 卖方应将买方监造纳入生产制造合同设备的进度计划

D. 卖方应提前 15 日将需要买方监造人员现场监造事项通知买方

E. 买方监造人员对合同设备的监造，视为对合同设备质量的确认

五、本章真题实训答案及解析

1. D。工程项目合同的特点包括：①工程项目合同是一个合同群体；②合同标的仅限于工程项目涉及的内容；③合同内容庞杂；④工程项目合同主体只能是法人；⑤工程项目合同的订立和履行具有特殊性。

2. A。发包人需要承包人提供履约担保的，由合同当事人在专用合同条款中约定履约担保的方式、金额及期限等。承包人应保证其履约担保在发包人签发工程接收证书前一直有效。发包人应在工程接收证书签发后 28 天内把履约担保退还给承包人。

3. C。因发包人原因导致的暂停施工引起工期延误，承包人有权要求发包人延长工期和（或）增加费用，并支付合理利润。选项 A 错误。由于出现专用合同条款规定的异常恶劣气候条件导致工期延误的，承包人有权要求发包人延长工期。选项 B 错误。由于承包人原因造成工期延误，承包人应支付逾期竣工违约金。逾期竣工违约金的计算方法在专用合同条款中约定。承包人支付逾期竣工违约金，不免除承包人完成工程及修补缺陷的义务。选项 D 错误。

4. C。根据《标准施工招标文件》，监理人应在开工日期 7 天前向承包人发出开工通知。监理人在发出开工通知前应获得发包人同意。工期自监理人发出的开工通知中载明的开工日期起计算。承包人应在开工日期后尽快施工。

5. A。根据《标准施工招标文件》，在履行合同过程中发生的下列情形，属发包人违约：①发包人未能按合同约定支付预付款或合同价款，或拖延、拒绝批准付款申请和支付凭证，导致付款延误的；②发包人原因造成停工的；③监理人无正当理由没有在约定期限内发出复工指示，导致承包人无法复工的；④发包人无法继续履行或明确表示不履行或实质上已停止履行合同的；⑤发包人不履行合同约定的其他义务的。发包人发生除上述④以外的违约情况时，承包人可向发包人发出通知，要求发包人采取有效措施纠正违约行为。发包人收到承包人通知后的 28 天内仍不履行合同义务，承包人有权暂停施工，并通知监理人，发包人应承担由此增加的费用和（或）工期延误，并支付承包人合理利润。

6. A。根据《标准施工招标文件》，除专用合同条款另有约定外，经验收合格工程的实际竣工日期，以提交竣工验收申请报告的日期为准，并在工程接收证书中写明。

7. C。根据《标准设备采购招标文件》，除专用合同条款另有约定外，卖方应根据合同约定的交付时间和批次在施工场地车面上将合同设备交付给买方。买方对卖方交付的包装的合同设备的外观及件数进行清点核验后应签发收货清单，并自负风险和费用进行卸货。买方签发收货清单不代表对合同设备的接受，双方还应按合同约定进行后续的检验和验收。

8. C。根据《标准勘察招标文件》，除专用合同条款另有约定外，因发包人原因造成合同签订之日起90天内未能发出开始勘察通知的，勘察人有权提出价格调整要求，或者解除合同。发包人应当承担由此增加的费用和（或）周期延误。

9. A。2017版红皮书主要适用于承包商按照业主提供的设计进行施工的项目（该项目也可由承包商承担某些土木、机械、电气和（或）构筑物的设计，但承包商负责的设计工作一定不会太多），实践中设计和施工两个阶段分离的DBB承包模式经常采用该合同条件。2017版黄皮书适用于DB承包模式，在该模式下，承包商根据业主要求，负责项目大部分的设计和施工工作，且承包商可能负责（或协助业主）设计并提供生产设备和（或）其他部分工程，还可以包括土木、机械、电气和（或）构筑物的任何组合。

10. B。平等是指合同当事人享有平等的权利和义务；自愿是指合同当事人在法律、法规允许范围内，根据自己的意愿签订合同，即有权选择订立合同的对象，合同的条款内容，以及合同订立时间及依法变更和解除合同，任何单位和个人不得非法干预。

11. A。选项B、C、D属于承包人的义务。

12. D。发包人的施工安全责任：①发包人应对其现场机构雇佣的全部人员的工伤事故承担责任，但由于承包人原因造成发包人人员工伤的，应由承包人承担责任。②发包人应负责赔偿以下各种情况造成的第三者人身伤亡和财产损失：工程或工程的任何部分对土地的占用所造成的第三者财产损失；由于发包人原因在施工场地及其毗邻地带造成的第三者人身伤亡和财产损失。承包人的施工安全责任：①承包人应对其履行合同所雇佣的全部人员，包括分包人人员的工伤事故承担责任，但由于发包人原因造成承包人人员工伤事故的，应由发包人承担责任；②由于承包人原因在施工场地内及其毗邻地带造成的第三者人员伤亡和财产损失，由承包人负责赔偿。

13. B。索赔是合同当事人在合同实施过程中，根据法律、合同规定及惯例，对并非自己的过错，而是属于应由合同对方承担责任的情况造成，且实际发生了损失，向对方提出给予补偿的要求。索赔事件的发生，可以是违约行为造成，也可以由不可抗力引起；可以是合同当事人一方引起，也可以是任何第三方行为引起。索赔的性质属于经济补偿行为，而不是惩罚。索赔的损失结果与被索赔人的行为并不一定存在法律上的因果关系。

14. C。选项A、B、D的情形，承包人可向发包人发出通知，要求发包人采取有效措施纠正违约行为。

15. C。卖方应根据合同约定的交付时间和批次在施工场地车面上将合同设备交付给买方。合同设备的所有权和风险自交付时起由卖方转移至买方，合同设备交付给买方之前包括运输在内的所有风险均由卖方承担。

16. A。工程项目货物采购中，如由于买方原因在最后一批合同设备交货后6个月内未能开始考核，则买卖双方应在上述期限届满后7日内签署验收款支付函。卖方有义务在验收款支付函签署后6个月内应买方要求提供不超出合同范围的技术服务。在上述6个月的期限内，如合同设备经过考核达到或视为达到技术性能考核指标，则买卖双方应按照合同约定签署合同设备验收证书。

17. D。勘察责任为勘察单位项目负责人终身责任制。项目负责人应当保证勘察文件符合法律法规和工程建设强制性标准的要求，对因勘察导致的工程质量事故或质量问题承担责任。

18. B。2017版FIDIC合同条件与1999年版相比，各本相对应合同条件的应用和适用范围，业主和承包商的权利、职责和义务，业主与承包商之间的风险分配原则，合同价格类型和支付方式、合同条件的总体结构都基本保持不变。2017版FIDIC合同条件与1999版相比，主要有以下特点：①通用条件将索赔与争端区分开，并增加了争端预警机制；②合同条件在篇幅上大幅增加，融入了更多项目管理思维，相关规定更加详细和明确，更具可操作性；③加强和拓展了工程师的地位和作用，同时强调工程师的中立性；④更加强调在风险与责任分配及各项处理程序上业主和承包商的对等关系。

19．D。如果承包商进行了关于质量保证的外部审计，承包商也应立即通知工程师说明外部审计中发现的问题。

20．D。我们要注意不可抗力概念中的三个"不可"：不可预见、不可避免、不可克服，而且属于自然灾害或者是社会性突发事件。选项D的表述过于绝对。

21．D。选项D错在"在合同设备设计寿命结束前"，应该是"在质量保证期结束前"。

22．B。根据《民法典》，工程勘察合同、设计合同、施工合同属于建设工程合同。监理合同属于委托合同。

23．B。不论是发包人提出的变更，还是监理人提出的变更，都由监理人发出变更指示给承包人。

24．C。保证金总预留比例不得高于工程价款结算总额的3%。

25．A。卖方应根据合同约定的交付时间和批次在施工场地卸货后将合同材料交付给买方。

26．D。勘察责任为勘察单位项目负责人终身责任制。

27．DE。根据国务院办公厅《关于清理规范工程建设领域保证金的通知》，对建筑业企业在工程建设中需缴纳的保证金，除依法依规设立的投标保证金、履约保证金、工程质量保证金、农民工工资保证金外，其他保证金一律取消。

28．ABCD。根据《标准施工招标文件》，承包人未通知监理人到场检查，私自将工程隐蔽部位覆盖的，监理人有权指示承包人钻孔探测或揭开检查，由此增加的费用和（或）工期延误由承包人承担。选项E错误。

29．DE。发包人和监理人均可以提出变更。变更指示只能由监理人发出，监理人发出变更指示前应征得发包人同意。承包人收到经发包人签认的变更指示后，方可实施变更。若承包人收到监理人的变更意向书后认为难以实施此项变更，应立即通知监理人，说明原因并附详细依据。监理人与承包人和发包人协商后确定撤销、改变或不改变原变更意向书。

30．DE。对于选项A，承包人可同时索赔费用和工期；对于选项B和C，承包人可同时索赔费用、工期及合理利润。

31．ABD。买方监造人员的交通、食宿费用由买方承担，选项C错误。买方监造人员对合同设备的监造，不视为对合同设备质量的确认，不影响卖方交货后买方依照合同约定对合同设备提出质量异议和（或）退货的权利，也不免除卖方依照合同约定对合同设备所应承担的任何义务或责任，选项E错误。

32．ABC。在《生产设备和设计——施工合同条件》中，业主承担不可预见的风险和例外事件的风险；由承包商承担设计风险、工程量变化的风险及符合预期目的（FFP）风险。

33．ACDE。工程施工合同文件的优先解释顺序：①合同协议书；②中标通知书；③投标函及投标函附录；④专用合同条款；⑤通用合同条款；⑥技术标准和要求；⑦图纸；⑧已标价工程量清单；⑨其他合同文件。

34．BCD。选项A错误，承包人遇到不利物质条件，承包人可要求索赔费用和（或）工期，不可索赔利润。选项E错误，由发包人提供的材料和工程设备，要求向承包人提前交货的，承包人可要求索赔费用，不可索赔工期和利润。

35．ACD。选项B错误，缺陷责任期自实际竣工日期起计算，合同当事人应在合同中约定缺陷责任期的具体期限，但该期限一般为1年，最长不超过2年。选项E错误，发包人和承包人应根据有关法律规定，在合同中约定工程质量保修范围、期限和责任，保修期自实际竣工日期起计算。

36. ACE。不可抗力导致的后果，由合同双方按以下原则承担：①永久工程，包括已运至施工场地的材料和工程设备的损害，以及因工程损害造成的第三者人员伤亡和财产损失由发包人承担。②承包人设备的损坏由承包人承担。③发包人和承包人各自承担其人员伤亡和其他财产损失及其相关费用。④承包人的停工损失由承包人承担，但停工期间应监理人要求照管工程和清理、修复工程的金额由发包人承担。⑤不能按期竣工的，应合理延长工期，承包人不需支付逾期竣工违约金。发包人要求赶工的，承包人应采取赶工措施，赶工费用由发包人承担。

37. ABC。选项D错误，在开箱检验中，买方和卖方应共同签署数量、外观检验报告。选项E错误，如合同双方在供货合同要求等合同文件中约定由第三方检测机构对合同设备进行开箱检验的，则第三方检测机构的检验结果对双方均具有约束力。

38. ACE。由于一些特殊原因导致项目无法按期完工或将要出现工期延误时，承包商有权获得工期延长，这些原因包括：①变更；②根据合同约定有权获得工期延长的原因；③异常不利的气候条件；④疾病或政府引起的不可预见的人员和货物短缺；⑤业主、业主人员或在现场的业主其他承包商引起的延误、妨碍或阻碍。如果实测工程量的增加超过10%且增加部分对竣工时间造成了影响，则承包商有权获得相应的工期延长。相反，如果承包商实测工程量与原工程量相比降低超过10%，工程师应当记录其对关键路径的影响，但不得因此缩短竣工时间。当工程师根据合同约定决定是否给予承包商工期延长时，应审核之前的决定，可以增加但不应减少已经给予承包商的工期延长总时间。

39. BE。选项A的正确说法是"应该由承包人编制施工安全措施计划"。选项C的正确说法是"由监理人按合同商定或确定"。选项D的正确说法是"由发包人负责赔偿"。

40. ABD。教材中只提到了三种不适用于银皮书的情况。

41. ACD。建设工程合同应当采用书面形式。故选项B错误。合同订立时间是指合同双方签字盖章的时间。双方如不约定合同生效条件，则合同订立时间就是合同生效时间。故E选项错误。

42. BC。选项A、D、E属于承包人的施工安全责任。

43. ABDE。买方监造人员可到合同设备及其关键部件的生产制造现场进行监造，卖方应予配合。故选项A错误。买方监造人员的交通、食宿费用由买方承担。故选项B错误。卖方应提前7日将需要买方监造人员现场监造事项通知买方。故选项D错误。买方监造人员对合同设备的监造，不视为对合同设备质量的确认。故选项E错误。

六、本章同步练习

（一）单项选择题（每题1分。每题的备选项中，只有1个最符合题意）

1. 既是开展民事活动的一项原则，也是订立合同的一项基本原则是（　　）。

A. 诚实信用原则　　　　　　　　　　B. 平等自愿原则

C. 等价有偿原则　　　　　　　　　　D. 公平原则

2. 当合同文件中出现不一致时，应按（　　）优先解释。

A. 通用合同条款　　　　　　　　　　B. 已标价工程量清单

C. 专用合同条款　　　　　　　　　　D. 技术标准和要求

3. 中标通知书发出之日起30日内，合同双方主体就（　　）可以进行合同谈判。

A. 质量　　　　　　　　　　　　　　B. 工作内容

C. 工期　　　　　　　　　　　　　　D. 价格

4. 根据《标准施工招标文件》，关于履约担保的说法，错误的是（　　）。

A. 发包人应在工程接收证书颁发后 14d 内把履约担保退还给承包人

B. 承包人应保证其履约担保在发包人颁发工程接收证书前一直有效

C. 建筑业企业可以银行保函方式缴纳工程质量保证金

D. 在工程项目竣工前，已经缴纳履约保证金的，建设单位不得同时预留工程质量保证金

5. 监理人应在开工日期（　　）d 前向承包人发出开工通知。

A. 3　　　　　　　　B. 7　　　　　　　　C. 14　　　　　　　　D. 15

6. 根据《标准施工招标文件》，在施工过程中发生（　　）情况，承包人只可以索赔工期。

A. 发包人要求提前竣工的　　　　　　　　B. 异常恶劣的气候条件导致工期延误的

C. 不可抗力的　　　　　　　　　　　　　D. 发包人原因造成工期延误的

7. 业主承担大部分或全部设计风险、工程量变化风险、不可预见的物质条件风险和例外事件的风险，承包商承担施工风险的 FIDIC 合同条件是（　　）。

A. 红皮书　　　　　B. 黄皮书　　　　　C. 银皮书　　　　　D. 白皮书

8. 除合同另有约定外，合同材料的质量保证期自合同材料验收之日起算，至合同材料验收证书或进度款支付函签署之日起（　　）个月止（以先到的为准）。

A. 3　　　　　　　　B. 6　　　　　　　　C. 9　　　　　　　　D. 12

9. 根据 FIDIC 施工合同条件，工程师应该在收到承包商提交的质量管理体系文件的（　　）d 内做出回应，发不反对通知或通知承包商修改。

A. 14　　　　　　　B. 21　　　　　　　C. 28　　　　　　　D. 42

（二）多项选择题（每题 2 分。每题的备选项中，有 2 个或 2 个以上符合题意，至少有 1 个错项。错选，本题不得分；少选，所选的每个选项得 0.5 分）

1. 根据《标准施工招标文件》，发包人的义务包括（　　）。

A. 委托监理人向承包人发出开工通知

B. 组织设计单位向承包人进行设计交底

C. 协助承包人办理法律规定的有关施工证件和批件

D. 提供施工场地，以及施工场地内地下管线和地下设施等有关资料

E. 编制施工组织设计和施工措施计划

2. 在履行合同过程中，由于发包人（　　）的原因造成工期延误的，承包人有权要求发包人延长工期和（或）增加费用，并支付合理利润。

A. 提供图样延误　　　　　　　　　　　　B. 迟延提供资料

C. 增加合同工作内容　　　　　　　　　　D. 改变合同中任何一项工作的质量要求

E. 隐蔽工程检查

3. 工程施工合同履行过程中，关于对工程费用管理的说法，正确的有（　　）。

A. 结算工程量是承包人实际完成的，并按合同约定的计量方法进行计量的工程量

B. 监理人在收到承包人进度付款申请单以及相应的支持性证明文件后的 28d 内完成核查

C. 承包人按月编制已完成工程量报表和有关计量资料，监理人应在 7d 内进行复核

D. 总价子目的计量和支付应以总价为基础

E. 付款周期应按照约定与计量周期保持一致

4. 承包人应在每个付款周期末向监理人提交进度付款申请单，并附相应的支持性证明文件。进度付款申请单应包括（　　）。

A. 截至本次付款周期末合同的价款

B. 应增加和扣减的变更金额

C. 应增加和扣减的索赔金额

D. 应支付的预付款和扣减的返还预付款

E. 应扣减的质量保证金

5. 关于设备采购合同主要内容的说法，正确的有（　　）。

A. 买方在收到卖方提交的买方签署的质量保证期届满证书或已生效的结清款支付函正本一份并经审核无误后 28d 内，向卖方支付合同价格的 10%

B. 卖方应免费为买方监造人员提供工作条件及便利

C. 合同设备的所有权和风险自交付时起由卖方转移至买方

D. 开箱检验必须在合同设备交付时进行

E. 如由于买方原因合同设备在三次考核中均未能达到技术性能考核指标，买卖双方应在考核结束后 7d 内签署验收款支付函

6. 关于对勘察合同主要内容的说法，错误的有（　　）。

A. 勘察人应该办理各类审批、核准或备案手续

B. 勘察合同约定的勘察范围只包括工程范围、阶段范围

C. 发包人未能按照合同约定期限对勘察文件进行审查的，应当延长勘察服务期限并增加勘察费用

D. 由于勘察人提前完成勘察而给发包人带来经济效益的，发包人可以在合同条款中约定勘察人因此获得的奖励内容

E. 发包人有权对勘察工作质量进行检查和审核

七、本章同步练习答案

（一）单项选择题

1. C	2. C	3. B	4. A	5. B
6. B	7. A	8. D	9. B	

（二）多项选择题

1. ABCD	2. ABCD	3. ACDE	4. BCDE	5. BCE
6. AB				

第五章
工程项目进度管理

一、本章核心考点分布

```
                    进度管理过程中涉及依据的归纳（2017年、2018年、2023年）

                    进度管理过程中涉及的方法归纳（2017年、2018年、2019年、2021年、2022年、2023年）

                    进度管理过程中涉及的成果归纳（2020年、2021年、2022年、2023年）

    工程项目          双代号网络图的绘制（2021年、2022年、2023年）
    进度管理
                    关键工作的判断（2018年、2019年）

                    关键线路的判断（2017年、2018年、2021年、2022年、2023年）

                    进度计划的调整措施（2017年、2018年、2022年、2023年）
```

二、专家剖析考点

1. 本章一定要理解着去学习，千万不要死记硬背。

2. 进度计划的优化中，工期优化、费用优化和资源优化均为历年考核的要点。

3. 关于网络计划时间参数的计算，应熟练掌握计算公式，双代号网络计划、双代号时标网络计划与单代号网络计划时间参数的计算应能够进行明确的对比区分。

4. 就考试而言，双代号网络计划中箭线、节点、线路、逻辑关系这些基本概念是学习网络计划的基础，不要死记硬背，但需要理解。

5. 工程项目进度管理的过程涉及的知识点较为繁杂，应能对各种依据、方法及成果内容进行区分。

6. 关键工作、关键线路的确定及时差的运用是很好的命题点。

7. 关于双代号网络图绘图规则有两种命题形式。第一种是直接以判断正误的方式考核考试用书中的绘图规则。第二种是给出一定的绘图条件和绘制的双代号网络计划，要求判断绘图错误之处有哪些，这类题型难度较大，需要对每个备选项进行分析。

8. 进度计划的调整措施是很重要的考点，易以多项选择题的形式再次进行考核。

三、本章核心考点必刷题

考点1　进度管理过程中涉及依据的归纳

例：工程项目工作定义就是对工作分解结构（WBS）中规定的可交付成果或半成品的产生所

必须进行的具体工作（活动、作业或工序）进行定义，并形成相应的文件。其依据包括（CDEFG）。

A. 项目管理计划   B. 进度数据   C. 环境因素

D. 组织过程资产   E. 进度管理计划   F. 项目范围说明书

G. 工作分解结构（WBS）   H. 工作清单   I. 工作属性

J. 里程碑清单   K. 资源日历   L. 风险登记册

M. 工作成本估算   N. 工作资源需求   O. 已识别的风险

P. 资源分解结构   Q. 项目进度网络图   R. 时间估算

S. 项目人员分派   T. 项目进度计划   U. 进度报告

V. 项目日历   W. 社会运行的各类相关数据

题号	拓展同类必刷题	答案
1	工程项目工作顺序安排就是确定各项工作之间的依赖关系，并形成文档。其依据包括（　　）。	CDEFHIJ
2	工程项目工作资源估算的主要作用是明确完成工作所需的资源种类、数量和特性，以便做出更准确的成本和持续时间估算。其依据包括（　　）。	CDEHIKLM
3	进行工程项目工作时间估算时，必须考虑工作范围、所需资源类型、估算的资源数量和资源日历。其依据包括（　　）。	CDEFHIKNOPW
4	制订工程项目进度计划就是根据项目的工作定义、工作顺序及工作持续时间估算的结果和所需要的资源，创建项目进度模型的过程。其依据包括（　　）。	CDEFHIKLNPQRS
5	工程项目进度控制的具体内容概括为首先判断实际进度与计划进度是否发生偏差，如果发生，就要采取管理措施，保证朝着有利的方向发展。其依据包括（　　）。	ABDTUV

🔊 考点点评

　　看完以上几个题目，要总结出一定的规律来帮助记忆：①某一工作的结果是其紧后工作的依据，这就需要结合后面的考点一起来理解掌握；②要总结出几个题目的共同选项，形成一定的规律来记忆，试着总结一下；③虽然在几个题干中有相同的选项，但在不同的阶段中，其含义不完全一致。

考点2　进度管理过程中涉及的方法归纳

　　例：工程项目工作定义形成工作清单和工作分解结构的更新文件。其方法包括（ADEF）。

A. 专家判断   B. 图示评审技术   C. 计划评审技术

D. 分解法   E. 模板法   F. 滚动式规划

G. 双代号网络图法   H. 双代号时标网络图法   I. 单代号网络图法

J. 单代号搭接网络图法   K. 条件网络图法   L. 网络样板

M. 资源需求分析   N. 资源供给分析   O. 备选方案分析

P. 资源分配及资源计划   Q. 资源计划的优化   R. 类比估算

S. 利用历史数据   T. 专家判断估算   U. 模拟法

V. 群体决策技术   W. 储备分析   X. 关键线路法

题号	拓展同类必刷题	答案
1	为了进一步编制切实可行的进度计划，首先必须对工作进行准确的顺序安排。工作顺序安排的方法包括（　　）。	GHIJKL
2	工程进度管理中的工作资源估算包括确定需要何种资源、每种资源的使用数量以及每一种资源提供给工作使用的时间。其方法包括（　　）。	MNOPQ

题号	拓展同类必刷题	答案
3	工作时间估算就是估计完成每一项工作可能需要的时间。其方法包括（　　）。	RSTUVW
4	制订工程项目进度计划的主要任务是确定各项目工作的起始和完成日期、具体的实施方案和措施。最常用的方法包括（　　）。	BCX

🔊 **考点点评**

1. 针对本考点，在学习过程中应该将这几项工作的方法结合起来有对比性地学习，因为在考题中，这些会互相作为干扰选项进行考核。

2. 要认真掌握制订工程项目进度计划的各种方法，这些内容出题的频率还是比较高的。

考点3　进度管理过程中涉及的成果归纳

例：在工程项目进度管理的流程中，工作定义是处于规划进度管理和工作顺序安排之间的一项工作，该阶段的成果包括（BCDE）。

A. 组织过程资产更新　　　　B. 工作清单　　　　　　C. 工作属性

D. 里程碑清单　　　　　　　E. 修正的工作分解结构　F. 项目网络图

G. 项目文件更新　　　　　　H. 工作资源需求　　　　I. 资源分解结构

J. 时间估算　　　　　　　　K. 进度基准　　　　　　L. 工程项目进度计划

M. 进度数据　　　　　　　　N. 项目日历　　　　　　O. 经修正的项目管理计划

P. 工作绩效信息　　　　　　Q. 进度预测　　　　　　R. 变更请求

S. 项目管理计划更新

题号	拓展同类必刷题	答案
1	工程项目工作顺序安排是确定各项工作之间的逻辑关系，其成果包括（　　）。	FG
2	在工程项目投资建设各阶段中，资源消耗量最大的是项目实施阶段。对整个工程项目总体投资的影响程度最重要的是决策阶段。工作资源估算的成果包括（　　）。	GHI
3	在工程项目进度管理的流程中，工作时间估算之后就应该制订进度计划，工作时间估算的成果包括（　　）。	GJ
4	制订可行的工程项目进度计划，往往是一个反复进行的过程。进度计划编制的成果包括（　　）。	GKLMNO
5	在工程项目进度管理的流程中，工程项目进度控制的工作成果包括（　　）。	AGPQRS

🔊 **考点点评**

1. 针对本考点，在学习过程中应该将这几项工作的结果结合起来有对比性地学习，因为在考题中，这些会互相作为干扰选项进行考核。

2. 要分清楚在进度管理的不同阶段形成的需要更新的项目文件包括的具体文件。

阶段	具体文件
工作顺序安排	工作清单、工作属性、里程碑清单、风险登记册等
工作资源估算	工作清单、工作属性及资源日历等
工作时间估算	工作清单、工作属性及为估算工作时间而制订的假设条件和估算依据
进度计划编制	工作资源需求、工作属性、日历、风险登记册

考点4　双代号网络图的绘制

例1： 关于双代号网络图绘图规则的说法，正确的有（ABCDEFGHIJ）。

A. 必须按照已定的逻辑关系绘制

B. 除多目标网络计划外，网络图只有一个起点节点和一个终点节点

C. 不允许出现没有内向箭线的节点和没有外向箭线的节点（起点节点和终点节点除外）

D. 所有节点都必须编号，并应使箭尾节点的编号小于箭头节点的编号

E. 不允许出现循环回路

F. 在同一任务的网络图中，工作的字母代号或数字编号，不允许重复使用

G. 所有箭线应保持自左向右的方向

H. 不允许出现没有箭尾节点的箭线，也不允许出现没有箭头节点的箭线

I. 严禁在箭线上引入或引出箭线

J. 当工作箭线交叉且不可避免时，可采用指向法或过桥法

■)) 考点点评

1. 选项A要注意"必须"这两个字。选项B可能将"一个"改为"多个"以作为错误选项。选项C如果没有括号内文字的表述，那就是错误选项。选项D、G要注意"所有"这两个字。选项E、F、H要注意"不允许"这三个字。选项I如果要设为干扰项的话，可能会将"严禁"改为"可以"。选项J如果表述为"可采用指向法"或"可采用过桥法"，那也是正确选项；如果表述为"只可采用指向法"或"只可采用过桥法"，那都是错误选项。

2. 一般情况下，考题中不会让考生来绘制网络图，但是一定要掌握绘图规则。这一考点可以作为考题的题型大致有以下三类：

（1）用文字叙述双代号网络图的绘制方法，让判断是否正确。

（2）题干中给出各工作的逻辑关系，让判断选项中哪个是正确的网络图。

（3）题目给一个错误的双代号网络图，让判断该图中存在哪些错误。这个我们单独作为一个考点在后面详细说明。

3. 双代号网络图的基本概念及逻辑关系也要有所了解。

例2： 某分部工程双代号网络计划如下图所示，图中错误有（ADE）。

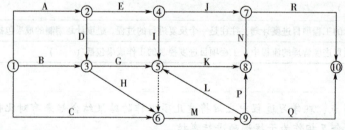

A. 节点编号有误　　　　　B. 工作代号重复　　　　　C. 多个起点节点

D. 多个终点节点　　　　　E. 存在循环回路　　　　　F. 逻辑关系错误

G. 有多余虚工作

■)) 考点点评

1. 这类型题目一般情况下只有以上这7个选项，下面一起来学习一下如何判断：

（1）如何判断是否存在多个起点节点？

如果双代号网络计划中存在两个以上（包括两个）的节点只有外向箭线，而无内向箭线，就说明该双代号网络计划存在多个起点节点。有几个这样的节点就有几个起点节点。

（2）如何判断是否存在多个终点节点？

如果双代号网络计划中存在两个以上（包括两个）的节点只有内向箭线，而无外向箭线，就说明该双代号网络计划存在多个终点节点。有几个这样的节点就有几个终点节点。

（3）如何判断节点编号是否错误？

双代号网络计划中节点的编号顺序应从小到大，可不连续，但不允许重复；箭尾节点的编号小于其箭头节点的编号，如果不符合以上条件，说明存在节点编号错误的情况。

（4）如何判断是否存在循环回路？

如果双代号网络计划中存在从某一节点出发沿着箭线的方向又回到了该节点的情况，这就说明该网络计划中存在循环回路，即：

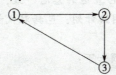

（5）如何判断逻辑关系是否正确？

这就需要根据题中所给定的各项工作的紧前工作或紧后工作来判定，如果双代号网络计划图中的每一项工作的紧前工作或紧后工作与给定的条件相符，说明双代号网络计划中的逻辑关系正确；反之，逻辑关系不正确。

（6）如何判断工作代号是否重复？

在双代号网络计划中，如果某一工作代号出现两次以上（包括两次），就说明工作代号重复。

（7）判断虚工作是否多余。

在双代号网络计划中，如果某一虚工作的紧前工作只有虚工作，那么该虚工作是多余的；如果某两个节点之间既有虚工作，又有实工作，那么该虚工作也是多余的。

2. 还可能会有另外一种题型出现：根据下列给定的逻辑关系绘制某分部工程双代号网络计划，如下图所示，其作图错误的有（有多个终点节点）。

逻辑关系

工作名称	A	B	C	D	E	G	H
紧前工作	—	—	A	A	A、B	C	E

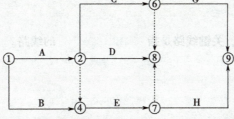

3. 上题的题干还可以改为"以下说法正确的有（   ）"，选择的正确选项和以上是相同的。

考点5 关键工作的判断

例：在工程网络计划中，关键工作是指（ABCDEFG）的工作。

A. 在网络计划中，最迟完成时间与最早完成时间相差最小

B. 在网络计划中，最迟开始时间与最早开始时间差值最小

C. 在网络计划中，总时差最小

D. 在网络计划中，当网络计划的计划工期与计算工期相同时，最迟完成时间与最早完成时间的差值为零

E. 在网络计划中，当网络计划的计划工期与计算工期相同时，最迟开始时间与最早开始时间的差值为零

F. 在网络计划中，当网络计划的计划工期与计算工期相同时，总时差为零

G. 单代号搭接网络计划中，具有的机动时间最小

🔊 **考点点评**

1. 本题的选项中，选项 A、B、C 表达的意思一致，选项 D、E、F 表达的意思一致。选项 A、B、C、D、E、F 是指所有的网络计划，包括双代号、单代号、单代号搭接、双代号时标网络计划。

2. 本题中可能会出现的错误选项如下：

A. 自由时差最小

B. 两端节点均为关键节点

C. 持续时间最长

D. 时距为零

E. 总时差为零

F. 时距最长

G. 自由时差与总时差全部为零

H. 单代号网络计划中紧后工作之间时间间隔为零

I. 单代号搭接网络计划中时间间隔为零

J. 单代号搭接网络计划中与其紧后工作之间的搭接时距为零

K. 单代号网络计划中与其紧后工作之间的时间间隔为零

L. 双代号时标网络计划中无波形线

3. 考生一定要明确，在双代号网络计划中，关键工作两端的节点必为关键节点，但两端为关键节点的工作不一定是关键工作。

4. 本考点还可能会这样来命题：关于工程网络计划关键工作的表述中，正确的是（　　）。

考点6 关键线路的判断

例：在工程网络计划中，关键线路是指（ABCDEFGH）的线路。

A. 网络计划中自始至终全部由关键工作组成

B. 网络计划中总的持续时间最长

C. 网络计划中相邻两项工作之间的时间间隔全部为零

D. 网络计划中工作的总时差等于计划工期与计算工期之差

E. 单代号网络计划中时间间隔全部为零

F. 单代号网络计划中相邻工作之间时间间隔全部为零

G. 单代号网络计划中从起点节点开始到终点节点均为关键工作，且所有工作的间隔时间为零

H. 双代号时标网络计划中无波形线

1. 选项 A、B、C、D 是指所有的网络计划，包括双代号、单代号、单代号搭接、双代号时标网络计划。

2. 本题中可能会出现的错误选项如下：

A. 网络计划中由关键节点组成

B. 工作的持续时间总和即为计算工期

C. 相邻两项工作之间的时距全部为零

D. 节点的最早时间等于最迟时间

E. 单代号搭接网络计划中总的工作持续时间最长

F. 单代号搭接网络计划中相邻工作之间时距之和最大

G. 单代号搭接网络计划中时距总和最大

H. 单代号搭接网络计划中时距总和最小

I. 单代号网络计划中由关键工作组成

J. 双代号时标网络计划中无虚箭线

3. 关键线路的有关知识点总结如下：

(1) 在网络计划中，自始至终全部由关键工作组成的线路为关键线路。

(2) 将网络计划中的所有关键工作首尾相连，构成的通路就是关键线路。

(3) 在网络计划中，线路上总的持续时间最长的线路为关键线路。

(4) 在网络计划中，如果某线路上各项工作的持续时间之和等于网络计划的计算工期，那么该线路为关键线路。

(5) 在单代号网络计划中，从起点节点到终点节点均为关键工作，且所有工作的时间间隔为零的线路为关键线路。

(6) 在单代号搭接网络计划中，从起点节点到终点节点均为关键工作，且所有工作的时间间隔为零的线路为关键线路。

(7) 在双代号网络计划中，关键线路上的节点称为关键节点。关键节点的最迟时间与最早时间的差值最小。特别地，当网络计划的计划工期等于计算工期时，关键节点的最迟时间与最早时间必然相等。关键节点必然处在关键线路上，但由关键节点组成的线路不一定是关键线路。

(8) 在时标网络计划中，凡自始至终不出现波形线的线路就是关键线路。

(9) 在时标网络计划中，相邻两项工作之间的时间间隔全部为零的线路就是关键线路。

(10) 在时标网络计划中，如果某线路上所有工作的总时差或自由时差全部为零，那么该线路就是关键线路。反之亦然。

(11) 在网络计划中，关键线路可能不止一条。

(12) 在网络计划执行过程中，关键线路有可能转移。

(13) 关键线路上可能有虚工作存在。

考点 7 进度计划的调整措施

例： 进度计划的调整措施包括（ABCD）。

A. 调整工作的逻辑关系   B. 增、减工作

C. 调整资源的投入   D. 调整工作的持续时间

E. 增加时差   F. 消减时差

1. 上述选项 E、F 为常见干扰选项。

2. 还要注意的一点是增、减工作时应符合下列规定：

(1) 不打乱原网络计划总的逻辑关系，只对局部逻辑关系进行调整。

(2) 在增、减工作后应重新计算时间参数，分析对原网络计划的影响；当对工期有影响时，应采取调整措施，以保证计划工期不变。

四、本章真题实训

1. 【2023 年真题】下列工作时间估算方法中，适用于项目早期阶段信息不足条件下的方法是（ ）。

A. 类比估算法　　　　　　　　　　B. 利用定额估算法

C. 三时估算法　　　　　　　　　　D. 模拟法

2. 【2023 年真题】如果项目工作之间的逻辑关系是确定的，但工作的持续时间不确定，则应采用的进度计划制订方法是（ ）。

A. 关键线路法　　　　　　　　　　B. 计划评审技术

C. 图示评审技术　　　　　　　　　D. 风险评审技术

3. 【2023 年真题】某工程网络计划中，工作 A 的最早开始时间为第 5 周，最晚开始时间为第 7 周，持续时间为 2 周，其紧后工作最早完成时间为第 9 周，持续时间为 1 周，则工作 A 的自由时差为（ ）周。

A. 0　　　　　　　B. 1　　　　　　　C. 2　　　　　　　D. 3

4. 【2023 年真题】某单代号网络计划如下图所示（单位：月），其总工期是（ ）个月。

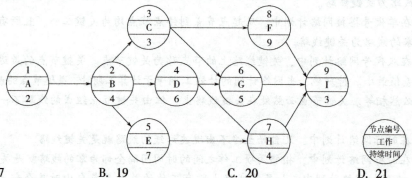

A. 17　　　　　　　B. 19　　　　　　　C. 20　　　　　　　D. 21

5. 【2023 年真题】在进度控制中，如果某工作的进度滞后偏差大于该工作的自由时差且小于总时差，则此进度偏差将对（ ）产生影响。

A. 后续工作的最早开始时间　　　　B. 后续工作的最迟开始时间

C. 总工期　　　　　　　　　　　　D. 关键线路

6. 【2023 年真题】某双代号时标网络计划第 2、第 7 周周末实际进度前锋线如下图所示，关于该项目进度情况的说法，正确的是（ ）。

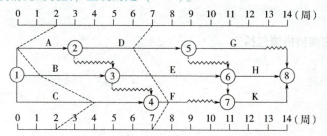

A. 第2周周末检查时，工作A拖后2周，不影响工期

B. 第2周周末检查时，工作B拖后1周，不影响工期

C. 第7周周末检查时，工作D拖后1周，不影响工期

D. 第7周周末检查时，工作F拖后1周，影响工期1周

7.【2023年真题】某项目计划的基本数据见下表，如果在实施过程中发现工作B拖延3d完工，则总工期将延长（　　）d。

工作	A	B	C	D	E	F	G
持续时间/d	3	4	5	5	4	8	6
紧前工作			A	A	A，B	C，D	D，E

  A. 0   B. 1   C. 2   D. 3

8.【2023年真题】某双代号网络计划如下图所示（单位：d），工作F的自由时差为（　　）d。

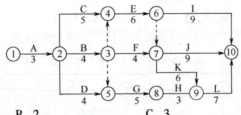

  A. 0   B. 2   C. 3   D. 4

9.【2023年真题】工程网络计划的工期成本优化是寻求（　　）的过程。

A. 资源消耗量最少且工期最短

B. 工期固定条件下工程直接成本最低

C. 固定工程总成本条件下工期最短

D. 工程总成本最低时的工期最短

10.【2023年真题】某项目计划中工作C的紧前工作是工作A和工作B，工作A的总时差和自由时差分别为2周和1周，工作B的总时差和自由时差分别为3周和1周。在实施过程中发现工作A拖延1周完成，工作B拖延2周完成，则工作C的最早开始时间将延长（　　）周。

  A. 0   B. 1   C. 2   D. 3

11.【2022年真题】项目进度管理内容包括：①工作顺序安排；②工作定义；③工作时间估算；④工作资源估算；⑤进度计划制订；⑥进度控制。这些内容的正确顺序是（　　）。

A. ②—①—④—③—⑤—⑥

B. ②—①—⑤—④—③—⑥

C. ①—②—④—③—⑤—⑥

D. ①—②—⑤—④—③—⑥

12.【2022年真题】关于双代号网络图绘制规则的说法，错误的是（　　）。

A. 网络图中所有节点都必须编号

B. 除起点节点和终点节点外，不允许出现没有内向箭线的节点和没有外向箭线的节点

C. 允许在箭线上引入或引出箭线

D. 不允许出现没有箭尾节点的箭线和没有箭头节点的箭线

13.【2022年真题】如果工程网络计划的计算工期小于计划工期，则关键工作的时差状况是（　　）。

  A. 总时差均为零   B. 总时差均大于零

  C. 自由时差均大于零   D. 自由时差均等于总时差

14.【2022年真题】某单代号网络图如下图所示（单位：d），其总工期是（　　）d。

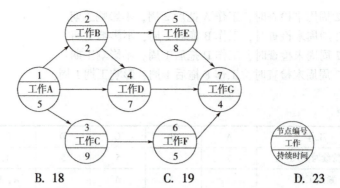

A. 16　　　　　　　B. 18　　　　　　　C. 19　　　　　　　D. 23

15. 【2022 年真题】已知项目计划中工作 A 的持续时间为 4d，总时差为 6d，自由时差为 2d。执行过程中发现，除工作 A 实际进度拖延了 5d 外，其他工作均未拖延。工作 A 拖延将导致其紧后工作的最早开始时间和总工期分别延长（　　）d。

A. 3、0　　　　　　B. 3、5　　　　　　C. 5、0　　　　　　D. 5、5

16. 【2022 年真题】某双代号时标网络图如下图所示，下列说法正确的是（　　）。

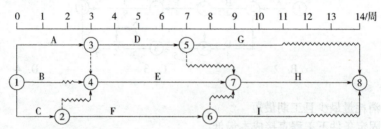

A. 工作 I 的总时差是 3 周　　　　　　　　　B. 工作 D 的总时差是 2 周

C. 工作 F 的自由时差是 1 周　　　　　　　　D. 工作 C 的自由时差是 1 周

17. 【2022 年真题】关于工程项目进度计划资源优化的说法，正确的是（　　）。

A. 通过调整工程项目质量管理要求实现资源优化

B. 通过控制项目费用的支付节奏实现资源优化

C. 通过网络计划调整实现"资源有限-工期最短"优化

D. 通过优化管理职责实现资源均衡优化

18. 【2022 年真题】前锋线比较法属于项目进度比较分析中的（　　）。

A. 趋势分析法　　　　　　　　　　　　　　B. 关键路径法

C. 挣值法　　　　　　　　　　　　　　　　D. 计划评审技术

19. 【2022 年真题】某项目计划的基本数据见下表，其关键线路为（　　）。

工作	A	B	C	D	E	F	G	H	I
紧前工作	—	—	—	A、B、C	B、C	B、C	D	E、F	G、H
持续时间/d	8	4	7	9	2	4	5	8	2

A. C→F→H→I　　　　　　　　　　　　B. A→D→G→I

C. C→D→G→I　　　　　　　　　　　　D. B→E→H→I

20. 【2021 年真题】关于双代号网络图的说法，正确的是（　　）。

A. 节点起着连接工作的作用，但也需要消耗时间和资源

B. 虚工作用虚箭线表示，表示相邻两项工作之间的逻辑关系

C. 总持续时间最大的线路称作关键线路，关键线路只有一条

D. 工作与其紧前工作之间，工作与其紧后工作之间不得出现虚工作

21. 【2021 年真题】可以表示计划中工作与工作之间的逻辑关系肯定，但每项工作的持续时

间不肯定的进度计划编制方法是（　　　）。

A. 里程碑法
B. 关键线路法
C. 计划评审技术法
D. 图示评审技术法

22.【2021 年真题】下列双代号网络图中，工作 F 的总时差和自由时差分别为（　　　）。

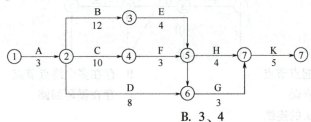

A. 3、3
B. 3、4
C. 0、3
D. 0、4

23.【2021 年真题】下面表格中关键线路是（　　　）。

工作	A	B	C	D	E	F	G	H	I
紧前工作	—	—	—	A	B	C	D、E、F	D、E、F	G、H
持续时间/d	7	5	10	9	2	4	5	8	2

A. B—E—H—I
B. A—D—H—I
C. C—D—G—I
D. A—G—I

24.【2020 年真题】里程碑清单是一种（　　　）安排方法。

A. 资源
B. 进度
C. 时序
D. 质量

25.【2019 年真题】双代号时标网络计划中，当计划工期等于计算工期时，工作箭线中波形线的水平投影长度表示（　　　）。

A. 工作持续的时间
B. 工作的自由时差
C. 工作的总时差
D. 工作最快完成时间

26.【2019 年真题】以下不属于工作时间估算方法的是（　　　）。

A. 类比估算
B. 利用历史数据估算
C. 挣值法
D. 模拟法

27.【2019 年真题】网络计划中某项工作进度产生延误，但拖延的时间未超过其自由时差时，这种拖延的影响是（　　　）。

A. 影响紧后工作，但不影响总工期
B. 不影响紧后工作，但影响总工期
C. 影响紧后工作和总工期
D. 不影响紧后工作和总工期

28.【2023 年真题】在进度管理过程中，需要对具体工作（活动或作业）进行定义。下列文件中，属于工作定义成果的有（　　　）。

A. 工作清单
B. 进度管理计划
C. 环境因素说明
D. 项目范围说明书
E. 修正的工作分解结构

29.【2023 年真题】关于里程碑清单的说法，正确的有（　　　）。

A. 里程碑清单既是工作定义的成果，也是工作顺序安排的依据
B. 里程碑不同于常规的进度工作，其结构和属性有所不同
C. 里程碑能反映进度计划执行中各个阶段的目标
D. 每个里程碑都是合同强制要求的
E. 里程碑清单列出了所有项目里程碑

30.【2023 年真题】某双代号网络计划如下图所示，图中存在的绘图错误有（   ）。

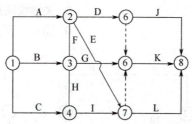

A. 存在多个起点节点
B. 存在多个终点节点
C. 节点编号有误
D. 存在循环回路
E. 存在无箭头的连线

31.【2023 年真题】当工程网络计划的计算工期等于计划工期时，关于关键线路的说法，正确的有（   ）。

A. 双代号网络计划中，关键线路上各项工作的持续时间总和最长
B. 双代号网络计划中，关键线路上各项工作的总时差均为零
C. 单代号网络计划中，关键线路上各项工作的自由时差均为零
D. 双代号时标网络计划中，关键线路上没有波形线
E. 双代号网络计划中，关键线路上没有虚工作

32.【2022 年真题】下列方法中，可用于工作定义的方法有（   ）。

A. 分解法
B. 蒙特卡罗法
C. 专家判断法
D. 模板法
E. 决策树法

33.【2022 年真题】某双代号网络图如下图所示（单位：d），下列说法正确的有（   ）。

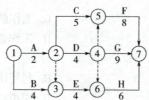

A. 关键线路共有 2 条
B. 工作 D 和工作 G 均为关键工作
C. 工作 B 的总时差是 0
D. 工作 E 的自由时差是 1d
E. 工作 H 的总时差是 1d

34.【2022 年真题】通过压缩项目计算工期进行工期优化时，应考虑缩短（   ）的持续时间。

A. 对质量和安全影响不大的关键工作
B. 增加费用最少的关键工作
C. 自由时差最小的非关键工作
D. 有充足备用资源的关键工作
E. 总时差最小的非关键工作

35.【2022 年真题】下列文件中，属于项目进度控制工作成果的有（   ）。

A. 变更请求
B. 项目管理计划更新
C. 组织结构图
D. 项目日历
E. 进度预测

36.【2021 年真题】项目进度管理的工作定义过程中，关于工作（任务）属性的说法，正确的有（   ）。

A. 可能描述了事件之间的顺序要求 B. 可用于确定开展的工作地点

C. 不能区分支持型工作和依附型工作 D. 可用于编制开展工作的项目日历

E. 不能用于工作选择、排序、分类

37.【2021年真题】下列方法中可用于时间估算的有（　　）。

A. 储备分析 B. 类比估算

C. 德尔菲技术 D. 计划评审技术

E. 蒙特卡罗分析法

38.【2019年真题】工程项目进度管理的过程包括（　　）。

A. 规划进度管理 B. 工作顺序安排

C. 工作资源估算 D. 工作时间估算

E. 工作定义和分解

39.【2019年真题】在进行工期优化时，选择应缩短持续时间的关键工作应考虑的因素包括（　　）。

A. 缩短持续时间难度最小的工作

B. 缩短持续时间对质量和安全影响不大的工作

C. 有充足备用资源的工作

D. 业主有意向缩短时间的工作

E. 缩短持续时间增加费用最少的工作

40.【2019年真题】项目进度计划是进度模型的主要成果，进度计划的表示方法不包括（　　）。

A. 工作分解结构 B. 挣值管理

C. 里程碑法 D. 进度曲线法

E. 列表比较法

41.【2018年真题】既保持项目范围不变，又能使关键线路长度减少的措施有（　　）。

A. 增加资源 B. 消除时差

C. 赶工 D. 调整逻辑关系

E. 减少项目工作

五、本章真题实训答案及解析

1. A。类比估算法也被称作自上而下的估算，是指以从前类似工作的实际持续时间为基本依据，估算将来的计划工作的持续时间。这是一种粗略的估算方法，有时需要根据项目复杂性方面的已知差异进行调整。在项目详细信息不足时，就经常使用这种技术来估算项目持续时间，如项目的早期阶段就经常使用这种办法估算项目的持续时间。

2. B。关键线路法对进度计划中各工作之间的逻辑关系及工作持续时间都表示确定。计划评审技术是计划中工作与工作之间的逻辑关系确定，但每项工作的持续时间不确定。图示评审技术对进度计划中各工作之间的逻辑关系与持续时间均具有不确定性。风险评审技术是一种新型的网络计划技术，该方法可在外部环境不确定和信息不完备的条件下进行使用。

3. B。工作A的最早完成时间＝最早开始时间＋持续时间＝(5+2)周＝7周；其紧后工作的最早开始时间＝最早完成时间－持续时间＝(9-1)周＝8周。则工作A的自由时差＝其紧后工作最早开始时间－工作A的最早完成时间＝(8-7)周＝1周。

4. D。该单代号网络计划的时间参数计算如下图所示。其关键线路为A→B→C→F→I，则总工期为（2 + 4 + 3 + 9 + 3）月 = 21 月。

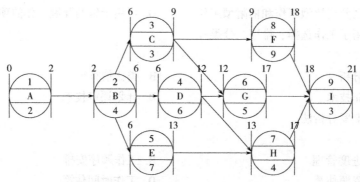

5. A。工作的进度滞后偏差大于该工作的自由时差且小于总时差时，会对后续工作的最早开始时间产生影响，但不会影响总工期。工作的进度滞后偏差大于该工作的总时差时，既会对后续工作的最早开始时间产生影响，也会影响总工期。

6. C。第 2 周周末检查时，工作 A 拖后 2 周，由于工作 A 的总时差为 1 周，则将造成总工期拖后 1 周；工作 B 为关键线路工作，工作 B 拖后 1 周，则将造成总工期拖后 1 周。第 7 周周末检查时，工作 D 拖后 1 周，由于工作 D 的总时差为 1 周，因此不会影响总工期；工作 F 提前 1 周。

7. B。该项目关键线路工期为 16d，工作 B 所在线路为 B→E→G，总工期为 14d，存在 2d 机动时间。若工作 B 拖延 3d 完工，则总工期将延长 1d。

8. C。工作 F 的最早完成时间 = 最早开始时间 + 持续时间 = (7 + 4)d = 11d；其紧后工作 J 和 K 最早开始时间均为第 14 天。所以，工作 F 的自由时差 = 其紧后工作最早开始时间 − 工作 F 的最早完成时间 = (14 − 11)d = 3d。

9. D。费用优化又称为工期成本优化，是寻求最低成本的最短工期安排，或按要求工期寻求最低成本的计划安排过程。

10. B。工作 A 的总时差和自由时差分别为 2 周和 1 周，工作 A 拖延 1 周完成，则不影响后续工作。工作 B 的总时差和自由时差分别为 3 周和 1 周，工作 B 拖延 2 周完成，则会影响后续工作 1 周，所以工作 C 的最早开始时间将延长 1 周。

11. A。项目进度管理过程：规划进度管理→工作定义→工作顺序安排→工作资源估算→工作时间估算→进度计划制订→进度控制。

12. C。严禁在箭线上引入或引出箭线，选项 C 错误。选项 C 的画法如下图所示：

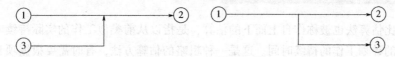

13. B。总时差是指在不影响总工期的前提下，本工作可以利用的机动时间。自由时差是指在不影响其紧后工作最早开始时间的前提下，本工作可以利用的机动时间。如果工程网络计划的计算工期小于计划工期，则关键工作的总时差均大于零。

14. D。该单代号网络图的关键线路为：①—③—⑥—⑦，总工期为 23d。

15. A。进度偏差 5d > 自由时差 2d，影响紧后工作的天数为：(5 − 2)d = 3d。进度偏差 5d < 总时差 6d，不影响总工期。

16. B。工作 I 的总时差是 2 周；工作 F 的自由时差是 0；工作 C 的自由时差是 0。

17. C。资源优化包括"资源有限 – 工期最短"的优化及"工期固定 – 资源均衡"的优化。

18. A。常用的进度比较方法有趋势分析法、关键路径法和挣值管理法。趋势分析法包括：①横道图比较法；②前锋线比较法；③S 形曲线比较法；④香蕉曲线比较法；⑤列表比较法。

19. B。选项 A：持续时间为 21d；选项 B：持续时间为 24d；选项 C：持续时间为 23d；选项 D：持续时间为 16d。持续时间最长的线路为关键线路。

20. B。节点不需要消耗时间或资源，起着连接工作的作用。故选项 A 为错误答案。关键线路可以多条存在。故选项 C 为错误答案。工作与其紧前工作之间或与其紧后工作之间都可能有虚工作。故选项 D 为错误答案。

21. C。计划评审技术法是计划中工作与工作之间的逻辑关系肯定，但每项工作的持续时间不肯定。

22. A。用标号法标定每个工作的自由时差，F 工作的自由时差即为 3，总时差 = min{LAG5,7} = min{3+0, 3+1} = 3。

23. B。采用相加法进行计算工期，选项 A 的工期 = (5+2+8+2)d = 17d；选项 B 的工期 = (7+9+8+2)d = 26d；选项 C 的工期 = (10+9+5+2)d = 26d；选项 D 的工期 = (7+5+2)d = 14d，表中 D 工作的紧前工作是 A，不是 C。故选项 C 排除。

24. B。因为里程碑代表的是一个时间点，因此就属于进度安排的方法。

25. B。要注意与总时差的区别。

26. C。工作时间的估算方法包括：①类比估算；②利用历史数据估算；③专家判断估算；④模拟法；⑤群体决策技术；⑥储备分析。

27. D。自由时差是指在不影响其紧后工作最早开始时间的前提下，本工作可以利用的机动时间。只有超出总时差才会影响到总工期。

28. AE。工作定义的成果主要包括工作清单、工作属性、里程碑清单、修正的工作分解结构。

29. ACE。里程碑清单列出了所有项目里程碑，并说明每个里程碑是强制性的（如合同要求的）还是选择性的（如根据历史信息确定的）。里程碑与常规的进度工作类似，有相同的结构和属性，但是里程碑的持续时间为零，因为里程碑代表的是一个时间点。选项 B 和 D 错误。

30. CE。节点⑥和节点⑦编号有误；节点②和节点③、节点③和节点④中间的连线无箭头。

31. ABD。在单代号网络计划中，关键线路是指相邻两项工作之间时间间隔均为 0 的路线，选项 C 错误。双代号网络计划中，关键线路上可能存在虚工作，选项 E 错误。

32. ACD。工作定义的方法有：①分解法；②模板法；③滚动式规划；④专家判断法。

33. ABE。选项 C 错误，工作 B 的总时差 = 计算工期 - 工作 B 所在线路持续时间最大值 = (15-14)d = 1d。选项 D 错误，工作 E 的自由时差 = 工作 H 最早开始时间 - 工作 E 最早结束时间 = 8-8 = 0。

34. ABD。通过压缩项目计算工期进行工期优化时，选择应缩短持续时间的关键工作应考虑下列因素：①缩短持续时间对质量和安全影响不大的工作；②有充足备用资源的工作；③缩短持续时间增加费用最少的工作。

35. ABE。项目进度控制的工作成果：①工作绩效信息；②进度预测；③变更请求；④项目管理计划更新；⑤项目文件更新；⑥组织过程资产更新。

36. ABD。工作属性可用于明确工作类型，如支持型工作、独立型工作和依附型工作。故选项 C 为错误答案。工作属性还可用于编制进度计划，进行工作的选择、排序和分类。故选项 E 为错误答案。

37. ABCE。工作时间估算的方法还有：①利用历史数据；②专家判断估算；③群体决策技术。

38. ABCD。进度管理的所有过程除该题选择的选项外，还包括工作定义、进度计划制订和进度控制等。

39. BCE。选择应缩短持续时间的关键工作应考虑的因素只包括这三种。

40. ABE。进度计划的表示方法有：①横道图；②时标网络图；③里程碑法；④进度曲线法。

41. ACD。选项 E 属于项目范围变化。

六、本章同步练习

（一）单项选择题（每题1分。每题的备选项中，只有1个最符合题意）

1. 计划中工作与工作之间的逻辑关系肯定，但每项工作的持续时间不肯定，一般采用加权平均时间估算。以上是制订进度计划方法中（　　　）的特征。

    A. 关键线路法　　　　　　　　　　B. 图示评审技术

    C. 计划评审技术　　　　　　　　　　D. 横道图

2. 工程项目双代号网络计划如下图所示，工作 F 的最迟开始时间是第（　　　）天。

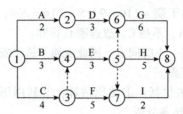

    A. 4　　　　　　　B. 6　　　　　　　C. 8　　　　　　　D. 10

3. 确定为产生项目可交付成果而必须进行的具体工作是（　　　）。

    A. 工作定义　　　　　　　　　　　　B. 进度计划编制

    C. 工作顺序安排　　　　　　　　　　D. 工作时间估算

4. 某双代号网络计划如下图所示，工作 D 的总时差为（　　　）d。

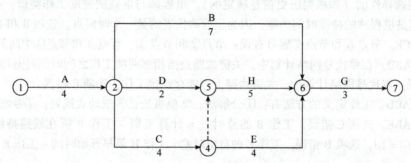

    A. 1　　　　　　　B. 2　　　　　　　C. 3　　　　　　　D. 4

5. 采用不同的假定计算出工作的多种持续时间的估算方法是（　　　）。

    A. 模拟法　　　　　　　　　　　　　B. 类比估算法

    C. 三时估算法　　　　　　　　　　　D. 单一时间估算法

6. 某分部工程双代号网络图如下图所示，图中存在的错误是（　　　）。

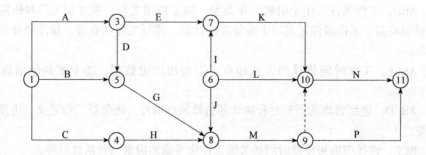

    A. 存在循环回路　　　　　　　　　　B. 节点编号有误

    C. 存在多个起点节点　　　　　　　　D. 存在多个终点节点

7. 某双代号网络计划如下图所示，其关键线路有（   ）条。

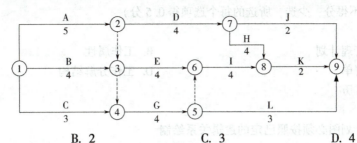

    A. 1   B. 2   C. 3   D. 4

8. 项目进度管理流程中，（   ）的主要目的是为如何在整个项目过程中管理项目进度提供指南和方向。

    A. 工作定义   B. 规划进度管理

    C. 工作顺序安排   D. 进度计划制订

9. 工作资源估算的依据不包括（   ）。

    A. 工作清单   B. 组织过程资产

    C. 风险登记册   D. 已识别的风险

10. 资源有限-工期最短的优化是通过调整计划安排以满足资源限制条件并使工期延长最少，其调整的首要工作是（   ）。

    A. 逐日检查每天资源需用量是否超过资源限量

    B. 调整网络计划

    C. 计算网络计划每天资源需用量

    D. 确定缩短持续时间的关键工作

11. 某双代号时标网络计划如下图所示，工作 F、工作 H 的最迟完成时间分别为（   ）。

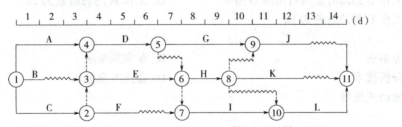

    A. 第 7 天、第 9 天   B. 第 7 天、第 11 天

    C. 第 8 天、第 9 天   D. 第 8 天、第 11 天

12. 进度计划表示方法中，既是一个网络计划，又是一个水平进度计划，能够清楚地标明计划的时间进程，便于使用的方法是（   ）。

    A. 横道图法   B. 时标网络图法

    C. 进度曲线法   D. 里程碑法

13. 在网络计划中，（   ）的工作为关键工作。

    A. 总时差最大   B. 总时差最小

    C. 自由时差最大   D. 自由时差最小

14. 关于双代号时标网络计划的说法，错误的是（   ）。

    A. 实箭线的水平投影长度表示该工作的持续时间

    B. 波形线表示工作与其紧后工作之间的时间间隔

    C. 时标网络计划宜按各项工作的最晚开始时间编制

    D. 双代号时标网络计划以水平时间坐标为尺度进行绘制

（二）多项选择题（每题2分。每题的备选项中，有2个或2个以上符合题意，至少有1个错项。错选，本题不得分；少选，所选的每个选项得0.5分）

1. 进度管理过程中"工作顺序安排"的依据包括（　　）等。
   A. 进度管理计划
   B. 工作属性
   C. 工作清单
   D. 工作分解结构
   E. 资源日历

2. 关于双代号网络计划图绘制原则的说法，正确的有（　　）。
   A. 网络计划图必须按照已定的逻辑关系绘制
   B. 除终点和起点节点外，不允许出现没有内向箭线的节点和没有外向箭线的节点
   C. 网络计划图中所有节点都必须编号，并应使箭尾节点的代号小于箭头节点的代号
   D. 网络计划图中不允许出现从一个节点出发顺箭线方向又回到原出发点的循环回路
   E. 不允许在网络计划图中出现工作箭线交叉现象

3. 某项目分部工程双代号时标网络计划如下图所示，关于该网络计划的说法，正确的有（　　）。

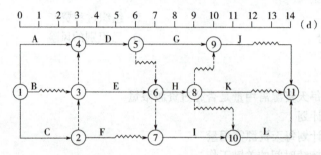

   A. 工作 A、C、H、L 是关键工作
   B. 工作 C、E、I、L 组成关键线路
   C. 工作 G 的总时差与自由时差相等
   D. 工作 H 的总时差为 2d
   E. 工作 D 的总时差为 1d

4. 工作定义的方法主要包括（　　）。
   A. 分解法
   B. 专家判断法
   C. 分析技术
   D. 备选方案分析
   E. 滚动式规划

5. 关于工程网络计划中工作最迟完成时间计算的说法，正确的有（　　）。
   A. 等于其所有紧后工作最迟开始时间的最小值
   B. 等于其完成节点的最迟时间
   C. 等于其最早完成时间与总时差的和
   D. 等于其所有紧后工作最迟完成时间的最小值
   E. 等于其所有紧后工作间隔时间的最小值

6. 进度计划的调整措施包括（　　）。
   A. 调整资源的投入
   B. 调整工作的逻辑关系
   C. 调整工作的开始时间
   D. 增、减工作
   E. 调整工作的持续时间

7. 工程项目进度控制的依据包括（　　）。
   A. 项目管理计划
   B. 项目进度计划
   C. 进度数据
   D. 进度报告
   E. 评价报告

8. 选择缩短持续时间的关键工作进行工程项目工期优化时，应优先选择（　　）。
   A. 对质量影响不大的工作
   B. 增加费用最少的工作

C. 持续时间最长的工作   D. 可以最后进行的工作
E. 有充足备用资源的工作

七、本章同步练习答案

（一）单项选择题

1. C	2. B	3. A	4. B	5. A
6. C	7. C	8. B	9. D	10. C
11. B	12. B	13. B	14. C	

（二）多项选择题

1. ABC	2. ABCD	3. BDE	4. ABE	5. ABC
6. ABDE	7. ABCD	8. ABE		

第六章

工程项目投资控制

工程项目总投资组成（2019年、2020年、2021年、2023年）

按费用构成要素划分的建筑安装工程费用项目的组成（2017年、2018年、2019年、2020年、2021年、2022年、2023年）

按造价形成划分的建筑安装工程费用项目组成（2023年）

工程项目投资控制

设计概算与施工图预算的编制依据和审查方法（2022年、2023年）

工程量清单计价的方法（2022年、2023年）

挣值法（2017年、2020年、2021年、2022年、2023年）

二、专家剖析考点

1. 建筑安装工程费用项目组成为历年必考点，且重复考核的概率极高，应全面掌握。一定要分清两种不同划分方法的费用组成。

2. 项目总投资组成部分所占篇幅虽不大，但是考核频次较高，应熟练掌握。

3. 工程项目招标阶段、施工阶段投资控制的内容是本章重中之重的考点，一定要掌握。

4. 合同价款的调整要逐条理解，尤其是工程量偏差要精准掌握。

5. 挣值法中的三个参数和四个指标均为考核要点，应熟练掌握，避免混淆。

6. 合同价款支付中的预付款、进度款、竣工结算的相关知识均为要重点掌握的知识点。

7. 建筑安装工程费用参考计算方法中，应对各项费用及税金的计算公式进行掌握。

8. 偏差原因分析与纠偏措施作为一般考点进行熟悉、了解即可。

三、本章核心考点必刷题

考点1　工程项目总投资组成

例：工程项目总投资是指为完成项目建设并达到使用要求或生产条件，在建设期内预计或实际发生的总费用。生产性工程项目总投资包括（ABC）。

　　A. 建设投资　　　　　　　　　　　　B. 建设期利息

	C. 流动资金		D. 设备购置费	
	E. 建筑安装工程费		F. 工程建设其他费用	
	G. 基本预备费		H. 价差预备费	

题号	拓展同类必刷题	答案
1	非生产性工程项目总投资包括（ ）。	AB
2	固定资产投资包括（ ）。	AB
3	建设投资由（ ）组成。	DEFGH
4	工程造价是指工程项目在建设期预计或实际支出的建设费用，包括（ ）。	DEFGH
5	工程费用是指建设期内直接用于工程建造、设备购置及其安装的费用，包括（ ）。	DE
6	预备费包括（ ）。	GH
7	固定资产投资中的静态投资部分由（ ）构成。	DEFG
8	固定资产投资中的动态投资部分由（ ）构成。	BH

🔊 **考点点评**

> 建设期利息包括各类借款利息、债券利息、贷款评估费、国外借款手续费及承诺费、汇兑损益、债券发行费用及其他债务利息支出或融资费用。

考点2　按费用构成要素划分的建筑安装工程费用项目的组成

例：按费用构成要素划分，下列费用中属于人工费的有（ABCDE）。

A. 计时工资或计件工资	B. 奖金	C. 津贴补贴
D. 加班加点工资	E. 特殊情况下支付的工资	F. 管理人员工资
G. 办公费	H. 差旅交通费	I. 固定资产使用费
J. 工具用具使用费	K. 劳动保险和职工福利费	L. 劳动保护费
M. 检验试验费	N. 工会经费	O. 职工教育经费
P. 财产保险费	Q. 财务费	R. 城市维护建设税
S. 失业保险费	T. 医疗保险费	U. 生育保险费
V. 工伤保险费	W. 住房公积金	X. 养老保险费

题号	拓展同类必刷题	答案
1	按费用构成要素划分，下列费用中属于企业管理费的有（ ）。	FGHIJKLMNOPQR
2	按费用构成要素划分，下列费用中属于规费的有（ ）。	STUVWX

🔊 **考点点评**

> 还需要掌握每一费用还包含哪些具体费用，还应区分城市维护建设税不同情形时的税率。

考点3　按造价形成划分的建筑安装工程费用项目组成

例：按造价形成划分，建筑安装工程费中的措施项目费包括（ABCDEFGHI）。

A. 安全文明施工费	B. 夜间施工增加费
C. 二次搬运费	D. 冬雨期施工增加费
E. 已完工程及设备保护费	F. 工程定位复测费
G. 特殊地区施工增加费	H. 大型机械设备进出场及安拆费
I. 脚手架工程费	J. 暂列金额
K. 计日工	L. 总承包服务费

题号	拓展同类必刷题	答案
1	按造价形成划分，建筑安装工程费中的其他项目费包括（　　）。	JKL

🔊 **考点点评**

　　按造价形成划分的措施项目费通常与按费用构成要素划分的规费的具体内容互为干扰选项来进行考核，考生复习过程中应格外注意。

考点4　设计概算与施工图预算的编制依据

例：设计概算编制依据是指编制项目设计概算所需的一切基础资料，主要有（ABCDEFG）。

　　A. 设计说明书及设计图纸

　　B. 批准的可行性研究报告

　　C. 有关的法律、法规和方针政策

　　D. 概算定额、指标（或预算定额、综合预算定额）、单位估价表、类似工程造价指标、工程费用定额和相关费用规定的文件

　　E. 当地现行的建设工程价格信息

　　F. 建设单位提供的有关概算的其他资料

　　G. 工程建设其他费用计费依据

　　H. 国家、行业和地方有关规定

　　I. 预算定额或企业定额、单位估价表

　　J. 施工图设计文件及相关标准图集和规范

　　K. 项目相关文件、合同、协议

　　L. 工程所在地的人工、材料、设备、施工机具单价、工程造价指标指数

　　M. 施工组织设计和施工方案

　　N. 项目的管理模式、发包模式及施工条件

题号	拓展同类必刷题	答案
1	施工图预算的编制依据包括（　　）。	HIJKLMN

考点5　设计概算与施工图预算的审查方法

例：设计概算审查的方法主要包括（ABC）。

　　A. 对比分析法　　　　　　　　B. 查询核实法

　　C. 联合会审法　　　　　　　　D. 全面审查法

　　E. 标准预算审查法　　　　　　F. 分组计算审查法

　　G. 对比审查法　　　　　　　　H. 筛选审查法

　　I. 重点审查法

题号	拓展同类必刷题	答案
1	施工图预算审查的方法主要包括（　　）。	DEFGHI
2	设计概算审查的方法中，（　　）容易发现设计概算存在的主要问题和偏差。	A
3	施工图预算审查的方法中，优点是全面、细致，审查质量高、效果好的方法是（　　）。	D
4	施工图预算审查的方法中，（　　）的缺点是工作量大，时间较长。	D
5	施工图预算审查的方法中，（　　）适合于一些工程量较小、工艺比较简单的工程的施工图预算审查。	D

题号	拓展同类必刷题	答案
6	施工图预算审查的方法中，优点是时间短、效果好、易定案，其缺点是适用范围小，仅适用于采用标准图纸的工程的方法是（　　）。	E
7	施工图预算审查的方法中，（　　）的特点是审查速度快、工作量小。	F
8	施工图预算审查的方法中，（　　）的优点是简单易懂，便于掌握，审查速度快，便于发现问题，但问题出现的原因尚需继续审查。	H
9	施工图预算审查的方法中，适用于审查住宅工程或不具备全面审查条件的工程的方法是（　　）。	H
10	施工图预算审查的方法中，（　　）的优点是突出重点，审查时间短、效果好。	I

考点6　工程量清单计价的方法

例：工程量清单计价的方法包括（ABC）。

A. 工料单价法　　　　　　　　　　　　　　B. 综合单价法
C. 全费用综合单价法　　　　　　　　　　　D. 参数法
E. 分包法

题号	拓展同类必刷题	答案
1	措施项目费的计算方法一般有（　　）。	BDE
2	在措施项目费的计算方法中，适用于可以计算一些与工程实体有紧密联系的措施项目的工程量的方法是（　　）。	B
3	混凝土模板、脚手架、垂直运输等的措施项目的计价方法可以采用（　　）。	B
4	在措施项目费的计算方法中，（　　）主要适用于施工过程中必须发生，但在投标时很难具体分项预测，又无法单独列出项目内容的措施项目。	D
5	夜间施工费、二次搬运费、冬雨期施工的计价可以采用（　　）。	D
6	室内空气污染测试的措施项目的计价方法可以采用（　　）。	E

🔊 **考点点评**

1. 考生主要掌握措施项目费的三种计算方法的适用范围。

2. 考生还需要了解下列公式：

(1) 工料单价 = 人工费 + 材料费 + 施工机具使用费

(2) 综合单价 = 人工费 + 材料费 + 施工机具使用费 + 管理费 + 利润

(3) 全费用综合单价 = 人工费 + 材料费 + 施工机具使用费 + 管理费 + 利润 + 规费 + 税金

(4) 分部分项工程费 = $\sum$ 分部分项工程量 × 分部分项工程综合单价

(5) 措施项目费 = $\sum$ 措施项目工程量 × 措施项目综合单价 + $\sum$ 单项措施费

(6) 其他项目费 = 暂列金额 + 暂估价 + 计日工 + 总承包服务费 + 其他

(7) 单位工程报价 = 分部分项工程费 + 措施项目费 + 其他项目费 + 规费 + 税金

(8) 单项工程报价 = $\sum$ 单位工程报价

(9) 总造价 = $\sum$ 单项工程报价

考点7　挣值法

例：关于挣值法评价指标的说法，正确的有（ABCD）。

A. 投资偏差（CV）= 已完工作预算投资（BCWP）- 已完工作实际投资（ACWP）

B. 进度偏差(SV) = 已完工作预算投资(BCWP) – 计划工作预算投资(BCWS)

C. 投资绩效指数(CPI) = 已完工作预算投资(BCWP)/已完工作实际投资(ACWP)

D. 进度绩效指数(SPI) = 已完工作预算投资(BCWP)/计划工作预算投资(BCWS)

🔊 **考点点评**

1. 关于以上各选项涉及的公式，还要分别掌握其结果正负值的含义。

2. 挣值法的三个基本参数也是需要熟悉、了解的要点。

四、本章真题实训

1. 【2023 年真题】某建设项目设备及工器具购置费为 2000 万元，建筑安装工程费为 5000 万元，工程建设其他费用为 1400 万元，基本预备费为 420 万元，价差预备费为 620 万元，建设期利息为 640 万元，则该项目的静态投资为（   ）万元。

A. 8400　　　　　　B. 8820　　　　　　C. 9440　　　　　　D. 10080

2. 【2023 年真题】在施工过程中承包人按发包人和设计方要求，对新结构构件做破坏性试验的费用应在（   ）中列支。

A. 措施项目费　　　　　　　　　　B. 建筑安装工程费的检验试验费

C. 工程建设其他费　　　　　　　　D. 建筑安装工程费的材料费

3. 【2023 年真题】某办公楼项目建筑面积为 100000m²，建筑工程、安装工程、装饰装修工程分部分项工程费分别为 2400 元/m²、1200 元/m²、900 元/m²（均不含增值税进项税额），其中定额人工费占分部分项工程费的 15%。措施费以分部分项工程费为计算基础，其中安全文明施工费费率为 4%，其他措施费费率合计 1%。其他项目费合计 9000 万元（不含增值税进项税额），规费以定额人工费为计算基础，规费费率为 14%，增值税税率为 9%。则该项目的建筑安装工程造价为（   ）万元。

A. 51502.50　　　　B. 57195.00　　　　C. 61312.50　　　　D. 62342.55

4. 【2023 年真题】某建筑工程的初步设计已完成，建筑结构比较明确，可以依据设计图纸计算各部分的工程量，则编制该工程设计概算宜采用的方法是（   ）。

A. 类似工程预算法　　B. 概算指标法　　　C. 概算定额法　　　D. 预算定额法

5. 【2023 年真题】某土方工程招标文件中清单工程量为 300m³，合同约定：土方工程综合单价为 80 元/m³，当实际工程量增加 15% 以上时，15% 以上增加部分的工程量综合单价调整为 72 元/m³。该工程结束时实际完成并经发包人确认的土方工程量为 360m³，则该土方工程价款为（   ）元。

A. 25920　　　　　　B. 28320　　　　　　C. 28680　　　　　　D. 28800

6. 【2023 年真题】某工程施工合同约定：根据价格调整公式调整合同价，其中不调值部分占合同总价的比例为 15%，可参与调值部分的费用类型、占合同总价的比例和相关价格指数见下表。若结算当月已完成工程量的合同金额为 1000 万元，则该月需调整增加的合同价款为（   ）万元。

可调因子	占合同总价的比例	基准日期价格指数	合同签订日期价格指数	现行价格指数
人工费	30%	101	103	106
钢材	20%	101	110	105
混凝土	25%	105	109	115
木材	10%	102	102	105

| A. 0 | B. 16.35 | C. 33.29 | D. 49.52 |

7. 【2023 年真题】某工程施工合同约定采用价格调整公式进行价格调整。施工过程中，由于承包人自行采购的工程设备不能按期到货导致工期延误，则根据国家《标准施工招标文件》通用合同条款，在约定竣工期后继续施工的工程，其现行价格指数应采用的是（　　）。

A. 原约定竣工日期的价格指数
B. 实际竣工日期的价格指数
C. 原约定竣工日期与实际竣工日期的两个价格指数中较低者
D. 原约定竣工日期与实际竣工日期的两个价格指数中较高者

8. 【2023 年真题】根据《建设工程工程量清单计价规范》（GB 50500—2013），工程量清单计价的某分部分项工程综合单价为 600 元/m³，其中暂估材料单价 300 元/m³，管理费率 5%，利润率 7%。结算时暂估材料的单价确定为 350 元/m³，则该分部分项工程综合单价为（　　）元/m³。

| A. 650.00 | B. 652.50 | C. 653.50 | D. 656.18 |

9. 【2022 年真题】某工程建筑面积为 80000m²，建筑工程、安装工程、装饰装修工程分部分项工程费指标分别为 4000 元/m²、1500 元/m²、1200 元/m²（均不含增值税进项税额）。其中，定额人工费占分部分项工程费的 15%，措施费以分部分项工程费为计费基础，安全文明施工费费率为 3.5%，其他措施费费率合计 1%，其他项目费合计 850 万元（不含增值税进项税额），规费以定额人工费为计算基础，规费费率为 14%，增值税税率为 9%，则该工程的最高投标限价为（　　）万元。

| A. 62347.65 | B. 62622.24 | C. 63206.48 | D. 70158.94 |

10. 【2022 年真题】根据《建设工程工程量清单计价规范》（GB 50500—2013），工程量清单综合单价不包括（　　）。

A. 利润
B. 规费
C. 管理费
D. 一定范围内的风险费用

11. 【2022 年真题】在审查施工图预算时，拟建工程与已完工程的主体结构采用同一施工图，但基础部分和现场施工条件不同，则相同部分适用的审查方法是（　　）。

A. 筛选审查法
B. 对比审查法
C. 分组计算审查法
D. 标准预算审查法

12. 【2022 年真题】下列措施项目费中，适合采用参数法计价的是（　　）。

A. 混凝土模板工程费
B. 夜间施工增加费
C. 室内空气污染测试费
D. 垂直运输费

13. 【2022 年真题】下列各项费用中，应按照国家或省级行业主管部门的规定计价且不得作为竞争性费用的是（　　）。

A. 劳动保护费
B. 总承包服务费
C. 工程定位复测费
D. 安全文明施工费

14. 【2022 年真题】根据《建设工程工程量清单计价规范》（GB 50500—2013），对于招标项目，以投标截止日前（　　）d 为基准日，基准日后，因法律变化造成工期延误时，工期应予以顺延。

| A. 7 | B. 14 | C. 28 | D. 56 |

15. 【2022 年真题】某项目土方工程的合同约定：土方工程单价为 70 元/m³，当实际工程量超过估计工程量 15% 时，单价调整为 60 元/m³；当实际工程量不足估计工程量 85%，单价调整为 80 元/m³。招标文件中估计工程量为 12 万 m³，该项目土方工程结束时实际完成的土方工程量为 15 万 m³，则该项目土方工程款为（　　）万元。

| A. 900 | B. 1020 | C. 1038 | D. 1050 |

16. 【2022年真题】某项目约定采用价格指数法调整合同价款，具体约定见下表，本期完成合同价款为5120万元，则本期应调整增加的合同价款为（　　）万元。

权重系数	变值权重					定值权重
	人工费	钢材	机械费	空心砌块	预拌混凝土 C25	0.20
	0.32	0.18	0.08	0.10	0.12	
基期价格或价格指数	120 元/工日	4200 元/t	100%	425 元/m³	300 元/m³	—
本期价格或价格指数	130 元/工日	4500 元/t	100%	450 元/m³	330 元/m³	—

| A. 226.39 | B. 293.92 | C. 730.08 | D. 1139.68 |

17. 【2022年真题】某项目已完工作预算投资为4500万元，已完工作实际投资为4400万元，计划工作预算投资为4700万元，则该项目此时的投资绩效指数为（　　）。

| A. 0.96 | B. 0.98 | C. 1.02 | D. 1.07 |

18. 【2022年真题】根据《建设工程施工合同（示范文本）》通用合同条款和国务院办公厅《关于清理规范工程建设领域保证金的通知》（国办发〔2016〕49号），关于质量保证金扣留和退还的说法，正确的是（　　）。

A. 发包人累计扣留的质量保证金不得超过工程价款结算总额的5%

B. 原则上应于工程竣工结算时一次性扣留质量保证金

C. 发包人在退还质量保证金的同时按照中国人民银行发布的同期存款利率支付利息

D. 发包人已要求承包人缴纳履约保证金的，不得在支付工程进度款时再逐次扣留质量保证金

19. 【2021年真题】某工程设备的购置费3500万元，建筑安装费2000万元，其他工程费1200万元，基本预备费300万元，涨价预备费700万元，建设期利息500万元，流动资金300万元，则静态投资为（　　）万元。

| A. 6700 | B. 7000 | C. 7700 | D. 8000 |

20. 【2021年真题】当初步设计深度不够，不能准确地计算出工程量，但工程设计技术比较成熟而又有类似工程概算指标可以利用时，可采用（　　）编制工程概算。

A. 概算定额法　　　　　　　　　　B. 概算指标法

C. 类似工程预算法　　　　　　　　D. 扩大单价法

21. 【2020年真题】某公司位于县城，应缴纳的城市维护建设税税率为（　　）。

| A. 1% | B. 3% | C. 5% | D. 7% |

22. 【2020年真题】某科研楼的建筑工程、安装工程和装修装饰工程分部分项费用分别为2400万元、1200万元、900万元（均不含增值税进项税税额），其中，人工费占分部分项工程费的15%，措施费以分部分项费为计费基础，其中安全文明施工费费率为2%，其他措施费费率合计1%，其他项目费合计900万元（均不含增值税进项税税额），规费费率为8%，增值税税率为9%，则该项目的招标控制价合计为（　　）万元。

| A. 6515.80 | B. 6356.88 | C. 6092.01 | D. 5944.86 |

23. 【2020年真题】某独立土方工程，招标文件工程量为10万m³，合同中约定：土方工程单价为60元/m³，当实际工程量超过招标工程量15%时，单价下调10%。工程结束时，实际完成土方工程量为13万m³，则土方工程款结算金额为（　　）万元。

| A. 702 | B. 762 | C. 771 | D. 780 |

24. 【2020年真题】某工程项目，计划工作预算投资为50万元，已完工作预算投资为45万元，已完工作实际投资为48万元，则进度绩效指数为（　　）。

A. 0.90   B. 0.96   C. 1.04   D. 1.11

25. 【2019 年真题】对建筑以及材料、构件和建筑安装物进行一般鉴定、检查所发生的检验试验费用，计入（　　）。
    A. 工程建设其他费   B. 企业管理费
    C. 材料费   D. 施工机具使用费

26. 【2019 年真题】某施工机械预算价格为 50 万元，折旧年限为 10 年，年平均工作 190 个台班，残值率为 5% ，则该机械台班折旧费为（　　）元。
    A. 250   B. 500   C. 13.16   D. 131.58

27. 【2019 年真题】建筑安装工程费用增值税的计税方法，包括一般计税方法和简易计税方法。当采用简易计税方法时，建筑业增值税征收率为（　　）。
    A. 16%   B. 10%   C. 6%   D. 3%

28. 【2019 年真题】当初步设计有详细设备清单时，应选择的设备安装工程单位工程概算的编制方法是（　　）。
    A. 扩大单价法   B. 预算单价法
    C. 概算定额法   D. 概算指标法

29. 【2019 年真题】某土方工程，估计工程量为 50 万 m^3，合同中约定土方工程单价为 12 元/m^3，当实际工程量超过估计工程量 15% 时，超出部分调低单价为 10 元/m^3。工程结束时实际完成土方工程量为 70 万 m^3，则土方工程款为（　　）万元。
    A. 800   B. 700   C. 840   D. 815

30. 【2023 年真题】下列费用中，属于建筑安装工程费用中规费的有（　　）。
    A. 劳动保险和职工福利费   B. 社会保险费
    C. 劳动保护费   D. 住房公积金
    E. 工会经费

31. 【2023 年真题】下列建筑安装工程费用中，不得作为竞争性费用的有（　　）。
    A. 二次搬运费   B. 规费
    C. 安全文明施工费   D. 冬雨期施工增加费
    E. 税金

32. 【2023 年真题】关于设备安装工程概算审查内容的说法，正确的有（　　）。
    A. 审查编制依据的合法性、时效性以及适用范围
    B. 审查设备采购流程及运输方式是否合理合规
    C. 审查采用预算单价计算安装费时的单价是否合适、工程量计算是否符合规则要求、是否准确无误
    D. 审查采用概算指标计算安装费时的指标是否合理、计算结果是否达到精度要求
    E. 审查所需计算安装费的设备数量及种类是否符合设计要求

33. 【2023 年真题】下列措施项目费中，宜采用综合单价法计价的有（　　）。
    A. 冬雨期施工增加费   B. 垂直运输费
    C. 混凝土模板工程费   D. 脚手架工程费
    E. 夜间施工增加费

34. 【2023 年真题】某工程施工至 2022 年 12 月底，汇总得到：已完工作预算投资为 390 万元，已完工作实际投资为 470 万元，计划工作预算投资为 420 万元，则关于该工程的投资和进度偏差的说法，正确的有（　　）。
    A. 此时该项目施工超出预算投资 80 万元
    B. 此时该项目施工节约预算投资 50 万元

C. 此时该项目进度延误 30 万元

D. 此时该项目进度提前 50 万元

E. 此时采用挣值法评价曲线表示该项目偏差时，三条曲线重合

35. 【2022 年真题】下列建筑安装工程费用中，属于生产工人人工费的有（　　）。

A. 津贴补贴
B. 奖金

C. 劳动保护费
D. 工伤保险费

E. 特殊情况下支付的工资

36. 【2022 年真题】下列施工企业支出的各项费用中，属于企业管理费的有（　　）。

A. 投标费
B. 医疗保险费

C. 技术转让费
D. 审计费

E. 检验试验费

37. 【2022 年真题】下列文件中，属于设计概算编制依据的有（　　）。

A. 拟定的施工组织设计文件

B. 工程项目资金筹措方案

C. 拟定的项目管理模式和发包模式文件

D. 工程项目的相关批复文件、合同及协议

E. 工程勘察与设计文件

38. 【2022 年真题】下列审查内容中，属于建筑工程概算审查的有（　　）。

A. 工程量审查
B. 材料预算价格审查

C. 土地使用费审查
D. 采用的定额或指标审查

E. 设备运杂费审查

39. 【2022 年真题】下列数据中，属于挣值法评价指标的有（　　）。

A. 计划工作预算投资
B. 已完工作实际投资

C. 项目完工预算
D. 投资偏差及绩效指数

E. 进度偏差及绩效指数

40. 【2021 年真题】下列建筑安装工程费用中，属于企业管理费的有（　　）。

A. 养老保险费
B. 夏季防暑降温费

C. 职工探亲路费
D. 失业保险费

E. 夏季支付给露天工作工人的高温作业临时津贴

41. 【2021 年真题】根据《建设工程工程量清单计价规范》（GB 50500—2013），下列清单中属于招标工程量清单编制内容的有（　　）。

A. 规费和税金
B. 措施项目费

C. 其他项目费
D. 零星工程费

E. 分部（分项）工程费

42. 【2021 年真题】措施费用中适合采用参数法计价的有（　　）。

A. 脚手架搭设
B. 夜间施工

C. 冬（雨）期施工
D. 二次搬运

E. 混凝土模板拆除

43. 【2020 年真题】下列费用中，属于建设项目动态投资部分的有（　　）。

A. 建筑工程费
B. 安装工程费

C. 建设期利息
D. 基本预备费

E. 价差预备费

44. 【2020 年真题】下列建筑安装工程费中，属于措施费的有（　　）。

A. 因夜间施工所发生的夜班补助费

B. 承包人对发包人自行采购的材料进行保管的费用

C. 施工过程中进行施工测量放线工作的费用

D. 冬（雨）期施工增加的临时设施费用

E. 承包人完成发包人提供的施工图以外的零星工作所需的费用

45.【2019 年真题】建筑安装工程费中的企业管理费不包括（　　）。

A. 税金 B. 采购及保管费

C. 仪器仪表使用费 D. 工伤保险费

E. 财产保险费

46.【2019 年真题】以下费用中，不得作为竞争性费用的有（　　）。

A. 安全文明施工费 B. 企业管理费

C. 规费 D. 人工费

E. 税金

47.【2019 年真题】措施项目费的计算方法一般包括（　　）。

A. 工料单价法 B. 综合单价法

C. 参数法计价 D. 分包法计价

E. 全费用综合单价法

五、本章真题实训答案及解析

1. B。静态投资 = 设备及工器具购置费 + 建筑安装工程费 + 工程建设其他费 + 基本预备费 = 2000 万元 + 5000 万元 + 1400 万元 + 420 万元 = 8820 万元。

2. C。检验试验费是指施工企业按照有关标准规定，对建筑及材料、构件和建筑安装物进行一般鉴定、检查所发生的费用。其包括自设试验室进行试验所耗用的材料等费用；不包括新结构、新材料的试验费，对构件做破坏性试验及其他特殊要求检验试验的费用和发包人委托检测机构进行检测的费用，对此类检测发生的费用，由发包人在工程建设其他费用中列支。对施工企业提供的具有合格证明的材料进行检测，其结果不合格的，该检测费用由施工企业支付。

3. D。建筑安装工程造价计算见下表。

序号	内容	计算方法	金额/万元
1	分部分项工程费	(1.1 + 1.2 + 1.3)	45000.00
1.1	建筑工程	100000 × 2400 元	24000.00
1.2	安装工程	100000 × 1200 元	12000.00
1.3	装饰装修工程	100000 × 900 元	9000.00
2	措施项目费	分部分项工程费 × 5%	2250.00
2.1	安全文明施工费	分部分项工程费 × 4%	1800.00
2.2	其他措施费	分部分项工程费 × 1%	450.00
3	其他项目费	—	9000.00
4	规费	分部分项工程费 × 15% × 14%	945.00
5	税金	(1 + 2 + 3 + 4) × 9%	5147.55

建筑安装工程造价 = 1 + 2 + 3 + 4 + 5 = 62342.55 万元

4. C。概算定额法又称为扩大单价法或扩大结构定额法。单位建筑工程概算应按概算定额的分部分项工程项目划分，计算工程量，套用相应的概算定额子目，分别计算各个单位工程中的建筑工程费。一般对建设项目中占投资比例大的主体工程或主要生产设施的概算编制采用概算定额法。该方法要求初步设计达到一定深度，在建筑结构比较明确时方可采用。

5. C。合同约定范围内的工程款为 $[300 \times (1+15\%) \times 80]$ 元/m^3 = 27600 元；超过 15% 之后部分工程量的工程款为：$[360 - 300(1+15\%)] \times 72$ 元 = 1080 元。则该土方工程价款为 $(27600 + 1080)$ 元 = 28680 元。

6. D。该月需调整增加的合同价款 = $1000 \times [15\% + (30\% \times 106/101 + 20\% \times 105/101 + 25\% \times 115/105 + 10\% \times 105/102) - 1]$ 万元 = 49.52 万元。

7. C。因承包人原因未按期竣工的，对合同约定的竣工日期后继续施工的工程，在使用价格调整公式时，应采用计划竣工日期与实际竣工日期的两个价格指数中较低的一个作为现行价格指数。

8. A。暂估材料或工程设备的单价确定后，在综合单价中只应取代原暂估单价，不应再在综合单价中涉及企业管理费或利润等其他费的变动，即暂估材料单价应以 350 元/m^3 取代 300 元/m^3，则该分部分项工程综合单价为 650 元/m^3。

9. C。最高投标限价计算见下表。

序号	内容	计算方法	金额/万元
1	分部分项工程费	(1.1 + 1.2 + 1.3)	53600
1.1	建筑工程	80000 × 0.4	32000
1.2	安装工程	80000 × 0.15	12000
1.3	装饰装修工程	80000 × 0.12	9600
2	措施项目费	分部分项工程费 × 4.5%	2412
2.1	其中：安全文明施工费	分部分项工程费 × 3.5%	1876
3	其他项目费	—	850
4	规费	分部分项工程费 × 15% × 14%	1125.6
5	税金（增值税）	(1 + 2 + 3 + 4) × 9%	5218.884
最高投标限价合计 = (1 + 2 + 3 + 4 + 5) = 63206.48（万元）			

10. B。综合单价是指完成一个规定清单项目所需的人工费、材料和工程设备费、施工机具使用费和企业管理费、利润以及一定范围内的风险费用。

11. B。采用对比审查法一般须符合下列条件：①拟建工程与已完或在建工程预算采用同一施工图，但基础部分和现场施工条件不同，则相同部分可采用对比审查法；②工程设计相同，但建筑面积不同，两工程的建筑面积之比与两工程各分部分项工程量之比大体一致；③两工程面积相同，但设计图不完全相同，则相同的部分，如厂房中柱、屋架、屋面、砖墙等，可进行工程量的对照审查。

12. B。①综合单价法适用于可以计算工程量的措施项目，如混凝土模板、脚手架、垂直运输等。②参数法计价适用于施工过程中必须发生，但在投标时很难具体分项预测，又无法单独列出项目内容的措施项目，如夜间施工费、二次搬运费、冬雨期施工的计价均可以采用该方法。③分包法计价适合可以分包的独立项目，如室内空气污染测试等。

13. D。安全文明施工费、规费和税金不得作为竞争性费用。

14. C。招标工程以投标截止前 28d、非招标工程以合同签订前 28d 为基准日。基准日期后，法律变化导致承包人在合同履行过程中所需要的费用发生"市场价格波动引起的调整"条款约定以外的增加时，由发包人承担由此增加的费用；减少时，应从合同价格中予以扣减。基准日期后，因法律变化造成工期延误时，工期应予以顺延。

15. C。该项目土方工程款 $=\{12\times(1+15\%)\times70+[15-12\times(1+15\%)]\times60\}$ 万元 $=1038$ 万元。

16. B。本期应调整增加的合同价款 $=P_0\left[A+\left(B_1\times\dfrac{F_{t1}}{F_{01}}+B_2\times\dfrac{F_{t2}}{F_{02}}+B_3\times\dfrac{F_{t3}}{F_{03}}+\cdots+B_n\times\dfrac{F_{tn}}{F_{0n}}\right)-1\right]=$ $\{5120\times[0.20+(0.32\times130/120+0.18\times4500/4200+0.08\times100\%/100\%+0.10\times450/425+0.12\times330/300)-1]\}$ 万元 ≈293.92 万元。

17. C。投资绩效指数 $=4500/4400=1.02$。

18. D。选项 A 错误,发包人累计扣留的质量保证金不得超过工程价款结算总额的 3%。选项 B 错误,除专用合同条款另有约定外,质量保证金原则上在支付工程进度款时逐次扣留。选项 C 错误,发包人在退还质量保证金的同时按照中国人民银行发布的同期同类贷款基准利率支付利息。选项 D 正确,在工程项目竣工前,已经缴纳履约保证金的,建设单位不得同时预留工程质量保证金。

19. B。静态投资部分由建筑工程费、安装工程费、设备及工器具购置费、工程建设其他费和基本预备费构成。则对于此题具体条件,静态投资 = 设备购置费 + 建筑安装费 + 其他工程费 + 基本预备费 =7000 万元。

20. B。当初步设计深度不够,不能准确地计算工程量,但工程设计采用的技术比较成熟而又有类似工程概算指标可以利用时,可以采用概算指标法编制工程概算。

21. C。城市维护建设税税率如下:①纳税人所在地在市区的,税率为 7%;②纳税人所在地在县城、镇的,税率为 5%;③纳税人所在地不在市区、县城或镇的,税率为 1%。

22. C。分部分项工程费 =2400 万元 +1200 万元 +900 万元 =4500 万元。

措施项目费 = 分部分项工程费 $\times(2\%+1\%)$ =4500 万元 $\times3\%$ =135 万元。

其他项目费 =900 万元。

规费 = 分部分项工程费 $\times$ 人工费占比 $\times$ 规费费率 =4500 万元 $\times15\%\times8\%$ =54 万元。

税金 = (分部分项工程费 + 措施项目费 + 其他项目费 + 规费) $\times$ 增值税税率 = (4500 万元 +135 万元 +900 万元 +54 万元) $\times9\%$ =503.01 万元。

招标控制价合计 = 分部分项工程费 + 措施项目费 + 其他项目费 + 规费 + 税金 =6092.01 万元。

23. C。工程量偏差计算。$Q_1>1.15Q_0$ 时,$S=1.15Q_0P_0+(Q_1-1.15Q_0)P_1$。

$S=10$ 万 $m^3\times1.15\times60$ 元 $/m^3+(13$ 万 m^3-10 万 $m^3\times1.15)\times60$ 元 $/m^3\times(1-10\%)$ =690 万元 +81 万元 =771 万元。

24. A。进度绩效指数(SPI) = 已完工作预算投资(BCWP)/计划工作预算投资(BCWS) =45 万元/50 万元 =0.90。

25. B。检验试验费是指施工企业按照有关标准规定,对建筑以及材料、构件和建筑安装物进行一般鉴定、检查所发生的费用,包括自设试验室进行试验所耗用的材料等费用。检验试验费属于企业管理费。故选项 B 正确。

26. A。台班折旧费 $=\dfrac{机械预算价格\times(1-残值率)}{耐用总台班数}=500000$ 元 $\times(1-5\%)/(10\times190)=$ 250 元。

27. D。当采用简易计税方法时,建筑业增值税征收率为 3%。

28. B。当初步设计有详细设备清单时,可直接按预算单价(预算定额单价)编制设备安装工程概算。

29. D。合同约定范围内(15% 以内)的工程款为:50 万 $m^3\times(1+15\%)\times12$ 元 $/m^3$ =690 万元。超过 15% 之后部分工程量的工程款为:$\{70$ 万 $m^3-[50$ 万 $m^3\times(1+15\%)]\}\times10$ 元 $/m^3$ =125 万元。工程款合计为 690 万元 +125 万元 =815 万元。

30. BD。建筑安装工程费按照费用构成要素可划分为人工费、材料费、施工机具使用费、企业管理费、利润、规费和税金。其中，规费包括社会保险费（养老保险费、失业保险费、医疗保险费、生育保险费、工伤保险费）、住房公积金和其他应列而未列入的规费。

31. BCE。规费和税金的构成和计算与前述按费用构成要素划分的建筑安装工程费中规费和税金的构成和计算相同。建设项目工程发包人和承包人均应按照省、自治区、直辖市或行业建设主管部门发布的标准计算规费和税金，不得将其作为竞争性费用。选项 B 和 E 正确。措施项目中的安全文明施工费必须按国家或省级、行业建设主管部门的规定计算，不得作为竞争性费用。选项 C 正确。

32. ACDE。设备安装工程概算的审查，除编制方法、编制依据外，还应注意审查：①采用预算单价或扩大综合单价计算安装费时的各种单价是否合适、工程量计算是否符合规则要求、是否准确无误；②当采用概算指标计算安装费时采用的概算指标是否合理、计算结果是否达到精度要求；③审查所需计算安装费的设备数量及种类是否符合设计要求，避免某些不需安装的设备安装费计入在内。

33. BCD。综合单价法就是根据需要消耗的实物工程量与实物单价计算措施费，适用于可以计算工程量的措施项目，主要是指一些与工程实体有紧密联系的项目，如混凝土模板、脚手架、垂直运输等。

34. AC。投资偏差 = 已完工作预算投资 – 已完工作实际投资 = （390 – 470）万元 = – 80 万元，因为 – 80 < 0，所以该项目此时超出预算投资 80 万元。选项 A 正确。进度偏差 = 已完工作预算投资 – 计划工作预算投资 = （390 – 420）万元 = – 30 万元，因为 – 30 < 0，所以此时该项目进度延误 30 万元。选项 C 正确。

35. ABE。人工费包括：①计时工资或计件工资；②奖金；③津贴补贴；④加班加点工资；⑤特殊情况下支付的工资。劳动保护费属于企业管理费；工伤保险费属于规费。

36. ACDE。医疗保险费属于规费。

37. ABDE。设计概算的编制依据：①国家、行业和地方有关规定；②概算定额（或指标）费用定额，工程造价指标；③工程勘察与设计文件；④拟定或常规的施工组织设计和施工方案；⑤工程项目资金筹措方案；⑥工程所在地编制同期的人工、材料、机械台班市场价格信息，以及设备供应方式及供应价格；⑦工程项目的技术复杂程度，新技术、新材料、新工艺以及专利使用情况等；⑧工程项目的相关批复文件、合同及协议等；⑨政府有关部门，金融机构等发布的价格指数、利率、汇率、税率及工程建设其他费用，以及各类工程造价指数等；⑩委托单位提供的其他技术经济资料。

38. ABD。建筑工程概算的审查内容：①工程量审查；②采用的定额或指标的审查；③材料预算价格的审查；④各项费用的审查。

39. DE。挣值法的四个评价指标：①投资偏差（CV）；②投资绩效指数（CPI）；③进度偏差（SV）；④进度绩效指数（SPI）。

40. BC。选项 A、D 属于规费；选项 E 属于人工费。

41. ABCE。采用工程量清单计价时，招标控制价的编制内容包括：分部（分项）工程费、措施项目费、其他项目费、规费和税金。

42. BCD。适合参数法计价的措施费用有夜间施工费、二次搬运费、冬（雨）期施工费。混凝土模板、脚手架、垂直运输等应采用综合单价法计算。

43. CE。静态投资部分由建筑工程费、安装工程费、设备及工器具购置费、工程建设其他费和基本预备费构成。动态投资部分包括价差预备费和建设期利息。

44. ACD。选项 A 是夜间施工增加费，属于措施费。选项 C 是工程定位复测费，属于措施费。选项 D 是冬（雨）期施工增加费，属于措施费。选项 B、E 属于其他项目费。

45. BCD。企业管理费包括管理人员工资、办公费、差旅交通费、固定资产使用费、工具用具使用费、劳动保险和职工福利费、劳动保护费、检验试验费、工会经费、职工教育经费、财产保险费、财务费、税金、城市维护建设税、教育费附加、地方教育附加、其他。

46. ACE。措施项目清单中的安全文明施工费应按照国家或省级行业建设主管部门的规定计价，不得作为竞争性费用。规费和税金应按国家或省级行业建设主管部门的规定计算，不得作为竞争性费用。

47. BCD。措施项目费的计算方法一般有三种：①综合单价法；②参数法计价；③分包法计价。

六、本章同步练习

(一) 单项选择题 (每题 1 分。每题的备选项中，只有 1 个最符合题意)

1. 某工程根据《建设工程施工合同（示范文本）》订立了承包合同，约定措施项目费为 300 万元。工程实施过程中，由于工程变更引起施工方案改变，项目经理部编制的变更施工方案经本单位技术负责人审批后即组织实施。工程完成后，承包人提出由于施工方案改变应增加措施项目费 30 万元的索赔，其中按单价计算的 18 万元，按总价计算的 12 万元。则应结算的措施项目费为 ( ) 万元。

    A. 300   B. 312   C. 318   D. 330

2. 2019 年 5 月底，某项目计划工作预算费用为 4500 万元，已完工作预算费用为 5600 万元，已完工作实际费用为 6000 万元。据此判断，该项目此时 ( )。

    A. 进度提前，费用超支   B. 进度拖延，费用超支

    C. 进度提前，费用节约   D. 进度拖延，费用节约

3. 某工程施工到 2019 年 8 月，已完工作预算费用为 8000 万元，计划工作预算费用为 7500 万元，已完工作实际费用为 8200 万元，则该工程此时的进度绩效指数为 ( )。

    A. 0.94   B. 0.97   C. 1.03   D. 1.07

4. 在建筑安装工程费中，大型机械设备进出场及安拆费应列入 ( )。

    A. 分部分项工程费   B. 规费

    C. 措施项目费   D. 其他项目费

5. 根据《建设工程工程量清单计价规范》（GB 50500—2013），暂估价不包括 ( )。

    A. 材料暂估价   B. 工程设备暂估价

    C. 专业工程暂估价   D. 措施暂估价

6. 根据投资控制目标和要求的不同，投资目标的分解方式也有所不同，其不包括 ( )。

    A. 按投资构成分解   B. 按时间进度分解

    C. 按子项目分解   D. 按施工工期分解

7. 发包人应在监理人收到进度付款申请单后的 ( ) d 内，将进度应付款支付给承包人。

    A. 7   B. 14   C. 28   D. 42

8. 建筑安装工程材料费中不包括 ( )。

    A. 材料运杂费   B. 脚手架费

    C. 运输损耗费   D. 采购及保管费

9. 某项目建筑安装工程费为 1000 万元，设备工器具购置费为 700 万元，工程建设其他费用为 500 万元，基本预备费为 100 万元，涨价预备费为 150 万元，建设期利息为 60 万元，则该项目的静态投资为 ( ) 万元。

    A. 2200   B. 2300   C. 2450   D. 2510

(二) 多项选择题 (每题 2 分。每题的备选项中，有 2 个或 2 个以上符合题意，至少有 1 个错项。错选，本题不得分；少选，所选的每个选项得 0.5 分)

1. 单位工程预算的编制方法包括 ( )。

    A. 定额单价法   B. 概算定额法

C. 综合单价法   D. 概算指标法

E. 实物量法

2. 其他项目费一般包括（   ）。

   A. 工程定位复测费   B. 脚手架工程费

   C. 计日工   D. 暂列金额

   E. 总承包服务费

3. 关于挣值法的表述，正确的有（   ）。

   A. 投资（进度）偏差反映的是绝对偏差

   B. 投资（进度）偏差可适合于对不同项目做偏差分析

   C. 投资（进度）绩效指数反映的是相对偏差

   D. 在投资、进度控制中引入赢得值可以克服将投资、进度分开控制的缺点

   E. 引入挣值法即可定量地判断进度、投资的执行效果

4. 措施项目费的计算方法一般包括（   ）。

   A. 总价法   B. 综合单价法   C. 按日计费法   D. 参数法计价

   E. 分包法计价

5. 依据《建设工程工程量清单计价规范》（GB 50500—2013），关于提前竣工（赶工补偿）的说法，正确的有（   ）。

   A. 工程发包时，招标人应当依据相关工程的工期定额合理计算工期，压缩的工期天数不得超过定额工期的15%

   B. 发包人要求合同工程提前竣工的，应征得承包人同意后与承包人商定采取加快工程进度的措施

   C. 发承包双方应在合同中约定提前竣工每日历天应补偿额度，此项费用应作为增加合同价款列入竣工结算文件中，应与结算款一并支付

   D. 发包人要求合同工程提前竣工的，发包人应承担承包人由此增加的提前竣工（赶工补偿）费用

   E. 赶工费用主要包括人工费的增加、机械费的增加，不包括材料费的增加

6. 建筑安装工程费中的安全文明施工费包括（   ）。

   A. 环境保护费   B. 冬雨期施工增加费

   C. 临时设施费   D. 夜间施工增加费

   E. 特殊地区施工增加费

七、本章同步练习答案

（一）单项选择题

1. A	2. A	3. D	4. C	5. D
6. D	7. C	8. B	9. B	

（二）多项选择题

1. ACE	2. CDE	3. ACDE	4. BDE	5. BCD
6. AC				

第七章
工程项目质量管理

一、本章核心考点分布

```
                    ┌─ 工程项目质量管理的特点
                    │
                    ├─ 质量管理体系原则（2019年、2020年、2021年、2022年、2023年）
                    │
                    ├─ 质量管理体系要素（2023年）
                    │
                    ├─ 工业项目可行性研究报告质量评价
                    │
   工程项目 ────────┼─ 设计阶段质量管理的工作
   质量管理          │
                    ├─ 工程项目施工质量验收的合格标准（2018年、2020年、2021年、2022年、2023年）
                    │
                    ├─ 工程项目施工质量验收的程序（2023年）
                    │
                    ├─ 工程质量保修期限（2020年、2021年）
                    │
                    └─ 统计管理方法在质量管理中的应用（2022年）
```

二、专家剖析考点

1. 项目质量管理的特点与质量管理体系原则及要素是要熟练掌握的知识点。

2. 工程项目前期阶段的质量管理为历年必考点，且重复进行考核的概率极高，应熟练地掌握。该阶段的考核要点以质量管理标准为主。

3. 项目勘察设计阶段的质量管理难点主要在于设计阶段质量管理。

4. 施工前准备阶段与实施阶段的质量管理工作内容应对比参考教材进行详细的复习。

5. 施工质量验收组织及标准也是命题人喜欢的命题素材，应注意区分不同工程的合格标准。

6. 建设工程的最低保修期限要能够熟练掌握。

7. 应能够明确区分试运行准备阶段与试运行阶段的质量管理工作内容。

8. 掌握质量管理的 7 种方法。

三、本章核心考点必刷题

考点 1 工程项目质量管理的特点

例：与工业产品比较，工程项目的质量管理具有的特点包括（ABCDE）。

A. 质量特性较多　　　　　B. 周期长、风险多　　　　　C. 影响因素多
D. 管理难度较大　　　　　E. 具有隐蔽性

题号	拓展同类必刷题	答案
1	工程项目除了具有物理的、化学的功能特性外，还要考虑其可靠性、耐久性、安全性与环境的协调性，这体现了工程项目质量管理具有（　　）的特性。	A
2	工程项目不仅受项目决策、勘察设计、施工的影响，还要受材料、机械等的影响，其所在地的政治、经济、社会环境以及气候、地理、地质、资源等的影响也不能忽视，这体现了工程项目质量管理具有（　　）的特性。	C
3	由于工程建设项目周期长，实施过程中情况也会不断变化，新的因素也不断加入，这就会造成工程项目质量管理具有（　　）的特性。	D
4	工程项目中分项工程交接多，中间产品多，隐蔽工程多，如果不及时进行监督检查，则事后很难发现内在的质量问题，这体现了工程项目质量管理（　　）的特性。	E

考点2　质量管理体系原则

例：《质量管理体系　基础和术语》（GB/T 19000—2016）标准规定的质量管理的基本原则包括（ABCDEFG）。

A. 以顾客为关注焦点　　　　B. 领导作用　　　　　C. 全员积极参与
D. 过程方法　　　　　　　　E. 关系管理　　　　　F. 改进
G. 循证决策

题号	拓展同类必刷题	答案
1	质量管理的首要关注点是满足顾客要求且努力超越顾客期望，这体现了《质量管理体系　基础和术语》（GB/T 19000—2016）标准规定的质量管理的（　　）的基本原则。	A
2	各级领导建立统一的宗旨和方向，并创造全员积极参与实现组织的质量目标的条件，这体现了《质量管理体系　基础和术语》（GB/T 19000—2016）标准规定的质量管理的（　　）基本原则。	B
3	与员工沟通，以增进他们对个人贡献的重要性的认识，这体现了《质量管理体系　基础和术语》（GB/T 19000—2016）标准规定的质量管理的（　　）的基本原则。	C
4	能够使组织向相关方提供关于其一致性、有效性和效率方面的信任，这体现了《质量管理体系　基础和术语》（GB/T 19000—2016）标准规定的质量管理的（　　）基本原则。	D
5	为了持续成功，组织需要管理与相关方的关系，这体现了《质量管理体系　基础和术语》（GB/T 19000—2016）标准规定的质量管理的（　　）基本原则。	E
6	成功的组织持续关注改进，这体现了《质量管理体系　基础和术语》（GB/T 19000—2016）标准规定的质量管理的（　　）基本原则。	F
7	质量管理基于数据和信息分析的基础上，这体现了《质量管理体系　基础和术语》（GB/T 19000—2016）标准规定的质量管理的（　　）基本原则。	G

🔊 **考点点评**

要分清七项原则的依据、主要益处和可开展的活动。

考点3　质量管理体系要素

例：根据《质量管理体系　要求》（GB/T 19001—2016），组织所处的环境的具体要素有（ABCD）。

A. 理解组织及其环境　　　　　　　　　　　　B. 理解相关方的需求和期望

C. 确定质量管理体系的范围   D. 质量管理体系及其过程

E. 领导作用与承诺   F. 方针

G. 组织的岗位、职责和权限   H. 应对风险和机遇的措施

I. 质量目标及其实现的策划   J. 变更的策划

K. 资源   L. 能力

M. 意识   N. 沟通

O. 成文信息   P. 运行的策划和控制

Q. 产品和服务的要求   R. 产品和服务的设计和开发

S. 外部提供的过程、产品和服务的控制   T. 生产和服务提供

U. 产品和服务的放行   V. 不合格输出的控制

W. 监视、测量、分析和评价   X. 内部审核

Y. 管理评审   Z. 总则

A′. 不合格和纠正措施   B′. 持续改进

题号	拓展同类必刷题	答案
1	根据《质量管理体系 要求》（GB/T 19001—2016），领导作用的具体要素有（ ）。	EFG
2	根据《质量管理体系 要求》（GB/T 19001—2016），策划的具体要素有（ ）。	HIJ
3	根据《质量管理体系 要求》（GB/T 19001—2016），支持的具体要素有（ ）。	KLMNO
4	根据《质量管理体系 要求》（GB/T 19001—2016），运行的具体要素有（ ）。	PQRSTUV
5	根据《质量管理体系 要求》（GB/T 19001—2016），绩效评价的具体要素有（ ）。	WXY
6	根据《质量管理体系 要求》（GB/T 19001—2016），改进的具体要素有（ ）。	ZA′B′

🔊 **考点点评**

该考点是很好的命题素材。

考点4 工业项目可行性研究报告质量评价

例：根据中国工程咨询协会《工程咨询成果质量评价办法》，对工业项目可行性研究报告进行贯彻宏观调控政策情况综合评价时，需要评价的内容有（ABCDEF）。

A. 建设项目的必要性论证   B. 利用现有基础的可能性论证

C. 经济规模论证   D. 优化结构论证

E. 提高技术水平论证   F. 合理布局论证

G. 产品和原材料供求历史及现状调查   H. 今后市场影响因素调查分析

I. 预测方法选用   J. 产品结构和规模符合市场需求论证

K. 制订营销战略情况   L. 厂址和外部配套条件论证

M. 实施方案比选   N. 技术方案比选

O. 投资估算的准确性   P. 产品成本估算依据的可靠性

Q. 销售收入估算的可靠性   R. 效益估算的可靠性

S. 资金落实论证情况   T. 经营风险分析

U. 管理风险分析   V. 财务及金融风险分析

W. 政策风险分析   X. 环境影响论证

Y. 制订环境治理措施

Z. 节能、节水、节约土地和安全、消防、职业卫生等论证

题号	拓展同类必刷题	答案
1	根据中国工程咨询协会《工程咨询成果质量评价办法》，对工业项目可行性研究报告进行市场调查分析情况综合评价时，需要评价的内容有（　　）。	GHIJK
2	根据中国工程咨询协会《工程咨询成果质量评价办法》，对工业项目可行性研究报告进行多方案比选情况综合评价时，需要评价的内容有（　　）。	LMN
3	根据中国工程咨询协会《工程咨询成果质量评价办法》，对工业项目可行性研究报告进行经济分析情况综合评价时，需要评价的内容有（　　）。	OPQRS
4	根据中国工程咨询协会《工程咨询成果质量评价办法》，对工业项目可行性研究报告进行风险分析情况综合评价时，需要评价的内容有（　　）。	TUVW
5	根据中国工程咨询协会《工程咨询成果质量评价办法》，对工业项目可行性研究报告进行生态环境影响论证情况综合评价时，需要评价的内容有（　　）。	XYZ

🔊 **考点点评**

根据《工程咨询成果质量评价办法》，对于工业建设项目前期质量管理的目标包括贯彻宏观调控政策、市场调查分析、多方案比选、经济分析、风险分析、生态环境影响论证。

考点5　设计阶段质量管理的工作

例：根据《建设工程项目管理规范》（GB/T 50326—2017），在工程项目方案设计阶段，工程咨询单位对工程项目质量管理的主要工作内容包括（ABCDE）。

A. 组织进行项目概念设计方案比选或招标，并组织对概念设计方案进行优化

B. 组织设计单位完成项目设计范围、主要设计参数及指标、使用功能的方案设计，并组织设计方案审查和报批

C. 组织编制详细的设计任务书，明确设计范围、设计标准与功能等要求

D. 协助建设单位进行设计招标工作，完成项目设计方案的比选，确定设计承包人，起草设计合同，组织合同谈判直至合同修订

E. 编制整体项目设计管理规划，初步划分各设计承包人或部门工作界面和分类，制定相应管理工作制度

F. 组织落实项目主要设计参数与项目使用功能的实现，达到相应设计深度

G. 根据建设单位需求组织对项目初步设计进行优化

H. 实施或协助建设单位完成勘察单位的招标工作

I. 监督指导勘察单位完成项目的初勘与详勘工作

J. 审查勘察单位提交的地勘报告，并负责地勘报告的申报管理工作

K. 实施项目设计进度、设计质量管理工作，开展限额设计

L. 组织协调外部配套报建与设计接口及各独立设计承包人间的设计界面衔接和接口吻合

M. 组织施工图设计交底

N. 组织委托施工图审查工作，并组织设计承包人按照审查意见修改完善设计文件

O. 制订设计文件（图样）收发管理制度和流程

题号	拓展同类必刷题	答案
1	根据《建设工程项目管理规范》（GB/T 50326—2017），在工程项目初步设计阶段，工程咨询单位对工程项目质量管理的主要工作内容包括（　　）。	FGHIJ
2	根据《建设工程项目管理规范》（GB/T 50326—2017），在工程项目施工图设计阶段，工程咨询单位对工程项目质量管理的主要工作内容包括（　　）。	KLMNO

要对应不同的阶段来掌握各自的主要工作。

考点6　工程项目施工质量验收的合格标准

例：根据《建筑工程施工质量验收统一标准》（GB 50300—2013），分项工程质量验收合格的标准包括（AB）。

A. 所含检验批的质量均应验收合格

B. 所含检验批的质量验收记录应完整

C. 质量控制资料应完整

D. 有关安全、节能、环境保护和主要使用功能的抽样检验结果应符合相应规定

E. 所含分项工程的质量均应验收合格

F. 观感质量应符合要求

G. 所含分部工程的质量均应验收合格

H. 所含分部工程中有关安全、节能、环境保护和主要使用功能的检验资料应完整

I. 主要使用功能的抽查结果应符合相关专业验收规范的规定

J. 主控项目和一般项目的质量经抽样检验合格

K. 具有完整的施工操作依据、质量检查记录

题号	拓展同类必刷题	答案
1	根据《建筑工程施工质量验收统一标准》（GB 50300—2013），分部工程质量验收合格的标准包括（　）。	CDEF
2	根据《建筑工程施工质量验收统一标准》（GB 50300—2013），单位工程质量验收合格的标准包括（　）。	CFGHI
3	根据《建筑工程施工质量验收统一标准》（GB 50300—2013），检验批质量验收合格的标准包括（　）。	JK

考点7　工程项目施工质量验收的程序

例：根据《建筑工程施工质量验收统一标准》（GB 50300—2013），检验批由（A）等进行验收。

A. 专业监理工程师组织施工单位项目专业质量检查员、专业工长

B. 专业监理工程师组织施工单位项目专业技术负责人

C. 总监理工程师组织施工单位项目负责人和项目技术负责人

D. 总监理工程师组织各专业监理工程师

E. 建设单位项目负责人组织监理、施工、设计、勘察

题号	拓展同类必刷题	答案
1	根据《建筑工程施工质量验收统一标准》（GB 50300—2013），分项工程由（　）等进行验收。	B
2	根据《建筑工程施工质量验收统一标准》（GB 50300—2013），分部工程由（　）等进行验收。	C
3	根据《建筑工程施工质量验收统一标准》（GB 50300—2013），单位工程完工后，施工单位要组织有关人员进行自检，（　）对工程质量进行竣工预验收。	D
4	根据《建筑工程施工质量验收统一标准》（GB 50300—2013），建设单位收到工程竣工报告后，应由（　）等单位项目负责人进行单位工程验收。	E

考生还需要掌握以下有关施工质量验收工作要求的题目：

(1) 工程质量验收均应在（　　）合格的基础上进行。

(2) 参加工程施工质量验收的各方人员应具备（　　）。

(3) 检验批的质量应按（　　）验收。

(4) 对涉及结构安全、节能、环境保护和主要使用功能的试块、试件及材料，应在进场时或施工中按规定进行（　　）。

(5) 隐蔽工程在隐蔽前应由施工单位通知（　　）进行验收，并应形成验收文件，验收合格后方可继续施工。

(6) 对涉及结构安全、节能、环境保护和使用功能的重要分部工程应在验收前按规定进行（　　）。

(7) 工程的观感质量应由（　　）现场检查，并应共同确认。

【答案】(1) 施工单位自检；(2) 相应的资格；(3) 主控项目和一般项目；(4) 见证检验；(5) 监理单位；(6) 抽样检验；(7) 验收人员。

考点8　工程质量保修期限

例：根据《建设工程质量管理条例》，屋面防水工程的最低保修期限为 (D) 年。

    A. 1　　　　　　　　　B. 2　　　　　　　　　C. 3　　　　　　　　　D. 5

题号	拓展同类必刷题	答案
1	根据《建设工程质量管理条例》，在正常使用条件下，电气管线、给水排水管道、设备安装工程的最低保修期限为（　　）年。	B
2	根据《建设工程质量管理条例》，在正常使用条件下，装修工程的最低保修期限为（　　）年。	B
3	有防水要求的卫生间、房间和外墙的最低保修期限为（　　）年。	D

考点9　统计管理方法在质量管理中的应用

例：常用的质量统计管理方法主要包括 (ABCDEFG)。

    A. 检查表法　　　　　　　　　　　　　B. 因果分析图法

    C. 数据分层法　　　　　　　　　　　　D. 散布图法

    E. 控制图法　　　　　　　　　　　　　F. 直方图法

    G. 排列图法

题号	拓展同类必刷题	答案
1	用来调查、收集、整理数据，为其他数据统计方法提供基础数据和粗略分析质量问题产生原因的一种统计管理方法是（　　）。	A
2	由专业人员集思广益提前编制；具有全面系统性；简明易懂，易于掌握，实施方便；可应用于生产过程的各个阶段；随科学的发展和标准规范的变化，不断完善的统计管理方法是（　　）。	A
3	一种用于分析质量问题与其产生原因之间关系的统计管理方法是（　　）。	B
4	将造成某项结果的众多原因，以系统的方式图解，即以图来表达结果（问题）与原因（因素）之间的关系的统计管理方法是（　　）。	B
5	把收集起来的数据按不同的目的加以分类，将性质相同、生产条件相同的数据归为一组，使之系统化，便于找出影响质量的具体原因的统计管理方法是（　　）。	C

题号	拓展同类必刷题	答案
6	一种在处理计量数据时，分析、判断、研究两个相对应的变量之间是否存在相关关系，并明确相关程度的统计管理方法是（　　）。	D
7	将两个可能相关的变量数据用点画在直角坐标系上，用来判断一组成对的数据之间是否存在相关性的统计管理方法是（　　）。	D
8	一种运用控制图判断生产过程稳定状态及质量波动原因的统计管理方法是（　　）。	E
9	可以将杂乱无章的数据解析出规则性，比较直观地看出产品质量特性的分布状态，便于判断总体质量状况的统计管理方法是（　　）。	F
10	一种分析和寻找影响质量主要因素的统计管理方法是（　　）。	G
11	按不合格点的缺陷形式分类，可以分析出造成质量问题的薄弱环节的统计管理方法是（　　）。	G
12	按生产作业分类，可以找出生产不合格品最多的关键过程的统计管理方法是（　　）。	G
13	按生产班组或单位分类，可以分析比较各单位技术水平和质量管理水平的统计管理方法是（　　）。	G

🔊 **考点点评**

1. 检查表可分为：工序分类检查表、缺陷项目检查表、缺陷原因检查表、特性检查表、操作检查表。

2. 因果分析图按体系不同可分为：结果分解型、原因罗列型、工序分类型。

四、本章真题实训

1. 【2023年真题】下列工作中，通常包括制定质量方针、质量目标和质量计划等活动的是（　　）。

   A. 质量管理　　　　　　B. 质量策划　　　　C. 质量保证　　　　D. 质量改进

2. 【2023年真题】下列质量管理活动效果中，属于坚持"全员积极参与"原则所获得的效果是（　　）。

   A. 增强对改进措施的关注　　　　　　B. 提高顾客的参与程度

   C. 改进决策过程　　　　　　　　　　D. 提高组织内部人员的满意程度

3. 【2023年真题】下列质量管理体系要素中，包含"应对风险和机遇的措施"的是（　　）。

   A. 改进　　　　　　　　B. 运行　　　　　　C. 支持　　　　　　D. 策划

4. 【2023年真题】根据《质量管理体系　要求》（GB/T 19001—2016），应按照策划的时间间隔对组织的质量管理体系进行管理评审的人员是（　　）。

   A. 组织最高管理者　　　　　　　　　B. 内部质量审核员

   C. 管理者代表　　　　　　　　　　　D. 外部质量审核员

5. 【2023年真题】根据《建设工程质量管理条例》，工程开工前负责办理工程质量监督手续的单位是（　　）。

   A. 监理单位　　　　　　B. 建设单位　　　　C. 施工单位　　　　D. 设计单位

6. 【2023年真题】根据《建筑工程施工质量验收统一标准》（GB 50300—2013），组织建筑工程项目单位工程质量验收的人员是（　　）。

   A. 总监理工程师　　　　　　　　　　B. 施工单位负责人

   C. 施工单位项目负责人　　　　　　　D. 建设单位项目负责人

7. 【2022年真题】根据《质量管理体系　基础和术语》（GB/T 19000—2016），将输入转化为输出的一组相互关联的资源和活动，被定义为（　　）。

　　A. 程序　　　　　　　　B. 方法　　　　　　　　C. 过程　　　　　　　　D. 体系

8. 【2022年真题】根据《质量管理体系　基础和术语》（GB/T 19000—2016），在质量方面指挥和控制组织的协调活动，被定义为（　　）。

　　A. 质量保证　　　　　　B. 质量管理　　　　　　C. 质量改进　　　　　　D. 质量策划

9. 【2022年真题】根据质量管理体系原则，质量管理的首要关注点是（　　）。

　　A. 扩展顾客群　　　　　　　　　　　　　B. 提高组织的声誉

　　C. 增加收入和市场份额　　　　　　　　　D. 满足顾客要求并努力超越顾客期望

10. 【2022年真题】下列原则中，属于六西格玛（6σ）质量管理基本原则的是（　　）。

　　A. 全员参与　　　　　　　　　　　　　　B. 关系管理

　　C. 聚焦于流程的改进与管理　　　　　　　D. 商誉管理

11. 【2022年真题】根据《建筑工程施工质量验收统一标准》（GB 50300—2013），工程验收的最小单位是（　　）。

　　A. 分项工程　　　　　　B. 检验批　　　　　　　C. 分部工程　　　　　　D. 单位工程

12. 【2022年真题】具有中心线和上下界限，能够通过观察分析判断生产过程是否处于受控状态的质量管理工具是（　　）。

　　A. 直方图　　　　　　　B. 因果分析图　　　　　C. 排列图　　　　　　　D. 控制图

13. 【2021年真题】根据《质量管理体系　要求》（GB/T 19001—2016），包括组织的岗位、职责和权限的要素是（　　）。

　　A. 改进　　　　　　　　B. 领导作用　　　　　　C. 绩效评价　　　　　　D. 运行

14. 【2021年真题】按照《建筑工程施工质量验收统一标准》（GB 50300—2013），组织进行检验批质量验收的人员是（　　）。

　　A. 总监理工程师　　　　　　　　　　　　B. 专业监理工程师

　　C. 施工单位总工程师　　　　　　　　　　D. 施工单位项目经理

15. 【2021年真题】根据《建设工程质量管理条例》，屋面防水工程的最低保修期限为（　　）年。

　　A. 2　　　　　　　　　B. 3　　　　　　　　　　C. 4　　　　　　　　　D. 5

16. 【2020年真题】在工程质量验收过程中，要求主要使用功能的抽查结果应符合相关专业验收规范的验收层次是（　　）。

　　A. 单位工程　　　　　　　　　　　　　　B. 分部工程

　　C. 分项工程　　　　　　　　　　　　　　D. 检验批

17. 【2020年真题】根据《建设工程质量管理条例》，在正常使用条件下，装修工程的最低保修期限为（　　）。

　　A. 1年　　　　　　　　B. 2年　　　　　　　　　C. 3年　　　　　　　　D. 5年

18. 【2020年真题】根据对数据和信息的分析评价来改进质量管理体系，运行的有效性和效率，这体现的质量管理原则是（　　）。

　　A. 领导作用　　　　　　　　　　　　　　B. 关系管理

　　C. 循证决策　　　　　　　　　　　　　　D. 过程方法

19. 【2019年真题】质量管理原则中的（　　）原则，主要益处包括提高组织的声誉。

　　A. 以客户为关注焦点　　　　　　　　　　B. 领导作用

　　C. 全员积极参与　　　　　　　　　　　　D. 过程方法

20. 【2019年真题】（　　）应当就审查合格的施工图设计文件向施工单位做出详细说明。

A. 建设单位   B. 工程监理单位

C. 设计单位   D. 项目经理

21.【2023 年真题】根据《建筑工程施工质量验收统一标准》（GB 50300—2013），分部工程质量验收合格的标准有（   ）。

A. 主控项目的质量经抽样检验合格

B. 一般项目的质量经抽样检验合格

C. 允许偏差项目的质量经抽样检验合格

D. 质量控制资料完整

E. 观感质量符合要求

22.【2023 年真题】下列要素中，属于《质量管理体系 基础和术语》（GB/T 19000—2016）中质量管理原则的有（   ）。

A. 策划   B. 领导作用

C. 全员积极参与   D. 以人为核心

E. 改进

23.【2023 年真题】下列要素中，属于《质量管理体系 要求》（GB/T 19001—2016）"支持"要素内容的有（   ）。

A. 资源   B. 沟通   C. 方针   D. 能力

E. 生产和服务的提供

24.【2023 年真题】根据《建设工程项目管理规范》（GB/T 50326—2017），下列文件中，属于质量计划编制依据的有（   ）。

A. 法律法规   B. 有关技术标准规范

C. 质量成本分析文件   D. 设计文件

E. 工程施工承包合同

25.【2022 年真题】下列质量管理活动中，属于根据《质量管理体系 基础和术语》（GB/T 19000—2016）中"循证决策"原则要求开展的活动有（   ）。

A. 在组织的所有层级创建并保持共同的价值观

B. 确保数据和信息足够准确、可靠和安全

C. 使用适宜的方法对数据和信息进行评价

D. 确定体系的目标

E. 为管理过程确定职责、权限和义务

26.【2022 年真题】按照建设工程监理规范的要求，监理工程师所采用的监理形式有（   ）。

A. 旁站   B. 认证   C. 鉴定   D. 平行检验

E. 巡视

27.【2022 年真题】下列质量管理活动中，属于根据《质量管理体系 基础和术语》（GB/T 19000—2016）中"领导作用"原则要求开展的活动有（   ）。

A. 鼓励在整个组织范围内履行对质量的承诺

B. 为员工提供履行职责所需的资源

C. 理解顾客当前的和未来的需求和期望

D. 在组织内部就组织的愿景、使命等进行沟通

E. 分享知识和经验

28.【2022 年真题】根据《建筑工程施工质量验收统一标准》（GB 50300—2013），单位工程质量验收合格的标准有（   ）。

A. 所含分部工程的质量均应验收合格

B. 工程移交时间符合合同工期要求

C. 主要使用功能的抽查结果应符合相关专业验收规范的规定

D. 观感质量应符合要求

E. 质量控制资料应完整

29. 【2021 年真题】关于质量体系内部审核，正确的有（　　）。

A. 审核其是否得到了有效实施和保持

B. 组织者应按照策划的时间间隔进行评审

C. 审核其是否满足认证机构要求

D. 应由该组织最高管理者组织

E. 审核能否支持组织奖的申报

30. 【2021 年真题】根据《建筑工程施工质量验收统一标准》（GB 50300—2013），属于分部工程质量验收合格标准的有（　　）。

A. 主控项目质量经抽样检验合格　　　B. 所含检验批的质量验收记录完整

C. 观感质量符合要求　　　　　　　　D. 所含分项工程的质量均应验收合格

E. 质量控制资料完整

31. 【2019 年真题】在进行工程项目实施质量管理时，质量控制点应包括的内容有（　　）。

A. 影响下道工序质量的技术间歇时间

B. 与施工质量密切相关的技术参数

C. 容易出现质量通病的部位

D. 隐蔽工程验收

E. 价格昂贵，对工程费用可能有严重影响的材料、构配件

32. 【2018 年真题】关于工程项目质量及其管理的说法中，正确的有（　　）。

A. 工程项目质量是指工程项目产品、服务满足基本要求的程度

B. 工程项目质量具有时效性和相对性的特点

C. 对工程项目质量的要求可以是明示的

D. 人员的工作质量是工程项目质量的基础

E. 工程项目质量管理的目的是建设最优质量的工程项目

五、本章真题实训答案及解析

1. A。工程项目质量管理是指在工程项目质量方面指挥和控制组织的协调活动，通常包括制定质量方针、质量目标和质量计划，以及通过质量策划、质量保证、质量控制和质量改进，组织实现这些质量目标的过程。

2. B。在整个组织内各级胜任、经授权并积极参与的人员，是提高组织创造和提供价值能力的必要条件。为了有效和高效地管理组织，各级人员得到尊重并参与其中是极其重要的，通过表彰、授权和提高能力，促进在实现组织的质量目标过程中的全员积极参与。主要益处：组织内人员对质量目标有更深入的理解，以及更强的加以实现的动力；在改进活动中，提高人员的参与程度；促进个人发展、主动性和创造力；提高人员的满意程度；增强整个组织内的相互信任和协作；促进整个组织对共同价值观和文化的关注。

3. D。质量管理体系要素中的策划包括应对风险和机遇的措施、质量目标及其实现的策划、变更的策划。

4. A。最高管理者应按照策划的时间间隔对组织的质量管理体系进行评审，以确保其持续的适宜性、充分性和有效性，并与组织的战略方向一致。

5. B。《建设工程质量管理条例》规定，建设单位在开工前，应当按照国家有关规定办理工程质量监督手续，工程质量监督手续可以与施工许可证或者开工报告合并办理。

6. D。《建筑工程施工质量验收统一标准》（GB 50300—2013）规定，建设单位收到工程竣工报告后，应由建设单位项目负责人组织监理、施工、设计、勘察等单位项目负责人进行单位工程验收。

7. C。质量管理体系是由相互关联的过程所组成，过程就是将输入转化为输出的一组相互关联的资源和活动。

8. B。《质量管理体系　基础和术语》（GB/T 19000—2016）对质量管理的定义是：关于质量的管理，即在质量方面指挥和控制组织的协调活动。

9. D。根据以顾客为关注焦点的原则，质量管理的首要关注点是满足顾客要求并且努力超越顾客期望。

10. C。6σ管理的基本原则：①真正以顾客为关注中心；②基于数据和事实的管理；③聚焦于流程的改进和管理；④主动性的管理；⑤无边界合作；⑥追求完美，容忍失误。

11. B。检验批是工程验收的最小单位，是整个建筑工程质量验收的基础。

12. D。控制图是一种有控制界限的图，图上有中心线和上下控制界限，用来区分引起质量波动的原因是偶然的还是系统的，可以提供系统原因存在的信息，从而判断生产过程是否处于受控状态。

13. B。领导作用的要素包括：领导作用和承诺，方针，组织的岗位、职责和权限。

14. B。施工质量验收的程序：检验批由专业监理工程师组织施工单位项目专业质量检查员、专业工长等进行验收。

15. D。在正常使用条件下，屋面防水工程、有防水要求的卫生间、房间和外墙面的防渗漏的最低保修期限为5年。

16. A。单位工程质量验收合格的标准：①所含分部工程的质量均应验收合格；②质量控制资料应完整；③所含分部工程中有关安全、节能、环境保护和主要使用功能的检验资料应完整；④主要使用功能的抽查结果应符合相关专业验收规范的规定；⑤观感质量应符合要求。

17. B。装修工程的最低保修期限为2年。

18. C。循证决策是基于数据和信息的分析和评价的决策，更有可能产生期望的结果。

19. A。以客户为关注焦点原则，主要益处包括提升顾客价值、增强顾客满意、增进顾客忠诚、增加重复性业务、提高组织的声誉、扩展顾客群、增加收入和市场份额。

20. C。设计单位应当就审查合格的施工图设计文件向施工单位做出详细说明。

21. DE。《建筑工程施工质量验收统一标准》（GB 50300—2013）规定，分部工程质量验收合格应符合下列规定：①所含分项工程的质量均应验收合格；②质量控制资料应完整；③有关安全、节能、环境保护和主要使用功能的抽样检验结果应符合相应规定；④观感质量应符合要求。

22. BCE。根据《质量管理体系　基础和术语》（GB/T 19000—2016），质量管理体系的原则包括：①以顾客为关注焦点；②领导作用；③全员积极参与；④过程方法；⑤改进；⑥循证决策；⑦关系管理。

23. ABD。根据《质量管理体系　要求》（GB/T 19001—2016），"支持"要素内容包括资源、能力、意识、沟通及成文信息。选项C属于"领导作用"要素内容；选项E属于"运行"要素内容。

24. ABD。《建设工程项目管理规范》（GB/T 50326—2017）规定，质量计划编制依据包括：①合同中有关产品质量要求；②项目管理规划大纲；③项目设计文件；④相关法律法规和标准规范；⑤质量管理其他要求。

25. BC。"循证决策"原则可开展的活动包括确定、测量和监视关键指标，以证实组织的绩效；使相关人员能够获得所需的全部数据；确保数据和信息足够准确、可靠和安全；使用适宜的方法对数据和信息进行分析和评价；确保人员有能力分析和评价所需的数据；权衡经验和直觉，基于证据进行决策并采取措施。选项 A 属于领导作用原则可开展的活动；选项 D、E 属于过程方法原则可开展的活动。

26. ADE。监理工程师应当按照工程监理规范的要求，采取旁站、巡视和平行检验等形式，对建设工程实施监理。

27. ABD。"领导作用"原则可开展的活动包括在整个组织内，就其使命、愿景、战略、方针和过程进行沟通；在组织的所有层级创建并保持共同的价值观，以及公平和道德的行为模式；培育诚信和正直的文化；鼓励在整个组织范围内履行对质量的承诺；确保各级领导者成为组织人员中的榜样；为员工提供履行职责所需的资源、培训和权限；激发、鼓励和表彰员工的贡献。选项 C 属于以顾客为关注焦点原则可开展的活动；选项 E 属于全员积极参与原则可开展的活动。

28. ACDE。单位工程质量验收合格的标准：①所含分部工程的质量均应验收合格；②质量控制资料应完整；③所含分部工程中有关安全、节能、环境保护和主要使用功能的检验资料应完整；④主要使用功能的抽查结果应符合相关专业验收规范的规定；⑤观感质量应符合要求。

29. AB。内部审核还应该审核是否符合组织自身的质量管理体系要求，是否符合标准的要求。

30. CDE。根据《建设工程施工质量验收统一标准》（GB 50300—2013）规定，分部工程质量验收合格标准：①所含分项工程的质量均应验收合格；②质量控制资料应完整；③有关安全、节能、环境保护和主要使用功能的抽样检验结果应符合相应规定；④观感质量应符合要求。选项 A 为检验批验收的合格标准；选项 B 为分项工程质量验收的合格标准。

31. ABCD。质量控制点还应包括的内容：①对施工质量有重要影响的关键质量特性、关键部位或重要影响因素；②工艺上有严格要求，对下道工序的活动有重要影响的关键质量特性、部位；③严重影响项目质量的材料质量和性能；④紧缺工程材料、构配件和工程设备或可能对生产安排有严重影响的关键项目。

32. BCD。选项 A 中，"服务满足基本要求的程度"表述错误，正确表述应为"服务满足规定要求的程度"。选项 E 的正确表述应为"工程项目质量管理的目的是建设质量合格的工程项目，保证投资目标的实现"。

六、本章同步练习

（一）单项选择题（每题 1 分。每题的备选项中，只有 1 个最符合题意）

1. 质量管理体系中所谓的"PDCA"法则中的"P"是指（　）。
    A. 计划   B. 实施
    C. 检查与验证   D. 处理或处置

2. 工程项目前期工作质量的全权责任人是（　）。
    A. 业主   B. 项目经理
    C. 项目设计人   D. 监理工程师

3. 根据《工程咨询成果质量评价办法》，工业项目可行性研究报告质量评价中的经济分析情况综合评价包括（　）。
    A. 是否符合规模经济论证情况   B. 财务、金融风险分析情况
    C. 节能、节水论证情况   D. 投资估算的准确性情况

4. 工程项目试运行的准备阶段质量管理工作不包括（　）。
    A. 做好安全保障工作
    B. 业主方要负责试运行现场的清理工作

C. 业主方要负责落实供应的资源

D. 试运行岗位人员应按计划经过培训并考核合格

5. 施工图的设计交底由（　　）组织进行。

A. 施工单位　　　　　　　　　　　　　B. 设计单位

C. 工程咨询单位　　　　　　　　　　　D. 监理单位

6. 消防设计是在（　　）阶段报政府审批。

A. 方案设计　　　　　　　　　　　　　B. 初步设计

C. 技术设计　　　　　　　　　　　　　D. 施工图设计

7. 分项工程由（　　）组织施工单位项目专业技术负责人等进行验收。

A. 项目经理　　　　　　　　　　　　　B. 专业监理工程师

C. 总监理工程师　　　　　　　　　　　D. 建设单位项目负责人

8. 检验批由（　　）组织施工单位项目专业质量检查员、专业工长等进行验收。

A. 总监理工程师　　　　　　　　　　　B. 专业监理工程师

C. 项目经理　　　　　　　　　　　　　D. 施工单位技术负责人

9. 对涉及结构安全、节能、环境保护和主要使用功能的试块、试件及材料，应在进场时或施工中按规定进行（　　）。

A. 自检　　　　　　　　　　　　　　　B. 见证检验

C. 功能试验　　　　　　　　　　　　　D. 抽样检验

（二）**多项选择题**（每题 2 分。每题的备选项中，有 2 个或 2 个以上符合题意，至少有 1 个错项。错选，本题不得分；少选，所选的每个选项得 0.5 分）

1. 在进行质量管理时，常用到的统计管理方法包括（　　）。

A. 数据分层法　　　　　　　　　　　　B. 因果分析图

C. 百分比法　　　　　　　　　　　　　D. 散布图

E. 检查表法

2. 在初步设计阶段，工程咨询单位应完成的工作主要有（　　）。

A. 确定设计概算　　　　　　　　　　　B. 进行项目总目标论证

C. 组建设计团队，部署设计任务　　　　D. 编制初步设计文件

E. 提出勘察工作需求

3. 施工过程的工程质量验收中，分项工程质量验收合格的条件有（　　）。

A. 所含检验批均已验收合格　　　　　　B. 观感质量验收符合要求

C. 所含检验批质量验收记录完整　　　　D. 有关安全和功能的检测资料完整

E. 主要功能性项目的抽查结果符合相关专业验收规范的规定

4. 在方案设计阶段，设计单位向政府报送审批的主要技术文件包括（　　）。

A. 规划意见书　　　　　　　　　　　　B. 规划设计方案

C. 交通设计　　　　　　　　　　　　　D. 消防设计

E. 绿地规划方案

5. 根据《建设工程项目管理规范》（GB/T 50326—2017）规定，项目实施阶段质量管理的程序包括（　　）。

A. 确定质量计划　　　　　　　　　　　B. 开展质量检查与过程

C. 实施质量控制　　　　　　　　　　　D. 落实质量改进

E. 进行技术交底

6. 工程项目质量管理体系的基本原则包括（　　）。

A. 以产品为关注焦点　　　　　　　　　B. 监督作用

C. 过程方法
D. 全员积极参与
E. 改进

7. 关于工程项目试运行工作中质量要求的说法，正确的有（　　　）。

A. 每项试运行工作都由承包方组织和指挥操作人员进行

B. 发生事故后，试运行指导人员应果断处理，切断事故源

C. 试运行操作应遵循和符合试运行方案的规定

D. 在紧急情况下，岗位人员具有紧急停止试运行的权力

E. 前一试运行工序的事故原因未查明，缺陷未清除，不得进行下一工序的试运行

七、本章同步练习答案

（一）单项选择题

1. A	2. B	3. D	4. B	5. C
6. D	7. B	8. B	9. B	

（二）多项选择题

1. ABDE	2. AE	3. AC	4. ABCE	5. ABCD
6. CDE	7. BCDE			

第八章

工程项目健康、安全与环境管理

一、本章核心考点分布

```
                    ┌─ 工程项目相关单位的安全责任（2017年、2021年、2022年、2023年）
                    │
                    ├─ 事故等级的划分（2018年、2019年、2021年、2022年、2023年）
                    │
                    ├─ 安全生产事故报告与调查（2017年、2018年、2019年、2022年）
  工程项目健康、      │
  安全与环境管理 ─────┤
                    ├─ 安全预评价（2022年、2023年）
                    │
                    ├─ 绿色设计（2018年、2020年、2022年、2023年）
                    │
                    └─ 职业健康安全与环境管理体系要素（2017年、2018年、2022年、2023年）
```

二、专家剖析考点

1. 应熟练掌握建设单位、勘察单位、设计单位、监理单位及施工单位各自的安全责任。

2. 建设工程生产安全事故应急预案和事故处理的内容作为一般考点进行简单了解即可。

3. 职业健康安全管理的相关制度中，涉及的可考点较多，其中伤亡事故与职业病统计报告和处理的内容为考核的重中之重，应结合历年真题熟练掌握。

4. 安全预评价与初步设计阶段的安全管理是本章考核的要点，历年考核频次较高，应对相关内容全面掌握。

5. 工程项目施工阶段，施工安全计划的编制及实施的相关内容是本章的考核要点，重复进行考核的概率极高。

6. 环境影响评价、绿色设计与绿色施工的相关知识均为本章的考核要点，一直深受命题者的青睐，要重点关注。

7. 职业健康安全管理体系结构与环境管理体系结构对比图的内容考生应进行区别记忆，避免混淆。

三、本章核心考点必刷题

考点1　工程项目相关单位的安全责任

例：根据《建设工程安全生产管理条例》，属于建设单位安全责任的有（ABCDE）。

　A. 向施工单位提供真实、准确、完整的施工现场及毗邻区域内地下管线资料

B. 不得提出不符合工程项目安全生产规定的要求，不得压缩合同约定的工期
C. 确定工程项目安全作业环境及安全施工措施所需费用
D. 提供工程项目有关安全施工措施的资料
E. 应将拆除工程发包给具有相应资质等级的施工单位并进行拆除前备案
F. 按规定进行勘察并提供真实、准确的勘察文件
G. 严格执行操作规程，采取措施保证安全
H. 按照法律、法规和工程建设强制性标准进行设计
I. 对涉及施工安全的重点部位和环节在设计文件中注明并提出防范指导意见
J. 注册执业人员应对其设计负责
K. 审查施工组织设计中的安全技术措施或者专项施工方案是否符合工程建设强制性标准
L. 发现存在安全事故隐患的，要求施工单位整改
M. 按照法律、法规和工程建设强制性标准实施监理，并承担监理责任
N. 单位具备相应的资质条件
O. 建立有关安全的制度和制定有关安全生产规章
P. 保证安全生产所需资金的投入
Q. 设立安全生产管理机构和配备专职安全管理人员
R. 编制安全技术措施和施工现场临时用电方案
S. 建立消防安全责任制度
T. 单位负责人的任职条件符合要求

题号	拓展同类必刷题	答案
1	根据《建设工程安全生产管理条例》，属于勘察单位安全责任的有（　　）。	FG
2	根据《建设工程安全生产管理条例》，属于设计单位安全责任的有（　　）。	HIJ
3	根据《建设工程安全生产管理条例》，属于工程监理单位安全责任的有（　　）。	KLM
4	根据《建设工程安全生产管理条例》，属于施工单位安全责任的有（　　）。	NOPQRST

🔊 **考点点评**

　　主要注意区分建设单位与施工单位的安全责任。

考点2　事故等级的划分

例：根据《生产安全事故报告和调查处理条例》，属于特别重大事故的有（AEI）。

A. 造成30人以上死亡的事故
B. 造成10人以上30人以下死亡的事故
C. 造成3人以上10人以下死亡的事故
D. 造成3人以下死亡的事故
E. 造成100人以上重伤（包括急性工业中毒）的事故
F. 造成50人以上100人以下重伤（包括急性工业中毒）的事故
G. 造成10人以上50人以下重伤（包括急性工业中毒）的事故
H. 造成10人以下重伤（包括急性工业中毒）的事故
I. 造成1亿元以上直接经济损失的事故
J. 造成5000万元以上1亿元以下直接经济损失的事故
K. 造成1000万元以上5000万元以下直接经济损失的事故

L. 造成 1000 万元以下直接经济损失的事故

题号	拓展同类必刷题	答案
1	根据《生产安全事故报告和调查处理条例》，属于重大事故的有（　　）。	BFJ
2	根据《生产安全事故报告和调查处理条例》，属于较大事故的有（　　）。	CGK
3	根据《生产安全事故报告和调查处理条例》，属于一般事故的有（　　）。	DHL

🔊 **考点点评**

命题时可能还会给出一个事故的具体伤亡和损失情况，让判断事故的等级，有两个以上条件时要注意就高不就低。

考点3　安全生产事故报告与调查

例：根据《生产安全事故报告和调查处理条例》，下列内容中，属于事故调查报告内容组成的有（ABCDEFGHI）。

A. 事故发生单位概况

B. 事故发生经过

C. 事故救援情况

D. 事故造成的人员伤亡和直接经济损失

E. 事故发生的原因

F. 事故性质

G. 事故责任的认定

H. 对事故责任者的处理建议

I. 事故防范和整改措施

J. 事故发生的时间、地点以及事故现场情况

K. 事故的简要经过

L. 事故已经造成或者可能造成的伤亡人数（包括下落不明的人数）和初步估计的直接经济损失

M. 已经采取的措施

题号	拓展同类必刷题	答案
1	根据《生产安全事故报告和调查处理条例》，下列内容中，事故报告的内容包括（　　）。	AJKLM

🔊 **考点点评**

1. 关于本考题，应注意"发生经过"与"简要经过"的不同，因其处于不同时段，故其详细程度有所不同。

2. 该考点中，还应掌握事故调查的相关要点，其涉及的主体、时限、职责的详细内容均可以进行独立考核。

考点4　安全预评价

例：根据《安全预评价导则》（AQ 8002—2007），工程项目安全预评价报告的重点内容有（ABCDEFGH）。

A. 安全预评价依据　　　　　　　B. 建设项目概况

C. 建设单位简介　　　　　　　　D. 生产工艺简介

E. 安全预评价方法和评价单元
F. 定性、定量评价
G. 安全卫生健康对策措施
H. 安全预评价结论
I. 危险、有害因素识别
J. 危险度评价
K. 安全对策措施及建议

题号	拓展同类必刷题	答案
1	根据《安全预评价导则》（AQ 8002—2007）要求，安全预评价主要包括（　　）等方面的内容。	IJK

🔊 **考点点评**

1. 安全预评价的目的是贯彻"安全第一、预防为主"方针，工程项目的安全预评价工作应在工程可行性研究阶段进行，在工程项目初步设计会审前完成，并通过安全监督管理部门的审批。

2. 考生应对安全预评价程序有所了解。根据《安全预评价导则》（AQ 8002—2007），安全预评价程序一般包括：准备阶段，危险、有害因素识别分析，预评价单元划分，评价方法的选择，定性、定量评价，安全对策措施及建议，安全预评价结论，编制报告。

3. 选择安全预评价方法，应根据被评价对象的特点，选择科学、合理、适用的定性、定量评价方法。

考点5　绿色设计

例：绿色设计的内容包括（ABCDEFG）。

A. 产品的功能型设计
B. 产品的可制造和可装配性设计
C. 绿色材料选择与管理
D. 产品的可回收性设计
E. 产品的可拆卸性设计
F. 产品包装设计
G. 产品模块化设计
H. 利用回收材料的产品设计
I. 使用天然的材料
J. 强调使用材料的经济性
K. 多种用途的产品设计

题号	拓展同类必刷题	答案
1	绿色设计的主题和发展趋势体现在（　　）。	HIJK

🔊 **考点点评**

关于绿色设计的学习还应掌握其原则和目的。

（1）绿色设计的原则是"3R"原则，即减少环境污染，减小能源消耗，产品和零部件的回收再生循环或者重新利用。

（2）绿色设计的目的：要克服传统设计的不足，使所设计的产品满足绿色产品的要求。

考点6　职业健康安全与环境管理体系要素

例：根据《职业健康安全管理体系　要求及使用指南》（GB/T 45001—2020），属于职业健康安全管理体系中策划要素的有（CS）。

A. 能力
B. 意识
C. 职业健康安全目标及其实现的策划
D. 运行策划和控制
E. 领导作用与承诺
F. 组织的角色、职责和权限
G. 工作人员的参与和协商
H. 文件化信息

I. 应急准备和响应   J. 监视、测量、分析和评价绩效

K. 内部审核   L. 信息交流

M. 职业健康安全方针   N. 管理评审

O. 环境安全方针   P. 应对风险和机遇的措施

Q. 环境目标及其实现的策划   R. 资源

题号	拓 展 同 类 必 刷 题	答案
1	根据《职业健康安全管理体系 要求及使用指南》（GB/T 45001—2020），属于职业健康安全管理体系结构中运行要素的有（ ）。	DI
2	根据《职业健康安全管理体系 要求及使用指南》（GB/T 45001—2020），属于职业健康安全管理体系结构中绩效评价要素的有（ ）。	JKN
3	根据《职业健康安全管理体系 要求及使用指南》（GB/T 45001—2020），属于职业健康安全管理体系结构中领导作用与工作人员参与要素的有（ ）。	EFGM
4	根据《环境管理体系 要求及使用指南》（GB/T 24001—2016），属于环境管理体系结构中领导作用与员工参与要素的有（ ）。	EFO
5	根据《环境管理体系 要求及使用指南》（GB/T 24001—2016），属于环境管理体系结构中策划要素的有（ ）。	PQ
6	根据《环境管理体系 要求及使用指南》（GB/T 24001—2016），属于环境管理体系结构中运行要素的有（ ）。	DI
7	根据《环境管理体系 要求及使用指南》（GB/T 24001—2016），属于环境管理体系结构中支持要素的有（ ）。	ABHLR

🔊 考点点评

该考点还可能会出现的考核方式有：①哪些属于一级要素；②哪些属于二级要素；③告诉某个具体的二级要素，让判断属于哪级要素。

四、本章真题实训

1. 【2023 年真题】根据《建设工程安全生产管理条例》，对于依法批准开工报告的建设工程，建设单位应当自开工报告批准之日起（   ）日内，将保证安全施工的措施报送有关部门备案。
   A. 10   B. 15   C. 20   D. 30

2. 【2023 年真题】根据《生产安全事故报告和调查处理条例》，如果某工程施工安全事故造成直接经济损失 4000 万元，则此事故属于（   ）。
   A. 一般事故   B. 较大事故
   C. 重大事故   D. 特别重大事故

3. 【2023 年真题】根据《绿色建造技术导则（试行）》，现浇钢筋混凝土结构建筑垃圾产生量每万平方米应不大于（   ）t。
   A. 100   B. 200   C. 300   D. 400

4. 【2023 年真题】根据《职业健康安全管理体系 要求及使用指南》（GB/T 45001—2020），下列工作中，属于策划要素内容的是（   ）。
   A. 确定职业健康安全目标及其实现策划   B. 建立职业健康安全管理方针
   C. 确定岗位职责   D. 管理评审

5. 【2022年真题】施工单位应当对达到一定规模的危险性较大的分部分项工程编制专项施工方案，负责对专项施工方案的实施进行现场监督的人员是（   ）。

A. 总监理工程师   B. 施工单位专职安全生产管理人员

C. 施工单位技术负责人   D. 施工单位项目经理

6. 【2022年真题】根据《生产安全事故报告和调查处理条例》，造成3人死亡的生产安全事故是（   ）。

A. 特别重大事故   B. 重大事故

C. 较大事故   D. 一般事故

7. 【2022年真题】根据《生产安全事故应急预案管理办法》，生产经营单位应当在应急预案公布之日起（   ）个工作日之内，按照分级属地原则，向县级以上人民政府应急管理部门备案。

A. 10   B. 15   C. 20   D. 30

8. 【2022年真题】根据《环境管理体系　要求及使用指南》（GB/T 24001—2016），属于绩效评价要素内容的是（   ）。

A. 组织职责和权限   B. 领导承诺

C. 管理评审   D. 不符合及其纠正措施

9. 【2022年真题】下列做法中，不符合绿色设计发展趋势的是（   ）。

A. 强化纯装饰性设计   B. 摒弃无用功能

C. 具有多种用途的产品设计   D. 使用天然材料

10. 【2021年真题】不属于工程项目安全预评价程序的是（   ）。

A. 确定安全预评价单元   B. 识别与分析有害因素

C. 选择评价方法   D. 制定安全管理奖惩制

11. 【2021年真题】生产经营单位应根据本单位事故风险特点，每（   ）至少组织一次现场处置方案演练。

A. 半年   B. 1年   C. 2年   D. 3年

12. 【2021年真题】建设单位应当自开工报告批准之日起（   ）日内，将保证安全施工措施报送给建设行政主管部门。

A. 10   B. 15   C. 20   D. 30

13. 【2019年真题】根据我国《生产安全事故报告和调查处理条例》规定，经济损失在5000万元以上，1亿元以下的事故属于（   ）。

A. 一般事故   B. 较大事故

C. 重大事故   D. 特别重大事故

14. 【2019年真题】PDCA模式将职业健康安全与环境管理体系要素分为六个部分，其中不包括（   ）。

A. 领导作用   B. 策划

C. 支持和运行   D. 循证决策

15. 【2019年真题】可能造成轻度环境影响的，应当编制（   ），对产生的环境影响进行分析或者专项评价。

A. 环境影响报告书   B. 环境影响报告表

C. 环境影响篇章   D. 环境影响登记表

16. 【2023年真题】下列工作中，属于安全预评价内容的有（   ）。

A. 安全对策措施及建议   B. 安全管理方针适宜性分析

C. 危险度评价   D. 危险、有害因素识别

E. 安全管理责任分配

17. 【2023 年真题】下列工作中，属于编制工程项目施工安全计划主要工作内容的有（　　）。
    A. 确定安全管理的职责权限
    B. 确保安全资源配置
    C. 确定安全教育形式
    D. 制定安全技术措施
    E. 明确安全管理目标

18. 【2023 年真题】下列安全预评价方法中，可以分析得到事故后果的方法有（　　）。
    A. 故障类型及影响分析法
    B. 事故树分析法
    C. 模糊矩阵法
    D. 因果（鱼刺）图分析法
    E. 事故模型法

19. 【2022 年真题】在安全预评价中，能够提供危险度分级的安全评价方法有（　　）。
    A. 安全度评价法
    B. 因果图分析法
    C. 专家现场询问法
    D. 风险矩阵评价法
    E. 事故树分析法

20. 【2022 年真题】根据《生产安全事故报告和调查处理条例》，下列事故中，负责事故调查的人民政府应当自收到事故调查报告之日起 15 日内做出批复的有（　　）。
    A. 轻微事故
    B. 一般事故
    C. 较大事故
    D. 重大事故
    E. 特别重大事故

21. 【2022 年真题】《绿色建造技术导则（试行）》对绿色施工的规定与要求有（　　）。
    A. 环境保护
    B. 资源节约
    C. 信息技术应用
    D. 碳中和达标
    E. 协同与优化

22. 【2021 年真题】下列安全评价方法中，属于事故致因因素安全评价方法的有（　　）。
    A. 危险和可操作性研究
    B. 观察法
    C. 因果图分析法
    D. 安全度评价法
    E. 事故树分析法

23. 【2020 年真题】下列设计方法中，属于绿色设计方法的有（　　）。
    A. 建筑信息模型设计
    B. 系统设计
    C. 并行工程设计
    D. 可靠性设计
    E. 循环设计

24. 【2019 年真题】我国境内新建、改建、扩建的基本建设项目、技术改造项目和引进的建设项目，其职业健康安全设施必须符合国家规定的标准，必须与主体工程（　　）。
    A. 同时招标
    B. 同时设计
    C. 同时施工
    D. 同时竣工
    E. 同时投入生产和使用

25. 【2019 年真题】发生生产安全事故后，事故调查报告应当包括的内容有（　　）。
    A. 事故发生单位概况
    B. 事故发生经过和事故救援情况
    C. 事故造成的人员伤亡和直接、间接经济损失
    D. 事故发生的原因和事故性质
    E. 事故责任的认定以及对事故责任者的处理结论

26. 【2019 年真题】在进行工程项目的安全预评价时，能够提供危险度分级的安全评价方法包括（　　）。

A. 专家现场问询、观察法　　　　B. 因果图分析法
C. 风险矩阵评价法　　　　　　　D. 事故树分析
E. 故障类型及影响分析

五、本章真题实训答案及解析

1. B。《建设工程安全生产管理条例》规定，依法批准开工报告的建设工程，建设单位应当自开工报告批准之日起15日内，将保证安全施工的措施报送建设工程所在地的县级以上地方人民政府建设行政主管部门或者其他有关部门备案。

2. B。《生产安全事故报告和调查处理条例》规定，根据生产安全事故（以下简称事故）造成的人员伤亡或者直接经济损失，事故一般分为以下等级：①特别重大事故，是指造成30人以上死亡，或者100人以上重伤（包括急性工业中毒，下同），或者1亿元以上直接经济损失的事故。②重大事故，是指造成10人以上30人以下死亡，或者50人以上100人以下重伤，或者5000万元以上1亿元以下直接经济损失的事故。③较大事故，是指造成3人以上10人以下死亡，或者10人以上50人以下重伤，或者1000万元以上5000万元以下直接经济损失的事故。④一般事故，是指造成3人以下死亡，或者10人以下重伤，或者1000万元以下直接经济损失的事故。

3. C。《绿色建造技术导则（试行）》规定，应采取措施减少固体废弃物产生，建筑垃圾产生量应控制在现浇钢筋混凝土结构每万平方米不大于300t，装配式建筑每万平方米不大于200t（不包括工程渣土、工程泥浆）。

4. A。根据《职业健康安全管理体系 要求及使用指南》（GB/T 45001—2020），策划要素的内容包括：①应对风险和机遇的措施；②职业健康安全与环境目标及其实现的策划。

5. B。施工单位应当对下列达到一定规模的危险性较大的分部分项工程编制专项施工方案，并附具安全验算结果，经施工单位技术负责人、总监理工程师签字后实施，由专职安全生产管理人员进行现场监督：基坑支护与降水工程；土方开挖工程；模板工程；起重吊装工程；脚手架工程；拆除、爆破工程；国务院建设行政主管部门或者其他有关部门规定的其他危险性较大的工程。对上述工程中涉及深基坑、地下暗挖工程、高大模板工程的专项施工方案，施工单位还应当组织专家进行论证、审查。

6. C。①特别重大事故，是指造成30人以上死亡，或者100人以上重伤（包括急性工业中毒，下同），或者1亿元以上直接经济损失的事故；②重大事故，是指造成10人以上30人以下死亡，或者50人以上100人以下重伤，或者5000万元以上1亿元以下直接经济损失的事故；③较大事故，是指造成3人以上10人以下死亡，或者10人以上50人以下重伤，或者1000万元以上5000万元以下直接经济损失的事故；④一般事故，是指造成3人以下死亡，或者10人以下重伤，或者1000万元以下直接经济损失的事故。上述等级中所称的"以上"包括本数，所称的"以下"不包括本数。

7. C。生产经营单位应当在应急预案公布之日起20个工作日内，按照分级属地原则，向县级以上人民政府应急管理部门和其他负有安全生产监督管理职责的部门进行备案，并依法向社会公布。

8. C。绩效评价要素包括：①监视、测量、分析和评价；②内部审核；③管理评审。

9. A。绿色设计的主题和发展趋势大致体现在四个方面：①使用天然的材料；②强调使用材料的经济性，摒弃无用功能和纯装饰性的样式；③多种用途的产品设计；④利用回收材料的产品设计。

10. D。安全预评价程序一般包括：①准备阶段；②危险、有害因素识别与分析；③确定安全预评价单元；④选择安全预评价方法；⑤定性、定量评价；⑥安全对策措施及建议；⑦安全预评

价结论；⑧编制安全预评价报告。

11. A。生产经营单位应当每年至少组织一次综合应急预案演练或者专项应急预案演练，每半年至少组织一次现场处置方案演练。

12. B。根据《建设工程安全生产管理条例》依法批准开工报告的建设工程，建设单位应当自开工报告批准之日起 15 日内，将保证安全施工的措施报送建设工程所在地的县级以上地方人民政府建设行政主管部门或者其他有关部门备案。

13. C。重大事故是指造成 10 人以上 30 人以下死亡，或者 50 人以上 100 人以下重伤，或者 5000 万元以上 1 亿元以下直接经济损失的事故。

14. D。PDCA 模式将职业健康安全与环境管理体系要素分为六个部分：组织所处的环境、领导作用、策划、支持和运行、绩效评价、改进。

15. B。根据《中华人民共和国环境影响评价法》（以下简称《环境影响评价法》），建设单位应当按照下列规定组织编制环境影响评价文件，具体包括：①可能造成重大环境影响的，应当编制环境影响报告书，对产生的环境影响进行全面评价；②可能造成轻度环境影响的，应当编制环境影响报告表，对产生的环境影响进行分析或者专项评价；③对环境影响很小，不需要进行环境影响评价的，应当填报环境影响登记表。

16. ACD。根据《安全预评价导则》（AQ 8002—2007）要求，安全预评价内容包括危险、有害因素识别，危险度评价和安全对策措施及建议等内容。

17. ABDE。施工安全计划应针对项目特点、项目实施方案及程序，依据安全法规和标准等加以编制，主要内容包括：①项目概况；②明确安全控制和管理目标；③确定安全控制和管理程序；④确定安全组织机构；⑤确定安全管理职责权限；⑥确保安全资源配置；⑦制定安全技术措施；⑧落实安全检查评价和奖惩制度。

18. ABC。可以提供事故后果的安全评价方法：故障类型及影响分析；事故树分析；逻辑树分析；概率理论分析；模糊矩阵法；马尔可夫模型分析；易燃、易爆、有毒重大危险源评价法；道化学公司火灾爆炸危险指数评价法；蒙德火灾爆炸毒性指数评价法；统计图表分析法等。

19. ADE。常用的安全预评价方法有：①事故致因因素安全评价方法，包括专家现场询问观察法；危险和可操作性研究；故障类型及影响分析；事故树分析；事故引发和发展分析；因果（鱼刺）图分析法等。②能够提供危险度分级的安全评价方法，包括危险和可操作性研究；故障类型及影响分析；事故树分析；风险矩阵评价法；安全度评价法；重大危险源辨识方法；"安全检查表—危险指数评价—系统安全分析"评价法；统计图表分析法等。③可以提供事故后果的安全评价方法，包括故障类型及影响分析；事故树分析；逻辑树分析；概率理论分析；模糊矩阵法；易燃、易爆、有毒重大危险源评价法；统计图表分析法；事故模型法等。

20. BCD。重大事故、较大事故、一般事故，负责事故调查的人民政府应当自收到事故调查报告之日起 15 日内做出批复；特别重大事故，30 日内做出批复，特殊情况下，批复时间可以适当延长，但延长的时间最长不超过 30 日。

21. ABCE。《绿色建造技术导则（试行）》对绿色施工的规定与要求有：①一般规定；②协同与优化；③环境保护；④资源节约；⑤信息技术应用。

22. ABCE。事故致因因素安全评价方法：专家现场询问观察法；危险和可操作性研究；故障类型及影响分析；事故树分析；事故引发和发展分析；因果（鱼刺）图分析法等。安全度评价法属于能够提供危险度分级的安全评价方法。

23. CE。绿色设计的方法包括模块化设计、循环设计、并行工程设计。

24. BCE。"三同时"是同时设计、同时施工、同时投入生产和使用。

25. ABD。事故调查报告应当包括的内容除了本题所选外，还应该包括：①事故造成的人员伤亡和直接经济损失；②事故责任的认定以及对事故责任者的处理建议；③事故防范和整改措施。

26. CDE。能够提供危险度分级的安全评价方法：危险和可操作性研究、故障类型及影响分析、事故树分析、风险矩阵评价法、安全度评价法、重大危险源辨识方法、"安全检查表—危险指数评价—系统安全分析"评价法、统计图表分析法等。

六、本章同步练习

(一) 单项选择题 (每题1分。每题的备选项中，只有1个最符合题意)

1. 编制安全技术措施和施工现场临时用电方案是 (　　) 的安全责任。
   A. 建设单位　　　　　　　　　　　　B. 施工单位
   C. 勘察单位　　　　　　　　　　　　D. 监理单位

2. 根据《建设工程安全生产管理条例》，建设单位应将拆除工程发包给具有相应资质等级的施工单位，并在拆除工程施工 (　　) 日前，将有关资料报送建设工程所在地的县级以上地方人民政府建设行政主管部门或者其他有关部门备案。
   A. 15　　　　　B. 28　　　　　C. 30　　　　　D. 35

3. 职业健康安全管理体系中，运行环节的管理体系要素不包括 (　　)。
   A. 运行策划　　　　　　　　　　　　B. 运行控制
   C. 应急准备和响应　　　　　　　　　D. 不符合和纠正措施

4. 某化工厂发生瓦斯泄漏事件，造成25人重伤，该事故为 (　　)。
   A. 一般事故　　　　　　　　　　　　B. 重大事故
   C. 较大事故　　　　　　　　　　　　D. 特别重大事故

5. 可以提供危险度分级的安全评价方法是 (　　)。
   A. 事故模型法　　　　　　　　　　　B. 观察法
   C. 模糊矩阵法　　　　　　　　　　　D. 统计图表分析法

6. 对于重大事故、较大事故、一般事故，负责事故调查的人民政府应当自收到事故调查报告之日起 (　　) 日内做出批复。
   A. 15　　　　　B. 28　　　　　C. 30　　　　　D. 35

7. 应急预案的编制以 (　　) 为核心。
   A. 注重实效　　　B. 应急处置　　　C. 应急职责　　　D. 应急程序

8. 生产经营单位应当每 (　　) 至少组织一次综合应急预案演练或者专项应急预案演练。
   A. 三个月　　　　B. 半年　　　　C. 一年　　　　D. 两年

(二) 多项选择题 (每题2分。每题的备选项中，有2个或2个以上符合题意，至少有1个错项。错选，本题不得分；少选，所选的每个选项得0.5分)

1. 根据《建设工程安全生产管理条例》的规定，建设单位的安全责任包括 (　　)。
   A. 采取措施保护构筑物的安全
   B. 向施工单位提供施工现场区域内地下管线的完整资料
   C. 确定工程项目安全作业环境及安全施工措施所需费用
   D. 审查施工组织设计中的安全技术措施或者专项施工方案是否符合工程建设强制性标准
   E. 在规定期限内，将保证安全施工的措施报送工程项目所在地的县级以上地方人民政府建设行政主管部门备案

2. 关于工程项目安全管理相关规定的说法，正确的有 (　　)。
   A. 管生产经营必须管安全
   B. 安全生产工作应当以人为本，坚持安全发展理念，坚持安全第一、预防为主、综合治理的方针

C. 生产经营单位的主要负责人应及时、如实报告本单位的生产安全事故

D. 生产经营单位的主要负责人应组织制定本单位安全生产规章制度和操作规程

E. 生产经营单位的主要负责人应在施工现场组织协调工程项目质量安全生产活动

3. 根据《生产安全事故报告和调查处理条例》，特别重大事故的判定条件有（　　）。

A. 造成 10 人以上 30 人以下死亡　　　　B. 造成 30 人以上死亡

C. 造成 50 人以上 100 人以下重伤　　　D. 造成 100 人以上重伤

E. 造成 1 亿元以上直接经济损失

4. 工程项目安全预评价的方法主要有（　　）。

A. 因果图分析法　　　　　　　　　　　B. 事故树分析法

C. 观察法　　　　　　　　　　　　　　D. 安全度评价法

E. SWOT 分析法

5. 事故致因因素安全评价方法包括（　　）。

A. 风险矩阵评价法　　　　　　　　　　B. 故障类型及影响分析

C. 重大危险源辨识方法　　　　　　　　D. 危险和可操作性研究

E. 因果（鱼刺）图分析法

6. 工程项目施工阶段的安全管理包括（　　）。

A. 施工安全策划　　　　　　　　　　　B. 编制施工图预算

C. 安全计划的实施　　　　　　　　　　D. 安全检查

E. 安全计划验证与持续改进

7. 根据《绿色建造技术导则（试行）》，关于绿色施工规定与要求的说法，正确的有（　　）。

A. 应根据绿色施工工艺进行绿色施工组织设计、绿色施工方案编制

B. 宜基于 BIM 设计信息，推进工厂生产全流程自动化、信息化、智能化

C. 应建立与设计、生产、运营维护联动的协同管理机制

D. 应进行多层级交底，明确绿色设计重点内容、绿色建材产品使用要求

E. 应因地制宜对施工现场雨水、中水进行科学收集和合理利用

8. 在施工安全计划的实施阶段，安全管理工作主要有（　　）。

A. 编制施工安全计划　　　　　　　　　B. 建立安全生产管理制度

C. 开展安全教育培训　　　　　　　　　D. 进行安全技术交底

E. 执行安全生产管理制度

七、本章同步练习答案

（一）单项选择题

1. B	2. A	3. D	4. C	5. D
6. A	7. B	8. C		

（二）多项选择题

1. BCE	2. ABCD	3. BDE	4. ABCD	5. BDE
6. ACDE	7. BCDE	8. BCDE		

2025 全国注册咨询工程师（投资）职业资格考试
预测试卷（一）

一、单项选择题（共60题，每题1分。每题的备选项中，只有1个最符合题意）

1. 合理的报酬和松弛的工作进度表是（　　）的要求和期望。

   A. 建设单位
   B. 咨询部门
   C. 施工单位
   D. 政府部门

2. 工程咨询单位资信评价每年度集中申请和评定，已获得资信评价等级的单位满（　　）后重新申请和评定，期间对发现不再达到相应标准的单位进行动态调整。

   A. 1年
   B. 2年
   C. 3年
   D. 5年

3. 根据业主方项目管理的能力水平以及工程项目的复杂程度，业主的管理模式可分为（　　）。

   A. 自行管理模式和委托管理模式
   B. 发包模式和设计—建造模式
   C. 自行管理模式和发包模式
   D. 发包模式和委托管理模式

4. 业主对工程项目进行管理的主要目的，不包括（　　）。

   A. 实现投资主体的投资目标和期望
   B. 将工程项目投资控制在预定或可接受的范围之内
   C. 保证工程项目建成后在项目功能和质量上达到设计标准
   D. 引导投资规模达到合理经济规模

5. 关于代理型CM模式的说法，错误的是（　　）。

   A. CM经理按照项目规模、服务范围和时间长短收取服务费，一般采用固定酬金加管理费的模式
   B. 业主可自由选定建筑师/工程师进行设计
   C. 明确整个项目的成本之前，投入较大
   D. CM经理可以对进度和成本做出保证

6. 对工程项目投资的可行性进行科学论证，是工程项目投资建设周期中（　　）阶段的主要任务。

   A. 前期
   B. 准备
   C. 实施
   D. 运营

7. 关于工程咨询单位资信评价等级的说法，正确的是（　　）。

   A. 资信评价等级分为甲级、乙级和丙级三个级别
   B. 综合资信只设甲级和乙级
   C. 专项资信设甲级、乙级和丙级
   D. 专业资信设甲级和乙级

8. 关于咨询工程师参与管理的说法，错误的是（　　）。

   A. 咨询工程师以咨询工作为职业，无偿提供咨询服务
   B. 咨询工程师的管理内容视业主的委托情况而变化
   C. 咨询工程师的目的之一是为自己创造良好的社会声誉
   D. 咨询工程师的目的之一是为了保障委托方实现项目预期目标

9. 项目管理组织中的管理层次是指（　　）。

   A. 最高管理者的学历
   B. 管理人员的职称层次
   C. 管理分级的层次
   D. 管理者的行政级别层次

10. BIM 技术集成应用实施方案应由工程咨询单位协助委托方建立，并应经（　A　）审核，报委托方审批后执行。

    A. 总咨询师
                B. 项目经理

    C. 施工单位技术负责人
      D. 项目技术负责人

11. 某项目团队生命周期如下图所示，则该项目团队的成员在（　　　）彼此高度信任、相互默契，工作效率有大的提高，工作效果明显。

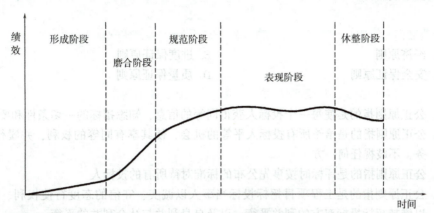

    A. 规范阶段
                B. 休整阶段

    C. 磨合阶段
                D. 表现阶段

12. 关于项目管理组织的作用的说法，错误的是（　　　）。

    A. 合理的管理组织可以提高项目团队的工作效率

    B. 管理组织的合理确定有利于项目目标的分解与完成

    C. 良好的项目组织工作可以提高项目的难度和含金量

    D. 科学合理的项目组织工作有利于项目内外关系的协调

13. 在工程项目管理过程中，减小管理幅度对组织的影响不包括（　　　）。

    A. 相互之间的工作协调难度加大
    B. 信息的传递容易发生丢失和失真

    C. 办事效率降低
                 D. 花费的时间与费用降低

14. 项目管理组织建立的步骤包括：①组织结构设计；②确定合理的项目目标；③人员配置；④工作岗位与工作职责确定；⑤制定考核标准；⑥确定组织目标和组织工作内容；⑦确定项目工作内容；⑧工作流程与信息流程。正确的顺序是（　　　）。

    A. ②→⑦→⑥→①→④→③→⑧→⑤
    B. ①→②→③→④→⑤→⑥→⑦→⑧

    C. ③→②→⑧→⑥→⑤→④→①→⑦
    D. ⑤→⑦→⑥→④→②→③→⑧→①

15. 关于项目式组织结构的优点的说法，正确的是（　　　）。

    A. 项目管理相对简单，使项目成本、质量及进度等控制更加容易进行

    B. 团队成员工作目标比较冗杂

    C. 监理工程师是真正意义上的项目负责人

    D. 项目团队内部不容易沟通

16. 工程项目组织计划中，项目界面包括（　　　）。

    A. 利益界面、技术界面、人际关系界面
    B. 组织界面、技术界面、人际关系界面

    C. 组织界面、阶段界面、人际关系界面
    D. 利益界面、阶段界面、组织技术界面

17. 某工程项目因技术复杂实行两阶段招标，在第一阶段招标时，投标人应提交的文件为（　　　）。

    A. 不带报价的技术建议
        B. 最终技术方案

    C. 带报价的投标文件
          D. 投标保证金

18. 关于工程项目开标、评标和定标的说法，错误的是（　　　）。

A. 开标地点应当为招标文件中确定的地点

B. 对于技术简单或技术规格、性能、制作工艺要求统一的货物，一般采用经评审的最低投标价法进行评标

C. 评标由招标人依法组建的评标委员会负责

D. 依法必须进行招标的项目，招标人应当自收到评标报告之日起 3 日内公示中标候选人，公示期不得少于 5 日

19. 某工程项目招标采购时，要求在保证货物质量的前提下，每种货物的购置费用，原则上不应超过计划安排的投资额，这体现的是工程项目货物招标应遵循的（　　）。

A. 经济原则   B. 进度保证原则

C. 安全保证原则   D. 质量保证原则

20. 关于工程项目招标投标管理中的公正原则的说法，正确的是（　　）。

A. 公正原则指的是使每一个投标人获得同等的信息，知悉招标的一切条件和要求

B. 公正原则指的是给予所有投标人平等的机会，使其享有同等的权利，并履行同等的义务，不歧视任何一方

C. 公正原则指的是评标时按事先公布的标准对待所有的投标人

D. 公正原则指的是工程项目招标投标当事人以诚实、守信的态度行使权利、履行义务，以维持招标投标双方的利益平衡，以及自身利益与社会利益的平衡

21. 招标人应当按资格预审公告规定的时间、地点出售资格预审文件，自资格预审文件出售之日起至停止出售之日止，最短不得少于（　　）日。

A. 7   B. 10   C. 20   D. 5

22. 根据《标准施工招标文件》，不属于工程变更范围的是（　　）。

A. 为完成工程需要追加的额外工作

B. 改变合同工程的基线、标高、位置或尺寸

C. 改变合同中任何一项工作的质量或其他特性

D. 取消合同中任何一项工作，并将该工作转由其他人实施

23. 某大型基础设施项目，招标人就该项目自行办理招标时应具备的条件不包括（　　）。

A. 具有项目法人资格

B. 有从事同类工程建设项目招标的经验

C. 拥有 2 名取得招标职业资格的专职招标业务人员

D. 熟悉和掌握《招标投标法》及有关法规规章

24. 世界银行不主张采用（　　）计算工程咨询费用，认为不利于降低工程成本。

A. 顾问费法   B. 成本加酬金法

C. 工程造价百分比法   D. 按日计费法

25. 关于工程项目招标投标合同谈判和合同签订的说法，错误的是（　　）。

A. 招标人和中标人应当自中标通知书发出之日起 30 日内，按照招标文件和中标人的投标文件订立书面合同

B. 招标人和中标人签订合同后不得再行订立背离合同实质性内容的其他协议

C. 中标通知书发出之日起 30 日内，就是合同双方主体进行合同谈判的时间

D. 招标人和中标人可以就质量、工期、价格等内容进行谈判

26. 关于招标投标管理法律的效力层级的说法，正确的是（　　）。

A. 同一机关制定的法律、行政法规、地方性法规、规章，特别规定与一般规定不一致的，适用一般规定

B. 同一层级的招标投标法律中，特别规定与一般规定不一致的，应当适用一般规定

C. 同一机关制定的法律、行政法规、地方性法规、规章，新的规定与旧的规定不一致的，适用新的规定

D. 地方性法规与本级和下级地方政府规章具有同等效力

27. 采用争议评审的，发包人和承包人应在（　　），协商成立争议评审组。

A. 收到被申请人答辩报告后的 28d 内　　B. 开工日后的 28d 内

C. 收到被申请人答辩报告后的 14d 内　　D. 开工日后的 14d 内

28. 工程项目在开工准备阶段，承包人应按照合同进度计划，向监理人提交（　　），经监理人批准后执行。

A. 工程开工报审表　　　　　　　　　　B. 工程开工通知

C. 工程施工许可证　　　　　　　　　　D. 工程开工计划

29. 在合同履行过程中，承包人收到监理人下达的合同变更指示后，应（　　）。

A. 按变更指示进行变更工作

B. 拒绝执行该变更指示

C. 上报有关部门申请仲裁

D. 立即执行该变更指示，同时上报发包人申请费用索赔和工期索赔

30. 关于合同文件解释顺序的说法，正确的是（　　）。

A. 中标通知书的解释顺序优先于合同协议书

B. 投标函及其附录的解释顺序优先于中标通知书

C. 图纸的解释顺序优先于技术标准和要求

D. 专用合同条款及其附件的解释顺序优先于已标价工程量清单或预算书

31. FIDIC 合同条件中，2017 版红皮书中承包商承担（　　）。

A. 大部分或全部设计风险

B. 施工风险

C. 不可预见的物质条件风险和例外事件的风险

D. 工程量变化风险

32. 根据《标准施工招标文件》中的通用合同条款，承包人可以向发包人提出费用、工期和利润索赔的是（　　）。

A. 发包人要求承包人提前竣工　　　　　B. 发生不可抗力

C. 异常恶劣的气候条件导致工期延误　　D. 发包人原因造成工期延误

33. 关于工程项目合同特点的说法，错误的是（　　）。

A. 工程项目合同是一个合同群体

B. 合同标的物仅限于工程项目涉及的内容

C. 工程项目合同主体可以是法人或自然人

D. 工程项目合同的订立和履行具有特殊性

34. 工程项目进度管理过程中，可能影响工作定义的环境因素不包括（　　）。

A. 组织文化和结构　　　　　　　　　　B. 商业数据库中的商业信息

C. 经验教训知识库　　　　　　　　　　D. 项目管理信息系统

35. 下列不属于工程项目工作定义成果的是（　　）。

A. 工作清单　　　　　　　　　　　　　B. 里程碑清单

C. 工作属性　　　　　　　　　　　　　D. 修正的项目数据

36. 工作之间由于组织安排需要或资源调配需要而规定的先后顺序关系为（　　）。

A. 工作关系　　　　　　　　　　　　　B. 软逻辑关系

C. 工艺关系　　　　　　　　　　　　　D. 硬逻辑关系

37. 某工程双代号时标网络计划如下图所示，则该工程的关键线路为（　　）。

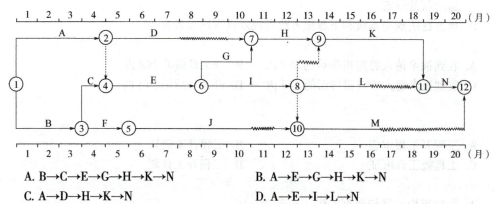

A. B→C→E→G→H→K→N
B. A→E→G→H→K→N
C. A→D→H→K→N
D. A→E→I→L→N

38. 某工程双代号网络图如下图所示，则下列说法正确的是（　　）。

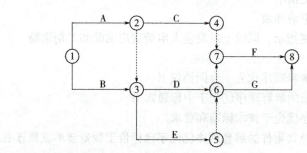

A. G 工作的紧前工作只有 D 工作
B. E 工作的紧前工作只有 B 工作
C. D 工作的紧前工作只有 A 工作和 B 工作
D. F 工作的紧前工作只有 C 工作和 D 工作

39. 下列不属于工程项目进度优化的优化方法的是（　　）。

A. 工期优化
B. 费用优化
C. 资源优化
D. 制度优化

40. 关于进度计划调整的说法，正确的是（　　）。

A. 任何情况下均不允许增、减工作项目
B. 当实际进度计划拖后时，可缩短关键工作持续时间
C. 进度偏差影响到总工期时，只能改变非关键线路上的有关工作之间的逻辑关系
D. 增、减工作可以打乱原网络计划总的逻辑关系

41. 某工程双代号时标网络计划如下图所示，其中工作 B 的总时差和自由时差（　　）。

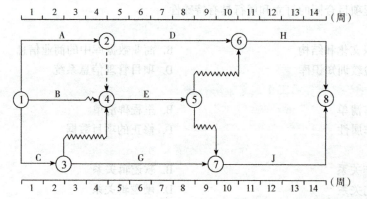

A. 均为 1 周   B. 分别为 4 周和 3 周

C. 均为 3 周   D. 分别为 2 周和 1 周

42. 某双代号网络计划中，工作 M 的自由时差为 3d，总时差为 5d。在进度计划实施检查中发现工作 M 实际进度落后，且影响总工期 2d。在其他工作均正常的前提下，工作 M 的实际进度落后（   ）d。

A. 5   B. 6   C. 7   D. 8

43. 某工程双代号时标网络计划如下图所示（时间单位：d），工作 A 的总时差为（   ）d。

A. 0   B. 1   C. 2   D. 3

44. 下列方法不能用来进行工程项目进度比较的是（   ）。

A. 横道图比较法   B. 挣值法

C. 香蕉曲线比较法   D. 现场调查法

45. 编制资金使用计划过程中最重要的步骤是（   ）。

A. 项目投资成本的分解   B. 项目投资成本的重组

C. 项目投资目标的分解   D. 项目投资目标的重组

46. 单位工程预算的编制方法主要是（   ）。

A. 定额单价法和工程量清单单价法   B. 扩大单价法和设备价值百分比法

C. 类似工程预算法和设备价值百分比法   D. 预算单价法和工程量清单单价法

47. 下列方法中，属于设备安装工程单位工程概算编制方法的是（   ）。

A. 对比分析法   B. 查询核实法

C. 概算指标法   D. 联合会审法

48. 下列费用中，不属于建筑安装工程施工机械使用费的是（   ）。

A. 大修理费   B. 经常修理费

C. 财产保险费   D. 燃料动力费

49. 某工程项目采用挣值法进行绩效评价时，发现投资偏差 CV < 0，投资绩效指数 CPI < 1，则该项目绩效评价结论为（   ）。

A. 投资按计划投入   B. 投资投入比计划结余

C. 进度按计划进行   D. 投资投入比计划超支

50. 工程项目主要是指为了形成特定的生产能力或使用效能而进行投资和建设，并形成固定资产的各类项目，包含（   ）。

A. 建筑安装工程和设备购置   B. 投资工程和设备购置

C. 建筑安装工程和施工合同   D. 投资工程和施工合同

51. 拟建工程与在建工程采用同一施工图编制预算，但两者的基础部分和现场施工条件部分存在不同。对于相同部分的施工图预算审查，应优先采用的审查方法是（   ）。

A. 标准预算审查法   B. 分组计算审查法

C. 对比审查法   D. "筛选"审查法

52. 根据《建设工程工程量清单计价规范》（GB 50500—2013），关于合同履行期间物价变化调整合同价格的说法，错误的是（   ）。

A. 因非承包人原因导致工期延误的，计划进度日期后续工程的价格，应采用计划进度

日期与实际进度日期两者的较高者

    B. 因承包人原因导致工期延误的，则计划进度日期后续工程的价格，采用计划进度日期与实际进度日期两者的较低者

    C. 当承包人投标报价中材料单价低于基准单价，施工期间材料单价涨幅或跌幅以基准单价为基础，超过合同约定的风险幅度值时，其超过部分按实调整

    D. 当承包人投标报价中材料单价高于基准单价，施工期间材料单价涨幅以投标报价为基础，超过合同约定的风险幅度值时，其超过部分按实调整

53. 下列质量管理体系要素中，包含"应对风险和机遇的措施"的是（　　　）。

    A. 策划　　　　　　B. 运行　　　　　　C. 支持　　　　　　D. 改进

54. 根据《中华人民共和国建筑法》（以下简称《建筑法》）和《建设工程质量管理条例》，设计单位的质量责任和义务是（　　　）。

    A. 按设计要求检验商品混凝土质量　　 B. 将施工图设计文件上报有关部门审查

    C. 向施工单位提供设计原始资料　　 D. 参与建设工程质量事故分析

55. 工程项目中，对项目质量的最终检验和试验是（　　　）。

    A. 试运行　　　　　　　　　　　　B. 竣工验收

    C. 竣工试验　　　　　　　　　　　D. 试车

56. 根据《建设工程质量管理条例》，在正常使用条件下，设备安装工程的最低保修期限是（　　　）年。

    A. 1　　　　　　　B. 2　　　　　　　C. 3　　　　　　　D. 4

57. 根据《建设工程质量管理条例》，工程开工前负责办理工程质量监督手续的单位是（　　　）。

    A. 监理单位　　　B. 建设单位　　　C. 施工单位　　　D. 设计单位

58. 依法实施强制监理的工程项目，对施工组织设计中的安全技术措施或者专项施工方案是否符合工程建设强制性标准负有审查责任的是（　　　）。

    A. 发包人驻工地代表　　　　　　　B. 工程监理单位

    C. 设计单位　　　　　　　　　　　D. 项目技术负责人

59. 根据《环境影响评价法》，建设项目可能造成轻度环境影响的，应当编制（　　　），对产生的环境影响进行分析或者专项评价。

    A. 环境影响报告书　　　　　　　　B. 环境影响报告表

    C. 环境影响登记表　　　　　　　　D. 环境影响说明书

60. 根据国家住房和城乡建设部《绿色建造技术导则（试行）》，现浇钢筋混凝土结构建筑垃圾场产生量每万平方米应不大于（　　　）t。

    A. 100　　　　　　B. 200　　　　　　C. 300　　　　　　D. 400

二、多项选择题（共35题，每题2分。每题的备选项中，有2个或2个以上符合题意，至少有1个错项。错选，本题不得分；少选，所选的每个选项得0.5分）

61. 在工程项目前期阶段，对工程项目管理的重点是对投资的（　　　），以及何时投资、在何地建设、如何实施等重大问题进行科学论证和多方案比较。

    A. 必要性　　　　　　　　　　　　B. 合理性

    C. 可能性　　　　　　　　　　　　D. 可行性

    E. 经济性

62. 工程项目和非工程项目共有的特征有（　　　）。

    A. 独特性　　　　　　　　　　　　B. 不可逆转性

    C. 整体性　　　　　　　　　　　　D. 固定性

    E. 一次性

63. 工程项目管理的内部环境有（　　）。
    A. 组织文化
    B. 组织信息化程度
    C. 结构和流程
    D. 对外沟通渠道
    E. 人事管理制度

64. 关于业主在项目前期阶段的主要任务的说法，正确的有（　　）。
    A. 择优聘请咨询机构对企业或行业、地区等进行深入分析
    B. 根据需要进行项目财务评价、社会评价、国民经济评价和风险评价
    C. 办理有关设计文件的审批工作
    D. 按国家和地方政府有关要求报请有关部门审批、核准或备案
    E. 根据项目建设内容、建设规模、建设地点和国家有关规定对项目进行决策

65. 对于工程项目来说，银行对贷款项目的管理主要涉及资金的投入与回收，主要特点有（　　）。
    A. 管理手段带有更强的金融专业性
    B. 管理的主动权随着资金的投入而增加
    C. 承包商的管理工作都是以固定场地为中心展开的
    D. 以资金运动为主线进行管理
    E. 管理直接作用于工程项目实体

66. 关于团队组织计划中角色和职责安排的说法，正确的有（　　）。
    A. 为了做好项目团队组织计划工作，首先要进行工作分析
    B. 被安排者可能是项目组织的一部分，也可能是组织外的一部分
    C. 描述团队成员的角色与职责可采用层级型、矩阵型、文本型等形式
    D. 采用矩阵型的，资源分解结构是另一种层级图，按照资源类别对项目进行分解
    E. 层级型能反映与每个人相关的所有活动以及与每项活动相关的所有人员

67. 对项目团队成员考核的内容主要有（　　）等方面。
    A. 工作年限
    B. 工作纪律
    C. 工作质量
    D. 工作成本
    E. 工作效率

68. 工程项目组织管理中常用的部门划分方法主要有（　　）。
    A. 职能划分法
    B. 程序划分法
    C. 业务划分法
    D. 头脑风暴法
    E. 区域划分法

69. 优势团队士气的特征有（　　）。
    A. 团队成员对团队具有强烈的归属感
    B. 团队的团结来自于足够的外部压力
    C. 团队成员没有分裂为相敌对的小团体倾向
    D. 团队成员承认团队存在的价值
    E. 团队各成员对团队的目标和领导者都抱有肯定与支持的态度

70. 招标文件一般包括的内容有（　　）。
    A. 投标人须知
    B. 评标标准和方法
    C. 投标文件格式
    D. 合同全部条款
    E. 招标公告或者投标邀请书

71. 采购咨询服务最常用的方法有（　　）。
    A. 基于质量和费用的选择方法
    B. 基于质量的选择方法

C. 固定预算下的选择方法　　　　　　　D. 最低费用的选择方法

E. 单一来源的选择方法

72. 招标人的下列行为中属于以不合理条件限制、排斥投标人的有（　　）。

A. 就同一招标项目向投标人提供有差别的项目信息的

B. 向特定投标人泄露标底的

C. 明示或暗示投标人，为特定投标人中标提供方便的

D. 授意投标人撤换、修改投标文件的

E. 限定或者指定特定的专利、商标、品牌的

73. 下列单项合同中，可以不招标的有（　　）。

A. 需要采用不可替代的专利或者专有技术的

B. 采购人依法能够自行建设、生产或者提供的

C. 涉及国家秘密的

D. 施工单项合同估算价在 400 万元人民币以上的

E. 重要设备单项合同估算价在 200 万元人民币以上的

74. 工程项目常用的咨询服务收费方式有（　　）等方法。

A. 按小时计费法　　　　　　　　　　B. 工程造价百分比法

C. 成本加酬金计费法　　　　　　　　D. 人月费单价法

E. 总价法

75. 实施资格后审的招标工程，招标人应当在招标文件中载明（　　）。

A. 实施资格后审的原因　　　　　　　B. 对投标人资格条件的要求

C. 对投标人资格条件的评审方法　　　D. 对投标人资格条件的评审标准

E. 项目概况

76. 政府采购工程咨询服务可采用的采购方式有（　　）。

A. 公开招标　　　　　　　　　　　　B. 邀请招标

C. 竞争性谈判　　　　　　　　　　　D. 秘密采购

E. 竞争性磋商

77. 在履行合同过程中，由于（　　）原因造成工期延误的，承包人有权要求发包人延长工期和（或）增加费用，并支付合理利润。

A. 发包人增加合同工作内容的

B. 发包人提供图纸延误的

C. 因发包人原因导致的暂停施工的

D. 发包人改变合同中任何一项工作的质量要求的

E. 承包人未能按合同进度计划完成工作的

78. 材料采购合同的主要内容有（　　）。

A. 合同范围　　　　　　　　　　　　B. 合同价格

C. 监造及交货前检验　　　　　　　　D. 交货条款

E. 质量保证期

79. 工程项目合同管理的基本原则有（　　）。

A. 符合法律法规的原则　　　　　　　B. 公开原则

C. 平等自愿的原则　　　　　　　　　D. 等价有偿的原则

E. 诚实信用原则

80. 下列工作内容属于进度管理的有（　　）。

A. 规划进度管理　　　　　　　　　　B. 工作时间估算

C. 工作顺序安排
D. 施工合同管理
E. 工作资源估算

81. 工作定义的方法有（   ）。
    A. 分解法
    B. 模板法
    C. 滚动式规划
    D. 头脑风暴法
    E. 专家判断

82. 工作时间估算的方法有（   ）。
    A. 数学建模
    B. 群体决策技术
    C. 利用历史数据
    D. 类比估算
    E. 专家判断估算

83. 各种资源在工程费用中占有相当大的比重，通过定义优先级可以确定各种资源的重要性。定义优先级的标准有（   ）。
    A. 资源的数量和价值量
    B. 市场环境对价格的影响
    C. 资源增减的可能性
    D. 可替代性
    E. 资源的可再生性

84. 某工程项目，已完工作预算费用为 500 万元，已完工作实际费用为 300 万元，则关于该工程项目的说法，正确的有（   ）。
    A. 该工程项目运行节支
    B. 该工程项目运行超出预算费用
    C. 该工程项目费用偏差为 200 万元
    D. 该工程项目费用偏差为 −200 万元
    E. 该工程项目进度按计划进行

85. 下列费用属于设备及工器具购置费的有（   ）。
    A. 设备原价
    B. 工器具原价
    C. 运杂费
    D. 配件工程费
    E. 联合试运转费

86. 根据中国工程咨询协会《工程咨询成果质量评价办法》，对工业项目可行性研究报告进行风险分析情况综合评价时，需要评价的内容有（   ）。
    A. 经营风险分析情况
    B. 管理风险分析情况
    C. 建设风险分析情况
    D. 财务、金融风险分析情况
    E. 政策风险分析情况

87. 《质量管理体系 要求》（GB/T 19001—2016）强调，质量管理体系要素主要有（   ）。
    A. 循证决策
    B. 策划
    C. 组织所处的环境
    D. 运行
    E. 绩效评价

88. 关于缺陷责任制度的说法，正确的有（   ）。
    A. 缺陷责任期从工程竣工验收合格之日起算
    B. 缺陷责任期一般为 1 年
    C. 缺陷责任期最长不超过 3 年
    D. 如果在缺陷责任期内，由承包人原因造成了缺陷，承包人应负责维修，并承担鉴定及维修费用
    E. 如果在缺陷责任期内，由承包人原因造成了缺陷，如承包人不维修也不承担费用，发包人可按合同约定从质量保证金中扣除

89. 根据《建筑工程施工质量验收统一标准》（GB 50300—2013），检验批质量验收合格的标准有（   ）。

A. 观感质量应符合要求

B. 主控项目和一般项目的质量经抽样检验合格

C. 具有完整的施工操作依据、质量检查记录

D. 所含检验批的质量均应验收合格

E. 所含检验批的质量验收记录应完整

90. 与工业产品比较，工程项目的质量管理的特点有（   ）。

A. 工程项目的质量特性较多

B. 工程项目质量具有公开性

C. 工程项目形体庞大，高投入，周期长，牵涉面广，风险多

D. 影响工程项目质量的因素多

E. 工程项目质量管理难度较小

91. 工程项目发生质量事故后，有关人员应立即上报事故。事故报告的内容应当有（   ）。

A. 事故发生单位概况

B. 事故发生的时间、地点以及事故现场情况

C. 事故的简要经过

D. 事故已经造成或者可能造成的伤亡人数和初步估计的直接经济损失

E. 事故的调查经过

92. 根据《建设工程安全生产管理条例》，关于建设单位安全责任的说法，正确的有（   ）。

A. 建设单位应向咨询单位提供施工现场及毗邻区域内地下管线及其他有关的真实、准确、完整资料

B. 建设单位不得压缩合同约定的工期

C. 建设单位在编制工程概算时，应确定工程项目安全作业环境及安全施工措施所需费用

D. 建设单位在申请领取施工许可证时，应提供工程项目有关安全施工措施的资料

E. 建设单位不得将拆除工程分包

93. 下列工程项目中，构成特别重大事故的有（   ）。

A. 死亡人数为 32 人   B. 死亡人数为 25 人

C. 重伤人数为 110 人   D. 重伤人数为 68 人

E. 直接经济损失达到 7300 万元

94. 关于建设工程生产安全事故应急预案和事故处理的说法，正确的有（   ）。

A. 应急预案是应急响应的行动指南

B. 生产经营单位的主要负责人负责应急预案的评审

C. 应急预案包括综合应急预案、专项应急预案和现场应急处置方案

D. 应急预案的评审或者论证可以不考虑应急预案的衔接性

E. 生产经营单位应当将有关事故风险的性质、影响范围和应急防范措施告知周边的其他单位和人员

95. 绿色设计的内容有（   ）。

A. 绿色材料选择与管理   B. 产品的成本分析

C. 产品的可制造和可装配性设计   D. 模块化设计

E. 循环设计

2025 全国注册咨询工程师(投资)职业资格考试
预测试卷(一) 参考答案

1. B	2. C	3. A	4. D	5. D
6. A	7. D	8. A	9. C	10. A
11. D	12. C	13. D	14. A	15. A
16. B	17. A	18. D	19. A	20. C
21. D	22. D	23. C	24. C	25. D
26. C	27. B	28. A	29. A	30. D
31. B	32. D	33. C	34. C	35. D
36. B	37. A	38. C	39. D	40. B
41. D	42. C	43. B	44. D	45. C
46. A	47. C	48. C	49. D	50. A
51. C	52. C	53. A	54. D	55. A
56. B	57. B	58. B	59. B	60. C
61. ABCD	62. AE	63. ABCE	64. ABDE	65. AD
66. ABC	67. BCDE	68. ABCE	69. ACDE	70. ABCE
71. AB	72. AE	73. ABC	74. BCDE	75. BCD
76. ABCE	77. ABCD	78. ABDE	79. ACDE	80. ABCE
81. ABCE	82. BCDE	83. ACD	84. AC	85. ABC
86. ABDE	87. BCDE	88. ABDE	89. BC	90. ACD
91. ABCD	92. BCD	93. AC	94. ACE	95. ABC

2025 全国注册咨询工程师(投资)职业资格考试
预测试卷(二)

（共60题，每题1分。每题的备选项中，只有1个最符合题意）

1. 每个工程项目都有确定的起点和终点，可以体现出工程项目的（   ）特征。
   A. 独特性　　　　　　　　　　　　B. 一次性
   C. 固定性　　　　　　　　　　　　D. 整体性

2. 下列工作中，属于工程项目准备阶段主要工作内容的是（   ）。
   A. 项目评估及决策　　　　　　　　B. 投资机会研究
   C. 实现投资决策目标　　　　　　　D. 获得相关工程建设行政许可

3. 关于 CM 模式特点的说法，错误的是（   ）。
   A. 可以缩短工程项目从规划、设计到竣工的周期
   B. 整个工程可以提前投产，节约投资，减少投资风险
   C. 不得进行分项设计、分项竞争性招标
   D. 可运用价值工程改进设计，以节省投资

4. 保证工程项目在运营期内有效、安全和高质量运行，实现项目建设目标与业主的投资目标的基本前提是（   ）。
   A. 保证工程项目建成后达到项目功能和质量目标
   B. 保证投资方向符合国家产业政策的要求
   C. 保证工程项目符合国家经济社会发展规划和环境与生态等的要求
   D. 引导投资规模达到合理的经济规模

5. 组织开展设备采购与工程施工、监理招标及评标等工作是业主在（   ）阶段的工程项目管理主要任务。
   A. 项目决策　　　　　　　　　　　B. 项目实施
   C. 项目准备　　　　　　　　　　　D. 竣工验收

6. 咨询工程师在（   ）阶段对项目拟建设地区或企业所在地区，及项目所属行业情况进行调查分析。
   A. 项目前期　　　　　　　　　　　B. 项目建设准备
   C. 项目实施　　　　　　　　　　　D. 项目投产使用

7. 咨询工程师参与项目实施阶段管理的主要任务是（   ）。
   A. 对项目拟建设地区或企业所在地区，以及项目所属行业情况进行调查分析
   B. 对相关产品的市场情况进行研究
   C. 审查施工组织设计
   D. 完成项目的融资方案分析、投资估算

8. 在项目实施阶段，组织开展施工组织设计审查工作的主体是（   ）。
   A. 承包商　　　　　　　　　　　　B. 项目业主
   C. 设计单位　　　　　　　　　　　D. 工程质量监督部门

9. 工程咨询委托方对咨询任务范围较为明确的想法，往往集中体现在（   ）中。
   A. 备选咨询单位短名单　　　　　　B. 项目工作大纲

C. 项目投标邀请书   D. 资格审查文件

10. 可充分发挥管理承包商在项目管理方面的专业技能，统一协调和管理项目的设计与施工，以减少矛盾的业主委托管理模式是（   ）。

   A. 项目管理服务模式   B. "代建制"模式

   C. 项目管理承包模式   D. 代理型 CM 模式

11. 对于已取得咨询工程师（投资）资格证书的人员，下列关于继续教育的说法，错误的是（   ）。

   A. 继续教育是逾期初始登记和继续登记的必要条件

   B. 咨询工程师（投资）每年参加继续教育应不少于 90 学时

   C. 咨询工程师（投资）每年参加继续教育的专业科目应不少于总学时的 1/3

   D. 咨询工程师（投资）继续教育包括远程教育、面授教育、企业内部培训和其他形式四种方式

12. 工程项目团队的（   ）主要依靠项目经理来指导和构建团队。

   A. 磨合阶段   B. 形成阶段   C. 表现阶段   D. 规范阶段

13. 将项目团队部分成员放到恶劣的环境中生活一段时间，让其学会相互适应，这种做法在团队能力开发中称为（   ）。

   A. 工作规程训练   B. 奖惩训练   C. 团队建设训练   D. 人员配合训练

14. 采用传统组织结构图，以图形方式自上而下地显示各种职位及其相互关系的团队成员角色与职责的描述形式是（   ）。

   A. 层级型   B. 树状型   C. 矩阵型   D. 文本型

15. 既可能发生在项目阶段内部，也可能发生在项目阶段之间的项目界面是（   ）。

   A. 组织界面   B. 技术界面   C. 经济界面   D. 人际关系界面

16. 一名管理者直接领导多少人才能保证管理最有效，这是工程项目管理组织中（   ）的问题。

   A. 组织构成   B. 管理幅度   C. 管理层次   D. 组织规模

17. 在工程项目管理组织结构中，管理目标与计划的制订者阶层是（   ）。

   A. 操作层   B. 决策层   C. 协调层   D. 执行层

18. 属于工程项目管理组织设计新的组织设计原则是（   ）。

   A. 最佳幅度与层次原则   B. 明确性原则

   C. 职责原则   D. 专业化原则

19. 工程项目管理组织的建立步骤中，确定项目工作内容的紧后工作是（   ）。

   A. 确定合理的项目目标   B. 进行组织结构设计

   C. 确定组织目标和组织工作内容   D. 人员配置

20. 为保证项目目标的最终实现和工作内容的全部完成，必须对组织内各岗位（   ）。

   A. 进行职责划分   B. 制定考核标准

   C. 进行项目目标确定   D. 合理配置人员

21. 将项目的组织独立于公司职能部门之外，由项目组织自己独立负责项目的主要工作属于（   ）组织管理模式。

   A. 矩阵式   B. 职能式   C. 项目式   D. 复合式

22. 依法必须进行招标的项目，自招标文件开始发出之日起至投标人提交投标文件截止之日止，最短不得少于（   ）日。

   A. 7   B. 15   C. 18   D. 20

23. 有关投标文件的补充、修改或撤回的说法，错误的是（   ）。

A. 在招标文件要求提交投标文件的截止时间后送达的投标文件补充或者修改的内容无效

B. 投标人在招标文件要求提交投标文件的截止时间前，可以补充、修改、替代或者撤回已提交的投标文件

C. 补充的文件应当以密封的方式在规定的截止时间以前送达，并作为投标文件的组成部分

D. 在投标截止日期之前放弃投标，招标人可没收其投标保证金

24. 开标应当在招标文件确定的提交投标文件截止时间的同一时间由（   ）主持公开进行。

A. 招标人
B. 项目经理
C. 监理工程师
D. 咨询工程师

25. 招标采购的货物必须符合规定的技术性能要求，这是货物招标（   ）原则的要求。

A. 国产化
B. 经济保证
C. 进度保证
D. 质量保证

26. 适用于工程难度大、技术复杂的项目取费标准高于工程难度小、技术不复杂项目的工程咨询服务费用计算方法是（   ）。

A. 总价法
B. 成本加酬金法
C. 人月费单价法
D. 工程造价百分比法

27. 仅对技术建议书的质量进行评审，而与技术建议书排名最高的咨询公司就财务建议书与合同进行谈判的一种方法是（   ）。

A. 基于质量和费用的选择
B. 基于质量的选择
C. 固定预算下的选择
D. 最低费用的选择

28. 目前国际上广泛采用的一种工程咨询服务费用的估算方法是（   ）。

A. 人月费单价法
B. 按日计费法
C. 成本加酬金法
D. 总价法

29. 招标文件应规定一个适当的投标有效期，投标有效期的起始时间是（   ）。

A. 提交投标文件之日
B. 发出招标文件之日
C. 资格审查结束之日
D. 提交投标文件的截止之日

30. 关于竞争性磋商程序的说法，正确的是（   ）。

A. 成立磋商小组→供应商提交首次响应文件→磋商→确定成交供应商

B. 成立磋商小组→磋商→确定成交供应商→供应商提交首次响应文件

C. 成立磋商小组→发布竞争性磋商公告→发布竞争性磋商文件→供应商提交首次响应文件

D. 发布竞争性磋商文件→供应商提交首次响应文件→成立磋商小组→磋商

31. 工程项目合同中，（   ）的标的是服务，是以对工程项目实施控制和管理为主要内容，委托的工作内容必须符合工程项目建设程序。

A. 监理合同
B. 勘察、设计合同
C. 租赁合同
D. 材料设备采购合同

32. 关于合同生效的说法，不符合《民法典》和《建筑法》规定的是（   ）。

A. 依法成立的合同，自成立时生效

B. 施工合同可视情况采用书面或口头形式订立

C. 附生效条件的合同，自条件成就时生效

D. 当事人采用合同书形式订立合同的，自当事人均签名、盖章或者按指印时合同成立

33. 根据《标准施工招标文件》，承包人认为有权得到追加付款和（或）延长工期的，应在知

道或应当知道索赔事件发生后（   ）d 内，向监理人递交索赔意向通知书，并说明发生索赔事件的事由。

    A. 7   B. 14   C. 21   D. 28

34. 根据《标准施工招标文件》，监理人审查后认为已具备竣工验收条件的，应在收到竣工验收申请报告后的（   ）d 内提请发包人进行工程验收。

    A. 7   B. 14   C. 21   D. 28

35. 根据 FIDIC 施工合同条件，承包商应在竣工验收开始前不少于（   ）d 向工程师提交详细的竣工试验计划。

    A. 14   B. 28   C. 36   D. 42

36. 根据 FIDIC 合同条件，银皮书中业主承担（   ）。

    A. 工程量变化风险   B. 设计风险

    C. 例外事件的风险   D. 不可预见的物质条件风险以及 FFP 风险

37. 专家判断估算常采用的工作时间估算方法是（   ）。

    A. 模拟法   B. 类比估算法

    C. 三时估算法   D. 单一时间估算法

38. 计划中工作与工作之间的逻辑关系肯定，但每项工作的持续时间不肯定，一般采用加权平均时间估算，并对按期完成项目的可能性做出评价的网络计划方法是（   ）。

    A. 关键线路法   B. 计划评审技术

    C. 图上计算法   D. 图示评审技术

39. 在双代号网络计划中，工作的最早开始时间应为其所有紧前工作（   ）。

    A. 最迟完成时间的最大值   B. 最早完成时间的最大值

    C. 最早完成时间的最小值   D. 最迟完成时间的最小值

40. 已知工作 A 的紧后工作是 B 和 C，工作 B 的最迟开始时间为第 14 天，最早开始时间为第 10 天，工作 C 的最迟完成时间为第 16 天，最早完成时间为第 14 天。工作 A 的自由时差为 5d，则工作 A 的总时差为（   ）d。

    A. 0   B. 7   C. 9   D. 5

41. 某双代号网络计划中，工作 M 的最早开始时间和最迟开始时间分别为第 12 天和第 15 天，其持续时间为 5d。工作 M 有 3 项紧后工作，它们的最早开始时间分别为第 21 天、第 24 天和第 28 天，则工作 M 的自由时差为（   ）d。

    A. 5   B. 4   C. 3   D. 1

42. 某工程双代号时标网络计划如下图所示，则工作 B 的自由时差和总时差（   ）。

    A. 分别为 2 周和 4 周   B. 均为 2 周

    C. 均为 4 周   D. 分别为 3 周和 4 周

43. 某工程项目分部工程双代号网络计划如下图所示，其关键线路为（　　）。

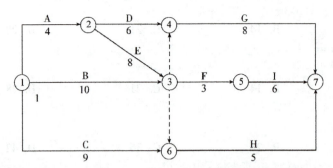

A. ①→②→④→⑦
B. ①→②→③→⑤→⑦
C. ①→③→⑥→⑦
D. ①→②→③→⑥→⑦

44. 记录检查日期应该进行的工作名称及其已经作业的时间，然后列表计算有关时间参数，并根据工作总时差进行实际进度与计划进度比较的方法是（　　）。
A. 横道图比较法
B. 列表比较法
C. 进度曲线比较法
D. 前锋线比较法

45. 从甲、乙两地采购某工程材料，采购量及有关费用见下表，该工程材料的材料单价为（　　）元/t。

采购量及有关费用表

来源	采购量/t	（原价＋运杂费）/（元/t）	运输损耗率（%）	采购及保管费率（%）
甲	600	260	1	3
乙	400	240		

A. 262.08
B. 262.16
C. 262.42
D. 262.50

46. 施工图预算审查的方法中，优点是时间短、效果好、易定案，其缺点是适用范围小，仅适用于采用标准图纸工程的方法是（　　）。
A. 对比分析法
B. 标准预算审查法
C. 联合会审法
D. 全面审查法

47. 某施工合同中的工程内容由主体工程与附属工程两部分组成，两部分工程的合同额分别为800万元和200万元。合同中对误期赔偿费的约定是：每延误一个日历天应赔偿2万元，且总赔偿费不超过合同总价款的5%，该工程主体工程按期通过竣工验收，附属工程延误30个日历天后通过竣工验收，则该工程的误期赔偿费为（　　）万元。
A. 10
B. 12
C. 50
D. 60

48. 按造价形成划分，建筑安装工程费中的措施项目费是（　　）。
A. 暂列金额
B. 计日工
C. 安全文明施工费
D. 总承包服务费

49. 建筑安装工程费用项目中的检验试验费不包括（　　）。
A. 新结构、新材料的试验费
B. 对建筑材料进行一般鉴定所发生的费用
C. 自设实验室进行试验所耗用的材料费
D. 对建筑安装物进行一般检查所发生的费用

50. 下列费用中，属于建筑安装工程企业管理费的是（　　）。
A. 社会保险费
B. 施工单位固定资产使用费
C. 施工单位失业保险费
D. 研究试验费

51. 在施工图预算审查的方法中，审查质量高、效果好，但时间较长的方法是（　　）。

    A. 全面审查法　　　　　　　　　　　B. 标准预算审查法

    C. 分组计算审查法　　　　　　　　　D. 对比审查法

52. 用挣值法进行费用、进度综合分析控制，当进度偏差＜0，进度绩效指数＜1时，表明（　　）。

    A. 进度比计划提前　　　　　　　　　B. 进度按计划进行

    C. 进度比计划拖后　　　　　　　　　D. 费用投入比计划超支

53. 工程项目前期阶段质量管理的主要内容包括制订并执行质量管理计划和（　　）。

    A. 项目施工图设计　　　　　　　　　B. 施工质量目标分解

    C. 建立并落实质量管理责任制　　　　D. 施工质量偏差控制

54. 工程项目不仅受工程项目决策、勘察设计、工程施工的影响，还要受到材料、机械、设备的影响，可以体现出工程项目质量管理具有（　　）的特点。

    A. 工程项目的质量特性较多

    B. 工程项目形体庞大，高投入，周期长，牵涉面广，风险多

    C. 影响工程项目质量的因素多

    D. 工程项目质量管理难度较大

55. 根据《建筑工程施工质量验收统一标准》（GB 50300—2013），单位工程完工后，施工单位要组织有关人员进行自检，（　　）对工程质量进行竣工预验收。

    A. 专业监理工程师组织施工单位项目专业质量检查员、专业工长

    B. 专业监理工程师组织施工单位项目专业技术负责人

    C. 总监理工程师组织施工单位项目负责人和项目技术负责人

    D. 总监理工程师组织各专业监理工程师

56. 用于分析质量特性与影响质量特性可能原因的一种质量管理工具是（　　）。

    A. 检查表法　　　B. 因果分析图　　　C. 控制图　　　D. 直方图

57. 特别重大事故，负责事故调查的人民政府应当自收到事故调查报告之日起30日内做出批复，特殊情况下，批复时间可以适当延长，但延长的时间最长不超过（　　）日。

    A. 15　　　　　　B. 30　　　　　　C. 45　　　　　　D. 60

58. 可以提供事故后果的安全评价方法是（　　）。

    A. 概率理论分析法　　　　　　　　　B. 事故引发和发展分析法

    C. 安全度评价法　　　　　　　　　　D. 危险和可操作性研究法

59. 事故风险单一、危险性小的生产经营单位，可以只编制（　　）。

    A. 综合应急预案　　　　　　　　　　B. 现场处置方案

    C. 专项应急预案　　　　　　　　　　D. 特殊应急预案

60. 根据《环境管理体系 要求及使用指南》（GB/T 24001—2016），属于支持要素内容的是（　　）。

    A. 持续改进　　　　　　　　　　　　B. 领导承诺

    C. 意识　　　　　　　　　　　　　　D. 不符合和纠正措施

二、多项选择题（共35题，每题2分。每题的备选项中，有2个或2个以上符合题意，至少有1个错项。错选，本题不得分；少选，所选的每个选项得0.5分）

61. 工程项目前期阶段的主要工作有（　　）。

    A. 项目评估　　　　　　　　　　　　B. 签订承包合同

    C. 进行可行性研究　　　　　　　　　D. 进行工程项目初步设计

    E. 进行投资机会研究

62. 关于商业银行对贷款项目管理的说法，正确的有（   ）。

A. 管理的主动权随着资金的投入而增加

B. 管理手段带有更强的金融专业性

C. 对工程项目进行全面管理

D. 管理具有行政权威性

E. 以资金运动为主线开展管理

63. 银行对贷款项目的评估中，项目基本情况评价主要有（   ）。

A. 项目建设的必要性   B. 项目的市场分析与市场定位

C. SWOT 综合分析   D. 借款人信用状况评价

E. 同类竞争项目的比较

64. CM 模式又称阶段发包方式或快速轨道方式，与设计图全部完成之后才进行招标的传统的连续建设模式不同，CM 模式的优缺点体现在（   ）。

A. 可以缩短工程项目从规划、设计到竣工的周期

B. 施工管理能力较差，因此无法有效管理施工承包商

C. 管理过程出现的问题难以追究责任

D. 可运用价值工程改进设计，以节省投资

E. 整个工程可以提前投产，节约投资，减少投资风险，较早地取得收益

65. 工程项目的承发包管理模式有（   ）。

A. 传统的发包模式   B. EPC/T（设计—采购—施工/交钥匙）模式

C. DB（设计—建造）模式   D. DBO（设计—施工—运营）模式

E. BOT 模式

66. 关于工程咨询单位资信评价等级的说法，错误的有（   ）。

A. 工程咨询单位资信评价标准以近 3 年的专业技术力量、合同业绩、守法信用记录为主要指标

B. 资信评价等级分为甲级和乙级两个级别

C. 资信评价类别分为专业资信、专项资信、综合资信

D. 专业资信、专项资信只设甲级

E. 综合资信设甲级和乙级

67. 建筑信息模型（BIM）应由（   ）等概念层组成数据模式架构。

A. 核心层   B. 共享层

C. 现象层   D. 专业领域层

E. 资源层

68. 项目团队构成的要素有（   ）。

A. 团队内部有工作程序   B. 团队定位

C. 团队计划   D. 团队的职权与规模

E. 团队目标

69. 项目组织计划的制订与执行过程中，限制项目团队选择的因素主要有（   ）。

A. 项目管理层的偏好

B. 项目团队的工作环境

C. 预期的人员安排

D. 组织内部不同个人之间工作交叉中的分工与衔接

E. 共同达成的有关协议

70. 关于管理幅度与管理层次关系的说法，正确的有（   ）。

    A. 管理层次过多会加大管理幅度

    B. 管理层次过多会降低管理幅度

    C. 管理幅度增加会减少管理层次

    D. 当组织规模一定时，管理幅度越大，则管理层次越少

    E. 当组织规模一定时，管理幅度越大，则管理层次越多

71. 关于项目式组织结构优点的说法，正确的有（   ）。

    A. 团队成员工作目标比较单一

    B. 项目管理相对简单

    C. 项目团队内部容易沟通

    D. 项目团队成员在项目后期有归属感

    E. 项目团队的成员有同一部门的专业人员作技术支撑，有利于项目专业技术问题的解决

72. 招标公告或者投标邀请书中应当载明的内容有（   ）。

    A. 招标项目的建设内容   B. 拟分包项目情况表

    C. 已标价工程量清单   D. 招标项目的资金来源

    E. 对投标人资质条件的要求

73. 关于竞争性磋商程序的说法，正确的有（   ）。

    A. 发布竞争性磋商公告的紧后程序为发布竞争性磋商文件

    B. 供应商提交首次响应文件的紧前程序为发布竞争性磋商公告

    C. 从磋商文件发出之日起至供应商提交首次响应文件截止之日止不得少于 10 日

    D. 磋商小组由采购人代表和评审专家共 3 人以上单数组成

    E. 磋商小组的评审专家人数不得少于磋商小组成员总数的 3/4

74. 下列工程咨询服务，经批准后可以采用竞争性谈判方式采购的情形有（   ）。

    A. 不能事先计算出价格总额的

    B. 因专利、专有技术或者服务的时间、数量事先不能确定等原因不能事先计算出咨询服务费用总额的

    C. 采用招标方式所需时间不能满足客户紧急需要的

    D. 市场竞争不充分的科研项目，以及需要扶持的科技成果转化项目

    E. 招标后没有供应商投标的

75. 起草专用合同条件遵循的原则有（   ）。

    A. 必须明确和清晰

    B. 合同中规定的各参与方履行义务的时间必须合理

    C. 合同所有参与方的职责、权利、义务、角色以及责任一般都在通用合同条件中默示，并适应项目的需求

    D. 所有正式的争端在提交仲裁之前必须提交 DAAB 取得临时性具有约束力的决定

    E. 允许适当改变通用合同条件中风险与回报分配的比例

76. 依据《标准施工招标文件》，工程施工合同中，发包人的义务主要有（   ）。

    A. 应委托监理人向承包人发出开工通知

    B. 协助承包人办理法律规定的有关施工证件和批件

    C. 组织设计单位向承包人进行设计交底

    D. 应按合同约定及时组织竣工验收

    E. 负责施工场地及其周边环境与生态的保护工作

77. 根据《标准施工招标文件》，发包人的施工安全责任有（   ）。

A. 授权监理人按合同约定的安全工作内容监督、检查

B. 对其现场机构雇佣的全部人员的工伤事故承担责任

C. 负责赔偿工程或工程的任何部分对土地的占用所造成的第三者财产损失

D. 执行监理人有关安全工作的指示

E. 按合同约定的安全工作内容，编制施工安全措施计划报送监理人审批

78. 根据《标准施工招标文件》通用合同条款，承包人最有可能同时获得工期、费用和利润补偿的索赔事件有（　　）。

A. 延迟提供图样

B. 延迟提供施工场地

C. 发包人提供材料、工程设备不合格或延迟提供或变更交货地点

D. 承包人依据发包人提供的错误资料导致测量放线错误

E. 施工中遇到不利物质条件

79. 货物采购合同中，现场监造与检验的主要内容有（　　）。

A. 咨询工程师应掌握货物采购合同的全部内容

B. 在货物制造开始之前，咨询工程师要组织召开协调会议

C. 货物制造工作中，根据需要咨询工程师应进驻制造现场进行监造与检验

D. 咨询工程师应首先了解制造厂质量保证体系文件的制定和有效实施情况，并对其提出建议

E. 咨询工程师开箱检验

80. 某钢筋混凝土基础工程，包括支模板、绑扎钢筋、浇筑混凝土三道工序，每道工序安排一个专业施工队进行，分三段施工，各工序在一个施工段上的作业时间分别3d、2d、1d，关于其施工网络计划的说法，正确的有（　　）。

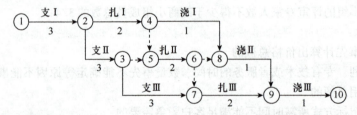

A. 工作①—②是关键工作　　　　B. 只有1条关键线路

C. 工作⑤—⑥是非关键工作　　　　D. 节点⑤的最早时间是5d

E. 虚工作③—⑤是多余的

81. 某双代号网络计划如下图所示，图中存在的绘图错误有（　　）。

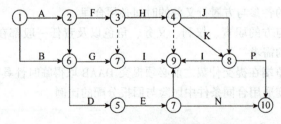

A. 循环回路　　　　　　　　　B. 多个终点节点

C. 节点编号重复　　　　　　　D. 多个起点节点

E. 两项工作有相同的节点编号

82. 关于双代号时标网络计划的说法，正确的有（　　）。

A. 在时标网络计划中，以实箭线表示工作的持续时间

B. 双代号时标网络计划是指以水平时间坐标为尺度绘制的网络计划

C. 当计划工期等于计算工期时，工作箭线中波形线的水平投影长度表示其自由时差

D. 时标单位应根据需要在编制网络计划之前确定

E. 既能标明计划的时间过程，又能在图上显示出各项工作的开始时间和完成时间

83. 工作定义就是对工作分解结构（WBS）中规定的可交付成果或半成品的产生所必须进行的具体工作（活动、作业或工序）进行定义，工作定义的依据包括（　　）。

    A. 项目管理计划   B. 项目章程

    C. 环境因素   D. 组织过程资产

    E. 进度管理计划

84. 制订进度计划的主要任务是确定各项目工作的起始和完成日期、具体的实施方案和措施。制订进度计划的方法很多，最常用的方法有（　　）。

    A. 关键线路法   B. 横道图

    C. 计划评审技术   D. 图示评审技术

    E. 时标网络图

85. 工作资源估算的成果包括（　　）。

    A. 进度管理计划   B. 项目网络图

    C. 项目文件更新   D. 工作资源需求

    E. 资源分解结构

86. 在工程项目进度管理的过程中，工作资源估算的依据包括（　　）。

    A. 进度管理计划   B. 组织过程资产

    C. 工作分解结构   D. 工作清单

    E. 工作属性

87. 下列费用中，属于建筑安装工程材料费的有（　　）。

    A. 材料运杂费   B. 材料运输损耗费

    C. 材料采购及保管费   D. 材料原价

    E. 工具用具使用费

88. 根据《建设工程工程量清单计价规范》（GB 50500—2013），不得作为竞争性费用的有（　　）。

    A. 规费   B. 税金

    C. 安全文明施工费   D. 总承包服务费

    E. 措施项目费

89. 工程项目设计概算的编制依据有（　　）。

    A. 资金筹措方案   B. 拟定的施工组织设计

    C. 预算工作手册   D. 相应工程造价管理机构发布的概算指标

    E. 招标文件

90. 设计概算审查的方法主要有（　　）。

    A. 对比分析法   B. 查询核实法

    C. 联合会审法   D. 全面审查法

    E. 标准预算审查法

91. 建筑工程单位工程概算的编制方法主要有（　　）。

    A. 概算定额法   B. 概算指标法

    C. 类似工程预算法   D. 预算单价法

    E. 扩大单价法

92. 工程量清单计价的方法有（　　）。

    A. 工料单价法   B. 综合单价法

C. 全费用综合单价法　　　　　　D. 参数法

E. 分包法

93. 根据《中国工程咨询业质量管理导则》的规定，属于工业项目可行性研究报告质量标准中的市场调查分析情况综合评价的内容有（　　）。

A. 对产品和原料供求历史、现状调查情况

B. 管理风险分析情况

C. 对优化结构的论证情况

D. 今后市场影响因素调查分析情况

E. 制订营销战略情况

94. 施工过程的工程质量验收中，检验批质量验收合格应满足的条件有（　　）。

A. 主控项目经抽样检验合格　　　　B. 具有总监理工程师的现场验收证明

C. 一般项目经抽样检验合格　　　　D. 具有完整的施工操作依据

E. 具有完整的质量检查记录

95. 施工安全计划依据安全法规和标准加以编制，其主要内容有（　　）。

A. 确定安全组织机构　　　　　　　B. 明确安全控制和管理目标

C. 明确安全技术交底要求　　　　　D. 确定安全检查方式

E. 确定安全管理组织结构和职责权限

2025 全国注册咨询工程师（投资）职业资格考试
预测试卷（二） 参考答案

1. B	2. D	3. C	4. A	5. C
6. A	7. C	8. B	9. B	10. C
11. C	12. B	13. D	14. A	15. B
16. B	17. B	18. A	19. C	20. B
21. C	22. D	23. D	24. A	25. D
26. D	27. B	28. A	29. D	30. D
31. A	32. B	33. D	34. D	35. D
36. C	37. C	38. B	39. B	40. B
41. B	42. A	43. B	44. B	45. B
46. B	47. C	48. C	49. A	50. B
51. A	52. C	53. C	54. C	55. D
56. B	57. B	58. A	59. B	60. C
61. ACE	62. BE	63. ABCE	64. ADE	65. ABCD
66. DE	67. ABDE	68. BCDE	69. ACE	70. BCD
71. ABC	72. ADE	73. ACD	74. AC	75. ABCD
76. ABCD	77. ABC	78. ABCD	79. ABCD	80. ABC
81. BCE	82. BCDE	83. CDE	84. ACD	85. CDE
86. ABDE	87. ABCD	88. ABC	89. ABD	90. ABC
91. ABC	92. ABC	93. ADE	94. ACDE	95. ABE